古代歷史文化研究輯刊

十三編

王明蓀 主編

第 16 冊

北宋張商英護法研究

程佩 著

國家圖書館出版品預行編目資料

北宋張商英護法研究／程佩 著 -- 初版 -- 新北市：花木蘭文化
出版社，2015〔民 104〕
目 2+228 面；19×26 公分
（古代歷史文化研究輯刊 十三編；第 16 冊）
ISBN 978-986-404-026-1（精裝）
1.（宋）張商英 2. 學術思想 3. 佛教
618   103026955

ISBN-978-986-404-026-1

古代歷史文化研究輯刊
十三編　第十六冊　　　　　　　　ISBN：978-986-404-026-1

北宋張商英護法研究

作　　者　程　佩
主　　編　王明蓀
總 編 輯　杜潔祥
副總編輯　楊嘉樂
編　　輯　許郁翎
出　　版　花木蘭文化出版社
社　　長　高小娟
聯絡地址　235 新北市中和區中安街七二號十三樓
　　　　　電話：02-2923-1455 ／傳眞：02-2923-1452
網　　址　http://www.huamulan.tw 信箱 hml 810518@gmail.com
印　　刷　普羅文化出版廣告事業
初　　版　2015 年 3 月
定　　價　十三編 27 冊（精裝）台幣 52,000 元

北宋張商英護法研究

程　佩　著

作者簡介

　　程佩，男，1981 年 5 月生於河南省鄭州市。2002 年至 2006 年就讀於河南農業大學，獲英語語言文學學士學位。2008 年至 2011 年就讀於武漢華中師範大學，師從張全明教授學習宋史，獲歷史學碩士學位。2011 年至 2014 年就讀於廣州暨南大學，師從張其凡教授學習宋史，獲歷史學博士學位。現爲江西中醫藥大學基礎醫學院醫史文獻學講師，主要研究方向爲宋代佛教史、宋代周易術數、中國醫學史。

　　《北宋張商英護法研究》係在本人碩士學位論文基礎上修訂而成。本人於 2011 年六月完成答辯。

提　要

　　張商英（1043 ～ 1121），是一位活躍於北宋中後期的官僚、佛教居士。相對於他有限的政治影響力，其佛教影響力要大很多。他不僅深崇佛教，而且一生積極護法，成爲其時佛界著名外護，被後人看作「北宋佛教最得力的外護居士」。本文以歷史文獻爲基礎，探索其護法的時代背景、護法的原因、護法的活動以及護法的思想，從而盡可能多的還原張商英的護法形象，並據此對北宋士大夫乃至整個中國古代居士的護法狀況有所管窺。

　　文章共分三章。第一章略述了張商英護法的時代背景。該章從宋代佛教發展的趨勢、北宋王室佛教、北宋士大夫佛教和北宋民間佛教四個角度探討了張商英時代佛教的生存環境，力求從宏觀的角度來闡釋北宋百餘年來佛教發展的趨勢及當時社會不同階層與佛教的相互作用與影響。

　　第二章論述了張商英護法的緣起及其所參與的護法活動。文章通過考釋張商英如何一步步走進佛教、深信佛教並廣結佛緣的事蹟，使我們能夠切身感受到他因親近佛教而甘爲佛教護法的心態。文章在此基礎上又進一步探討了他護法的深層次原因，這其中既包括他身爲官員本身所肩負的宗教職能，也有他爲了積攢政治資本、對宋徽宗崇道抑佛政策作出反應等個人主觀因素。張商英所參與的護法活動，筆者大致分爲四類，分別爲舉薦高僧與提拔新秀、興崇佛寺、調解叢林糾紛以及廢淫祠、置佛寺。

　　第三章對張商英在其著作中表現的護法思想進行了較詳細論述。文章從他駁斥各種排佛之說、對三教進行調和以及對佛教現狀產生的反思與擔憂三個方面來梳理張商英的護法思想，同時簡要回顧了歷史上相關思想的發展流變。通過分析和比較，筆者既肯定了張商英護法思想的合理之處，也指出了其中所包含的不足。

目次

緒　論

一、選題緣起及意義

護法，我們通常認為其有兩層含義。一是佛教稱擁護佛法的人為護法。二是護持自己所得之法，亦名為護法。如美國哈伯和威廉史密斯學院中文系教授黃啟江對此的解釋為：「『護法』一詞，就佛教言，通常有兩層意義：其一是以行為或符號之表現，護持佛法。包括以文字、語言、行動來保護、防護、擁護佛法，或為佛法辯護其價值與功用。其二是表現此種護持行為的人，包括僧侶、佛教徒眾，及親佛的學者、官吏、大臣、國王，有內護、外護之稱。」〔註1〕關於護法行為，《居士分燈錄》將其分為三種：「一曰興崇梵剎；二曰流通大教；三曰獎掖緇流。」〔註2〕而所謂「內護」，指護持佛法的佛教僧侶；「外護」，指親近佛教並護持佛法的學者、官吏、大臣、國王等人。

護法，是中國佛教史上的一個重要課題。自兩漢之際佛教傳入中國，排佛與護法活動就從未停止過。關於兩漢時期的排佛、護法言論，成書於漢魏之際的《牟子理惑論》多有記載〔註3〕。當時人們（主要是儒家）對佛教的批評主要集中在佛教有違儒家名教，是夷狄之術；佛教徒出家毀容，不合孝道；佛教妄說人死當復生；沙門有污穢之行，有違戒律之處。針對時人的這些批

〔註1〕黃啟江：《張商英護法的歷史意義》，《中華佛學學報》1996年第9期。

〔註2〕（明）朱時恩撰：《居士分燈錄》卷上，《卍續藏經》第147冊。

〔註3〕關於《牟子理惑論》的成書年代，湯用彤認為應在東漢末年獻帝時，參見湯用彤著《漢魏兩晉南北朝佛教史》，第85頁（北京大學出版社，1997年）。而任繼愈推算，此書的形成時間是三國孫吳初期，參見任繼愈著《中國佛教史》（第一卷），第201頁（中國社會科學出版社，1981年）。本文於此不做辨析，泛稱此書成書於漢魏之際。

評，牟子分別予以駁斥。不僅如此，他還注意到融合儒釋道三家，援儒入佛和援道入佛〔註4〕。值得注意的是，《牟子理惑論》中的這些排佛和護法的言論思想，對於後世的排佛者和護法者而言，都具有重大的影響。「此後的儒者們所據以批佛、反佛的理論，大抵都超不出上述範圍（從綱常倫理以至夷夏之變）。」〔註5〕而牟子的護法理論與三教融合的思想傾向，也廣爲後世的護法者利用發揮。牟子作爲一名在家信佛之人，或許是中國歷史上第一位眞正意義上的護法居士。

到了魏晉南北朝，佛教愈發顯示出獨立發展的強勁勢頭〔註6〕。佛教不僅脫離道教獨立發展，而且逐漸有了與儒家分庭抗禮的趨勢。佛教與儒道等中國傳統文化的對抗，佛教與統治者的矛盾，都逐漸尖銳起來。通過對《弘明集》、《廣弘明集》等護法著作的研究，我們可以看到這一時期排佛者與護法者爭論的問題主要集中在以下三個方面：

其一是關於沙門應不應該禮敬王者的爭論。對於這一問題的闡述，最具代表性的當推東晉沙門慧遠的《沙門不敬王者論》。該文指出，出家修行的沙門與在家奉法的居士有所不同，「凡在出家，皆遁世以求其志，變俗以達其道。變俗則服章不得與世典同禮，遁世則宜高尙其跡」〔註7〕。慧遠闡述了沙門不敬王者的諸多理由。

其二是關於夷夏之辯。這實際上是對《牟子理惑論》中佛教是否爲夷狄之術的爭論的延續。西晉道士王浮著《老子化胡經》，南朝宋時道士顧歡著《夷夏論》，二者皆是抑佛崇道，認爲佛教來自胡域，與中國文化有夷夏之別。針對《夷夏論》中的觀點，明僧紹撰《正二教論》逐條反駁。他指明大教無夷夏之別，佛教不僅不遜於道教，而且還遠在道教之上〔註8〕。

其三是關於神滅和神不滅的爭論。佛教宣稱人死而靈魂不滅，可以在六道中輪迴轉世。在《牟子理惑論》及慧遠的《沙門不敬王者論》中都有類似的觀點。而南朝時的范縝所著的《神滅論》中提出「神即形也，形即神也。是以形存則神存，形謝則神滅也」〔註9〕的觀點。范縝的《神滅論》是對佛教

〔註4〕（梁）釋僧祐撰：《弘明集》卷一，《牟子理惑論》，《大正藏》第52冊，No.2102。

〔註5〕郭鵬著：《中國佛教思想史》，福建人民出版社，1994年，第64頁。

〔註6〕參見拙作《試論東漢時期佛、道二教的融合與分離》，《徐州師範大學學報》2010年第3期。

〔註7〕（晉）釋慧遠撰：《沙門不敬王者論》，見《弘明集》卷五。

〔註8〕（南齊）明僧紹撰：《正二教論》，見《弘明集》卷六。

〔註9〕（梁）范縝撰：《神滅論》，見《弘明集》卷九。

因果報應、輪迴轉世、往生成佛等一系列理論的嚴重威脅。就哲學的角度而言，范縝無疑是站在更高的高度來排佛。也正因爲其排佛理論的先進性，梁武帝最終以皇帝的權威制止了該理論的進一步擴散。

隋唐時期，佛教發展到鼎盛，並進一步中國化，先後形成天台、三論、華嚴、法相、律宗、淨土、禪宗、密宗等教派，這些教派大都具有中國特色。由於佛教的長足發展及儒家獨尊地位的喪失，隋唐時期的排佛與護法鬥爭也愈發激烈。高祖武德四年（621）道士傅奕上疏詆毀佛教，並請裁汰僧尼，減少寺院〔註 10〕。僧人法琳對此強烈反對，著《破邪論》予以反駁，並反唇相譏道教亦有不少害國敗教之例〔註 11〕。

相對於道教的排佛言論，儒家的排佛鬥爭更爲激烈。隋唐時期儒家排佛的代表性人物首推韓愈。韓愈在《迎佛骨表》、《原道》、《原性》等著述中申明了自己的排佛主張。如《原道》說：「古之爲民者四，今之爲民者六；古之教者處其一，今之教者處其三。農之家一，而食粟之家六；工之家一，而用器之家六；賈之家一，而資焉之家六：奈之何民不窮且盜也？」〔註 12〕說佛、老的出現使原來的士、農、工、商四家變成了六家，勞作的人還是那麼多，而不勞而獲的人卻增多。言下之意說佛教的存在是導致社會經濟困頓的主要原因之一。而在《迎佛骨表》中，他更是嚴斥佛教乃不適合中國的夷狄之教：「夫佛本夷狄之人，與中國言語不通，衣服殊制。口不言先王之法言，身不服先王之法服，不知君臣之義，父子之情。」〔註 13〕故而韓愈指出，佛教有違儒家的倫理綱常，如若任其發展，有以夷變夏之虞。「今也舉夷狄之法，而加之先王之教之上，幾何其不胥而爲夷也」〔註 14〕。

韓愈的排佛，有一定的歷史局限性。他基本上還是從傳統的夷夏之辯、倫理道德、佛教有礙封建統治等角度反對佛教，而對佛教先進的教義尤其是心性論沒有過多涉及。這也使同時代的人及後人斥其爲排佛而不知佛者。如與韓愈同時代的柳宗元就批評韓愈道：「浮圖誠有不可斥者，往往與《易》、《論語》合。誠樂之，其於性情，奭然不與孔子異道。退之好儒，爲過揚子。揚子之書，於莊、墨、申、韓皆有取焉。浮圖者反不及莊、墨、申、韓之怪僻

〔註 10〕　（唐）釋道宣編：《廣弘明集》卷七，《大正藏》第 52 冊，No.2103。
〔註 11〕　（唐）法琳撰：《破邪論》，見《廣弘明集》卷一一。
〔註 12〕　（唐）韓愈著：《韓愈集》卷一一，《原道》。
〔註 13〕　（唐）韓愈著：《韓愈集》卷三九，《迎佛骨表》。
〔註 14〕　（唐）韓愈著：《韓愈集》卷一一，《原道》。

儉賊耶?曰:以其夷也。果不信道而斥焉以夷,則將反惡來、盜跖而賤季禮、由余乎?非所謂去名求實者矣。吾之所取者,與《易》、《論語》合,雖聖人復生,不可得而斥也。退之所罪者,其跡也,……退之忿其外而遺其中,是知石而不知韞玉也。」〔註15〕在柳宗元看來,韓愈所列的佛教罪狀,都是外在的不足,而佛教內在的精神實質,多與聖人之道合,這卻是韓愈不瞭解的。韓愈的排佛,就好比遺棄了石頭而不知道其中還蘊藏著美玉。柳宗元的護法思想,對於後來宋代僧侶及居士們(包括張商英)的護法有著直接影響。

　　北宋時期,由於佛教自身漸趨衰落及政府對佛教發展的有效控制,佛教沒有再對封建統治造成太大的威脅,儒釋兩家矛盾較唐代也緩和了不少。不過,隨著北宋社會危機的加深,儒學復興運動的展開,再加上歷史上排佛運動的影響,北宋的士大夫對佛教還是有不少斥責言論,其中代表人物有孫復、石介、歐陽修、張載、程顥、程頤、李覯等。這些人一方面極力維護儒家道統,一方面繼續對佛教毀人倫、詆名教的危害加以討伐。如孫復(992～1057)在《儒辱》中說:「佛老之徒濫於中國,彼以死生禍福、虛無報應為事,……去君臣之禮,絕父子之戚,滅夫婦之義。」〔註16〕石介(1005～1045)也指責佛、道有悖「人道」:「(佛、道)非君臣、父子、夫婦、兄弟、賓客、朋友之位,是悖人道也。」〔註17〕值得我們注意的是,宋儒在排佛方面已比唐代士大夫有所突破。歐陽修等人沒有繼承韓愈「人其人,火其書,廬其居」的武斷的排佛思想,而是提出「莫若修其本而勝之」,即加強儒家自身的建設以抵禦佛教的進攻。修本的大體內容為「補其闕,修其廢,使王政明、禮義充,則雖有佛,無所施於吾民也」〔註18〕。另外,鑒於韓愈排佛時未觸及佛教思想本質的教訓,北宋「五子」中的周敦頤、張載、程顥、程頤等人,皆出入佛教,援佛入儒,擺脫了對佛教的狹隘觀念,融合三教思想而創生出理學,從而超越佛教,進而達到排佛目的。如張載吸收佛教中本體論創立元氣本體論,以一種唯物主義本體論來對抗佛教的唯心主義本體論。又如二程的人性論,名為反對佛教,實已吸取了佛教的僧侶主義和唯心主義,已不再僅僅是一個倫理學的問題。二程已將人性論提高到唯心主義本體論的高度。總體上說,宋儒排佛已到達心性論的高度,這是唐代韓愈等排佛人士所不能比的。

〔註15〕 (唐)柳宗元著:《柳河東集》卷二五,《送僧浩初序》。
〔註16〕 (宋)孫復撰:《孫明復小集》,《儒辱》,文淵閣《四庫全書》本。
〔註17〕 (宋)石介撰:《徂徠集》卷五,《怪說下》,文淵閣《四庫全書》本。
〔註18〕 (宋)歐陽修撰:《歐陽修全集‧居士集》卷一七,《本論上》。

　　排佛理論的提高，對北宋僧侶及居士的護法也提出了更高的要求。僧人們意識到必須讓佛教不斷向以儒學為中心的中國文化靠攏，並對其進行適應、吸收，佛教才有立身之地。因而北宋一些高僧開始援儒入佛、著手疏通佛、儒之間的隔閡。這中間的代表人物是宋初天台宗的智圓和北宋中期雲門宗的契嵩。智圓以儒家的中庸來闡釋佛教的中觀之道：「夫儒釋者，言異而理貫也，莫不化民，俾遷善遠惡也。儒者，飾身之教，故謂之外典也；釋者，修身之教，故謂之內典也。惟身與心，則內外別矣。蚩蚩生民，豈越於身心哉？非吾二教，何以化之乎！嘻！儒乎，釋乎，其共為表裏乎！」〔註19〕契嵩又進一步融合儒釋，反覆論證儒釋一貫之理：「儒者，聖人之大有為者也；佛者，聖人之大無為者也；有為者以治世，無為者以治心。」〔註20〕他還在《輔教編》中以佛教之五戒比附儒家之五常，並提出「孝為戒先」的概念，以回應歐陽修等人的排佛之說。契嵩不僅著文護法，而且注重以文會友，結交碩儒權貴。他與歐陽修、曾鞏、韓琦、富弼、呂公著等都有書信往來或交遊。韓琦曾將契嵩文章拿給歐陽修過目，歐陽修驚其文曰：「不意僧中有此郎，黎明當一識之。」次日，韓與歐往見契嵩，「文忠與語終日，遂大喜。自韓丞相而下，莫不延見，尊重之，由是名震海內」〔註21〕。從中可見契嵩的護法是非常成功的。

　　相對而言，北宋士大夫的護法活動就顯得遜色不少。潘桂明在其著作《中國居士佛教史》中將兩宋時期看作是中國居士佛教的全盛時期。然而當我們回顧這段時期的護法歷史時，卻罕見有親佛的士大夫能夠站出來為佛教竭力呼籲。潘桂明在書中列舉了兩宋士大夫居士20餘人〔註22〕。他們有些人將佛教作為解脫自己身心的一味良藥，參禪念佛以求解脫；有些人喜與禪僧詩文唱和，做文字禪遊戲；有些人喜歡參觀寺院，與僧人做法喜之遊……如此種種，不一而足。但北宋的士大夫真正能如智圓、契嵩等全力護法的卻寥寥無幾。在這些親佛士大夫中，張商英（1043～1121）應該是北宋、甚至兩宋最傑出的護法代表。在北宋的歷史上，張商英並不是一個關鍵性的或引人注意的

〔註19〕　（宋）釋智圓撰：《閒居編》卷一九，《中庸子傳》，《卍續藏經》第56冊，No.949。
〔註20〕　（宋）契嵩撰：《鐔津文集》卷八，《寂子解》，《大正藏》第52冊，No.2115。
〔註21〕　（宋）釋曇秀撰：《人天寶鑒》，《明教嵩禪師》，《卍續藏經》第87冊，No.1612。
〔註22〕　這20餘人分別是富弼、楊億、晁迥、王隨、李遵勗、李端願、文彥博、陳瓘、楊傑、張方平、蘇軾、黃庭堅、張商英、馮楫、張九成、李邴、呂本中等人。其實當時親佛的士大夫遠不止於此，這裡只擇其重要者分別論之。參見潘桂明著《中國居士佛教史》，中國社會科學出版社，2000年，第7章。

人物。在政治方面，張商英未獲得太高的政治成就。早年，在王安石變法的浪潮下，由於一些偶然和必然的因素，他步入了改革派的行列。此後，在北宋波譎雲詭的黨爭風雲中，開始了自己半世沉浮的仕宦生涯。他大部分時間沉淪地方，雖然也曾一度官至徽宗朝時的宰相，然而爲政日短，只是一個過渡性人物，而且後人對其政治品質的評價並不太高。相比他略爲平庸的政治生涯，張商英在佛教史上的地位要顯得重要的多。他早先獲得黃龍派東林常總的印可，後師黃龍派兜率從悅禪師，並於其門下有省，《五燈會元》也因此將張商英列爲南嶽下十四世、兜率從悅禪師的法嗣。張商英的禪學修養較高，但相對於同時代的蘇軾、黃庭堅而言（張商英比蘇軾年幼 7 歲，比黃庭堅年長 2 歲），人們往往更重視後兩人從而忽視他。

張商英在佛教史上存在的意義，更多的表現在其護法成就上，他「是北宋佛教最得力的外護居士」〔註23〕。從學術研究的角度來講，張商英護法的意義大體說來主要體現在以下三個方面。一是與契嵩的佛教內護作用不同，張商英出身於儒家的佛教外護身份，使他在比較儒、佛教義中，更易窺見儒家排佛之缺失，更具客觀包容之心胸。因此，研究張商英的護法，可使我們更全面、深刻地理解宋代護法之狀況，而不易受僧侶護法偏執之影響。二是張商英北宋高級官員的身份賦予了他更多的、更重要的護持佛教的任務。由於當時僧團有意識地向統治階級靠攏，如他們勸說中央或地方當局或者幫助和保護僧人，或者至少容忍他們既得利益的存在，因此像張商英這樣的中上層官員正是北宋僧團積極爭取和依靠的對象。張商英的護法，不僅僅是個人的行爲，我們更應將其看成是佛教在向北宋上層社會滲透過程中所引起的各種回應的具體表現。三是通過研究張商英這一個案，我們可以發現他在諸如獎掖、舉薦高僧，提拔後起之秀，調解叢林糾紛，維護寺院利益，回應社會各方面對佛教的攻擊等各方面都有不小的成就。正因如此，我們才說他是「北宋居士佛教的核心人物」〔註24〕。正因爲張商英在北宋佛教史中的重要貢獻，因此研究張商英的護法原因、護法活動、護法思想對瞭解北宋士大夫乃至整個中國古代居士的護法狀況就具有非常重要的意義。而目前這方面雖有一些研究成果，但研究現狀還相對薄弱，這就既爲本文寫作提供了研究基礎，又提供了研究的空間。

〔註23〕羅凌著：《無盡居士張商英研究》，華中師範大學出版社，2007 年，第 1 頁。
〔註24〕潘桂明著：《中國居士佛教史》，中國社會科學出版社，2000 年，第 609 頁。

二、相關研究回顧

　　迄今爲止學者們對於張商英的關注還非常地少，關於張商英護法研究的論文更是寥寥無幾。上世紀八、九十年代，就大陸研究狀況而言，對張商英的研究論文僅見於發表於《五臺山研究》的三篇論文，分別是言成的《五臺山的「神靈感應」——讀〈清涼山志・張商英傳〉》〔註25〕，任樂的《張商英與五臺山》〔註26〕，蕭瑀的《護法丞相張商英》〔註27〕。言成在其文中對張商英生平做了簡要介紹，並對張商英宗教朝聖的遊記《續清涼傳》中所描述的「圓光」、「霞光」、「五色祥雲」、「琉璃世界」、「聖燈」等神異現象予以科學解釋，指出張商英所看到的所謂文殊顯像、佛世界其實是五臺山特有的自然現象。任樂在其文中首先總結了張商英一生的政治生涯，認爲他是一個爲了陞官可以隨意拋棄政治觀點、不顧友情的官僚，並在此基礎上分析了張商英在五臺山的佛教活動的目的，指出其崇佛是爲了抬高自己的聲望，以利於將來的政治陞遷。蕭瑀則在《護法丞相張商英》一文中分別綜述了張商英一生「投機」的政治生涯和「佞佛」的居士生涯，坦言其對五臺山佛教的發展起過一定作用，是一位維護佛教利益的丞相。總的來說，這一時期的張商英研究還處於起步階段，幾乎均著眼於他和五臺山的關係，雖已涉及到其護法行爲，但卻沒有更深入、更全面地做下去。

　　相對於大陸學者的剛剛起步，臺灣學者在這一時期的研究成果顯然更勝一籌。雖然論文數量有限，但臺灣學者對張商英的研究已非常深入化和細緻化。黃啓江的《張商英護法的歷史意義》以北宋儒臣張商英護法爲例，說明其護法的歷史意義。「張商英之護法，由輔翼叢林發展，提拔叢林人才，至作《護法論》與排佛者辯，爲佛法作不平之鳴，實在爲後世護法者立下一個典範」〔註28〕。該文略述張商英的歷史形象，指出他在政治上、宗教上所扮演的不同角色。文中詳述了張商英爲佛法存在價值和功能所作之辯護，並討論了他如何羽翼叢林，爲寺、僧做積極的外護。該文還討論張商英發憤撰述《護法論》的由來，就其所作《護法論》一文，逐一條陳他對排佛者的批判。另一位臺灣學者蔣義斌則以獨特的視角分別詮釋了張商英的兩部護法著作

〔註25〕言成：《五臺山的「神靈感應」——讀〈清涼山志・張商英傳〉》，《五臺山研究》1986 年第 4 期。
〔註26〕任樂：《張商英與五臺山》，《五臺山研究》1987 年第 6 期。
〔註27〕蕭瑀：《護法丞相張商英》，《五臺山研究》1992 年第 1 期。
〔註28〕黃啓江：《張商英護法的歷史意義》，《中華佛學學報》1996 年第 9 期。

《護法論》和《續清涼傳》。在《張商英〈護法論〉中的歷史思維》〔註29〕中蔣義斌提出張商英《護法論》主要的論敵是歐陽修，而他的主要論證立場則是由歷史思維出發。該文認爲張商英以歷史思維論述歐陽修《本論》立論的缺失，直接挑戰歐陽修的學術成果。不僅如此，蔣義斌還強調學人應注意《護法論》中歷史思維的自省部分，由歷史思維產生的危機意識，在宋代佛教界，尤其是臨濟宗門內，是相當普遍的。作爲臨濟宗黃龍派的嗣法弟子，張商英在《護法論》中痛陳了當時叢林中出現的墮落現象，並反對要對僧侶予以法律上的特殊待遇。由歷史思維來爲佛教辯護，又由歷史思維產生危機意識並對佛教自省，這是該文對張商英《護法論》所做的深層發掘。蔣義斌另一篇文章《張商英〈續清涼傳〉與文殊法門》〔註30〕中以《續清涼傳》爲研究材料，指出該傳不僅僅是張商英宗教之旅的「記錄」、「記異」，更彰顯出文殊法門的一些特色。張商英「記錄」的用意，是說明文殊菩薩的確在此處說法；「記異」則彰顯了文殊法門中離語言、文字，直接以法身說法的特色。

　　進入 21 世紀後，張商英護法的研究取得了進一步進展。潘桂明的《中國居士佛教史》中有專門的章節記述張商英及其著作《護法論》，其中他對《護法論》的分析較爲深刻。潘桂明認爲，《護法論》的思想，就以往各類護法之作相比較有三方面值得關注的新動向。第一，張商英在感歎叢林凋敝的同時，對其中某些現象作出辯解。第二，從人類精神生活的角度，指出佛教存在之社會意義。第三，從理論方面提倡與時論一致的三教融合〔註31〕。潘桂明對張商英《護法論》的研究較之以往的大陸學者又邁上了新的臺階。值得注意的是，此時第一本全面研究張商英的專著——三峽大學文學院副教授羅淩所作的《無盡居士張商英研究》出版。該書從政治層面、思想層面、護法層面、文學層面全方位的研究了張商英的一生及其對後世的影響。該書通過對歷史文獻的整理，以張商英個人作爲研究的核心，聯繫當時社會的政治背景、宗教背景、思想文化背景，從多角度展開對張商英的研究。該書的

〔註29〕蔣義斌：《張商英〈護法論〉中的歷史思維》，《佛學研究中心學報》1998 年第3 期。

〔註30〕蔣義斌：《張商英〈續清涼傳〉與文殊法門》，《佛學研究中心學報》2000 年第5 期。

〔註31〕潘桂明著：《中國居士佛教史》，中國社會科學出版社，2000 年，第 7 章第 3節、第 8 章第 3 節。

創新之處在於首次全方位介紹、分析張商英的行爲和思想。具體而言，書中分析了他與改革派、保守派之間微妙的關係，他與道教的關係，他的禪學修養，他的護法實踐與護法言論，他對三教融合的積極推動，他的著述詳考以及他留給後世的影響。該書的成功之處主要體現在兩方面，其一是相關文獻整理到位，對張商英的事蹟和著述考辨詳盡，爲後人做張商英研究做出不少奠基性貢獻。其二是多角度、全方位的人物研究。該書比較清晰地展現了張商英在社會政治、宗教、文化生活等各領域的形象，從而盡可能地爲我們還原了張商英的眞實面目。至於在張商英護法層面的具體研究上，羅凌對張商英具體護法活動進行了細緻的整理和分類，對張商英的護法著作《護法論》和《續清涼傳》也作了獨特的分析。但美中不足的是，該書對張商英護法的歷史背景分析並不全面，忽略了對北宋時期佛教發展的特殊情況，尤其是其義理的衰落和世俗化所帶來的影響。對北宋的佛教政策，尤其是徽宗時期朝廷對佛教的打壓沒有做出詳細地分析，從而使讀者不易清楚瞭解張商英護法的時代政治背景。對於張商英護法的原因和目的，該書似也未曾提及。另外作者在研究張商英的護法活動與護法著作時，雖立足於文獻，卻缺乏對歷史上同類活動和著作的比較，這也是該書在護法研究方面似不及上述臺灣學者的重要原因之一。總的來說，《無盡居士張商英研究》一書的成功更主要是體現在對人物整體的研究方面，在具體的護法層面的研究上，雖然它代表了目前中國大陸學者對張商英護法研究的最高水平，但還是有進一步提高挖掘的空間。

海外學者對張商英護法的研究起步較早，這中間較有學術價值的論文有日本學者安藤智信發表於上世紀六十年代的兩篇論文《宋の張商英について——仏教關係の事蹟を中心として》和《張商英〈護法論〉的背景》〔註32〕。安藤智信於文中探討了張商英作《護法論》的原因及其護法的多重目的。上世紀九十年代，美國學者 Robert M. Gimello 將張商英《續清涼傳》上卷翻譯成英文，並加以詳注〔註33〕。日本學者忽滑谷快天在其著作《中國禪學思想

〔註32〕（日）安藤智信：《宋の張商英について——仏教關係の事蹟を中心として》，《東方學》，1961 年第 22 輯。《張商英〈護法論〉的背景》，《大谷學報》，1963 年第 42 卷第 3 號。兩篇文章文不及見，皆轉引自黃啓江：《張商英護法的歷史意義》。

〔註33〕（美）Robert M. Gimello , "Chang Shang-ying on Wu-t'ai Shan" in China, Berkeley: University oCaliornia Press,1992. pp.89～149.該書不及見，轉引自黃啓江：《張商英護法的歷史意義》。

史》中分五節詳述張商英禪學經歷與禪學修養，但缺乏對其護法思想的分析〔註34〕。另外，如阿部肇一、Helwig Schimidt-Glintzer 等學者也從不同的角度對張商英予以解讀〔註35〕。總體來說，美、日學者對張商英的關注較多些，但還很不夠，且近年來進展不大。

　　總之，就本文的選題範圍而言，學界的關注還很不夠，僅有的一些研究成果也沒有完全覆蓋該範圍，這就為筆者留下了較大的研究空間。

三、研究方法與創新點

　　本文研究的重點在於對張商英護法原因、護法活動以及護法思想的整理和分析。由於有關張商英的史料除正史記載外，其餘散見於宋人的筆記、佛教的藏經中，這為筆者爬梳史料帶來不小難度。另外，在分析張商英護法思想時，除了對當時的歷史背景有所瞭解外，還要對佛教的相關教義，佛教護法思想史有一個較詳細的認識，這也對筆者的知識水平提出了更高的要求。張商英護法活動繁多，護法思想紛雜，如何對其進行了較為合理的整理、分析，是本文面臨的一個難點。為了能對張商英的護法活動、思想以及時代背景進行詳盡的分析，筆者採用分專題論述的方法，以使論述盡量詳盡具體而不相互纏繞。

　　當然，本文在完成的過程中將牽涉到歷史學、哲學、宗教學等多學科知識，故本文既要運用歷史文獻研究法以發掘文獻中有價值的材料並充分加以利用，也要運用哲學、宗教學的相關研究成果與方法來提高研究成果質量。限於筆者才疏學淺，要想很好地運用這些研究方法來完成本文的寫作必然會困難重重，文章的不足之處也將在所難免，筆者所能做的，只是盡力而為，並期望得到方家與眾人的批評、指正。

　　本文的創新之處主要體現在以下幾個方面。一是將張商英之護法置之於其所處的環境中加以研究。本文的直接研究對象雖然是北宋張商英之護法，但筆者是將它作為北宋社會的有機組成部分來考慮的，探討的不僅是張商英

〔註34〕 （日）忽滑谷快天著，朱謙之譯：《中國禪學思想史》。

〔註35〕 （日）阿部肇一：《北宋張商英與佛教》，原登於《宗教學論集》，收入《中國關係論說資料》，1980 年第 30 期，第 210～219 頁；Helwig Schimidt-Glintzer，Zhang Shang-ying（1043～1122）——An Embarrasing Policy Adviser under the Northern Sung，在衣穿強編：《劉子健博士頌壽紀念宋史研究論集》，京都：同朋社，1989 年版，第 521～530 頁。上述兩篇論文均不及見，皆轉引自黃啟江《張商英護法的歷史意義》。

在佛教領域及世俗社會的行為與思想，更要研究這種行為與思想與他周圍環境的關係。從歷史學的角度來講，張商英護法研究一旦與他所處的時代環境相剝離，我們不僅無法解釋張之行為與思想對前人的繼承、發展和演變，就連對其本身的理解也將受到一定的影響。總之，將張商英對佛教的護持置於其存在的社會環境（尤其是佛教環境）中去考察，而不是孤立地對其研究，是本文的一個創新之處。

二是將張商英之護法置之於歷史的長河中加以對比研究。護法行為始於魏晉甚至更早，研究護法在宋代的情形時必然要向前追溯。而集中在北宋張商英時代的相關研究材料相對不足，也促使筆者將研究的時空範圍擴大，以彌補史料不足的缺陷。時空範圍擴大，不僅僅是對歷史材料的擴充，更是為了使這些材料相互發明、補充，以使我們加深對某一問題的認識。本文在梳理張商英護法的史料的同時，也回顧了歷史上相關活動的發展演變。以歷史的眼光來看張商英的護法，通過對比和分析，我們才能更清晰地認識到張商英護法的先進性與不足之處。

第三，對張商英護法思想的考證，是本文的又一創新之處。雖然在此之前，也有一些學者爬梳史料，分析張商英護法之思想，但多是隻言片語，論證並不詳細全面。本文從張商英廣破排佛之說、對三教進行調和及對佛教現狀產生的反思與擔憂等三個方面分專題一一梳理其護法思想，同時簡要回顧了歷史上相關思想的發展流變。通過比較和分析，筆者既肯定了其護法思想的合理、先進之處，也指出了其中所包含的不足。

總之，本文不落前人窠臼，對張商英這一人物，尤其是對其護法的原因、活動和思想做了重新的評價。歷史上對張商英的評價趨向於兩個極端，崇之者推之為大賢完人，貶之者斥之為跳樑小丑。如果我們僅僅著眼於其政治活動或護法活動，就很容易步前人片面判斷之後塵，從而難以得出一個客觀的評價。在研究過程中，筆者依據正史、大藏經以及宋人筆記等大量文獻材料，不僅僅對張商英本人的護法原因、護法行為和護法思想詳細考證，而且將其置身於整個社會環境或歷史環境中加以研究，因而本文所得出的結論是較為準確、可靠和有說服力的。

第一章　張商英護法的時代背景

　　本章從四個方面探討了張商英時代的佛教生存環境。一是宋代佛教的發展趨勢，包括佛教義理的衰落與世俗化趨勢加強兩方面內容；二是北宋王室佛教，略述一下宋徽宗以前北宋諸帝對佛教採取的一貫政策及宋徽宗一反前人採用的崇道抑佛政策；三是北宋士大夫佛教，簡要分析一下北宋士大夫排佛與親佛的內在原因；四是北宋民間佛教，我們從多個角度回顧一下當時民間佛教的盛行及與之相關的民間宗教的流行。

一、宋代佛教發展的趨勢

　　隋唐二代是中國佛教發展的鼎盛時期，此後經歷了唐末五代的百年戰亂和兩次法難〔註1〕，寺院荒廢，經卷散佚，僧侶逃散，於是佛教義理之學漸失，至唐末五代北宋時，中國佛教日漸步入其衰微期。「佛教傳來中國，濫觴於劉漢，發展於六朝，極盛於隋唐，分化演變於五代，抱殘守缺於宋元明清。」〔註2〕湯用彤比較了隋唐二代與五代宋元明佛教之差異，亦認為唐以後佛教僅剩軀殼而已：「隋唐二代，國家安定，華化漸張，而高僧之艱苦努力，不減於六朝，且教理昌明，組織漸完，玄奘⋯⋯諸師人物偉巨，故佛法之盛過於六朝，此則因本身之真價值，而不待外援也。隋唐以後，外援既失，內部就衰，雖有宋初之獎勵，元代之尊崇，然精神非舊，佛教僅存軀殼而已。」〔註3〕梁啟超則分析了唐以後殆無佛學的原因：「唐以後殆無佛學。唐以後何故無佛學

〔註1〕兩次法難指的是唐武宗會昌二年（842）、後周世宗顯德二年（955）由上而下發動的兩次大規模滅佛運動。
〔註2〕普行：《佛教給予中國文化的影響》，《現代佛學》1950 年第 1 期。
〔註3〕湯用彤著：《隋唐佛教史稿》，中華書局，1982 年，第 294 頁。

耶？其內部之原因，則禪宗盛行，諸派俱絕。踞坐棒喝之人，吾輩是無標注以測其深淺。其外部之原因，則儒者方勦竊佛理，自立門戶，國中上駟咸趨此途，而僧界益乏才。」〔註4〕然唐以後佛教也並非一無是處，首先如梁氏所言「禪宗盛行」，五家七宗，極盛於兩宋；其次是佛教日益融於儒道，深入民間，如湯氏亦以爲宋代佛教表現出了一種不同於唐代的另類繁榮〔註5〕。可以說，兩宋三百餘年，佛教延綿不絕，雖總體上不如隋唐宏盛，但民間淨土信仰普及，禪林普請之風盛行，三教合一，佛教日漸人間化，參禪念佛，幾乎完全進入中國人的日常生活之中。總之，宋代佛教發展的總趨勢是，在佛教義理衰落的同時，世俗化傾向日趨增強。

1、佛教義理的衰落

宋代佛教義理衰落的原因很多，除了上述會昌法難打擊等原因外，入宋以來譯經事業的衰微以及禪宗不立文字的宗風也都是造成佛教義學衰落的重要因素。前者使其漸失外援，後者又從內部加速其衰微。宋代的譯經事業始於太宗朝太平興國七年（982），終於神宗朝元豐五年（1072），歷經90餘年，花費政府大量人力、物力、財力，可是社會影響卻很難與唐代譯經事業相提並論。究其原因，一是宋代所譯經卷，多以密教經典爲主，因爲當時印度國內正是密教盛行時期。密教的一些理論，多於漢地社會習俗相砥，故所譯經卷多受皇帝和士大夫抵制，如宋太宗淳化五年（994），于闐僧吉祥譯《大乘密藏經》，發現有多處文義乖戾處，於是太宗詔諭：

> 使邪僞得行，非所以崇正法也。宜令兩街集義學沙門將吉祥所
> 獻經搜檢，前後經本對眾焚棄。〔註6〕

又如宋眞宗開禧元年（1017）眞宗詔曰：

> 金仙垂教，實利於含生；貝葉騰文，是資於傳譯。苟師承之或
> 異，必邪正以相參，既失精詳，寢成訛謬。而況葷血之祀，頗瀆於
> 眞乘；厭詛之詞，尤乖於妙理。方增崇尚，特示發明。其新譯《頻
> 那夜叉經》四卷，不得編入藏目。自今傳法院似此經文，無得翻譯。
> 〔註7〕

〔註4〕梁啓超著：《佛學研究十八篇》，上海古籍出版社，2001年，第16～17頁。
〔註5〕湯用彤著：《隋唐佛教史稿》，中華書局，1982年，第294～303頁。
〔註6〕（清）徐松輯：《宋會要輯稿》道釋二之七。
〔註7〕（清）徐松輯：《宋會要輯稿》道釋二之八。

如此，則許多新譯經卷無法流行。再加上宋人受禪教分離影響，不看經，不立文字，見性成佛，所以新譯佛經更難深入民心。宋代譯經事業日趨衰落，神宗熙寧四年（1072），下詔廢譯經院。元豐五年（1082），罷譯經使、潤文官，至此，宋代官辦譯經事業徹底結束〔註8〕。

　　造成宋代佛教義理不振的另一要素是禪宗主張不讀經，不立文字，不許亂說亂道的宗風。宋禪所秉承的大乘佛教般若思想，普遍否認語言思維有把握真理和表達真理的能力，因而語言文字只是世間假名，不可過分依賴。唐末五代北宋時，禪僧們又將這一觀點拿來，用以否定各種佛教經典的權威性。於是呵佛罵祖、殺佛殺祖之叛逆精神迸發而出：

　　　　大善知識始敢毀佛毀祖，是非天下，排斥三藏教，辱罵諸小兒，
　　向逆順中覓人。

　　　　莫受人惑，向裏向外，逢著便殺。逢佛殺佛，逢祖殺祖，逢羅
　　漢殺羅漢，逢父母殺父母，逢親眷殺親眷。〔註9〕

在這種極端叛逆的精神指引下，讀經已不再重要。臨濟義玄告訴學人欲成佛作祖，「莫向文字中求」，應「不看經」、「不學禪」：

　　　　道流！莫向文字中求，心動疲勞，吸冷氣無益。不如一念緣起
　　無生，超出三乘權學菩薩。

　　　　王長侍一日訪師，同師於僧堂前看，乃問：「這一堂僧還看經
　　麼？」師云：「不看經。」侍云：「還學禪麼？」師云：「不學禪。」
　　侍云：「經又不看，禪又不學，畢竟作個什麼？」師云：「總教伊成
　　佛作祖去。」〔註10〕

又，與蘇軾兄弟過從甚密的佛印了元，儘管本人詩文俱佳，卻也堅持禪宗不立文字的傳統，他曾諷刺江浙叢林以文字為禪之風：

　　　　後世學者漁獵文字語言，正如吹網欲滿，非愚即狂。時江浙叢
　　林尚以文字為禪之謂請益，故元以是風之。〔註11〕

北宋末年，圓悟克勤著《碧巖集》，對公案、頌文詳加解釋，雖自稱不立文字，

〔註8〕又據四川大學博士後劉長東考證，雖然譯經事業在神宗朝已衰歇，但官方譯
　　　　經機構「傳法院」在南宋時仍未廢，只是未再譯經。參劉長東著《宋代佛教
　　　　政策論稿》，巴蜀書社，2005年，第106頁。
〔註9〕（唐）慧然集：《鎮州臨濟慧照禪師語錄》，《大正藏》第47冊，No.1985。
〔註10〕（唐）慧然集：《鎮州臨濟慧照禪師語錄》，《大正藏》第47冊，No.1985。
〔註11〕（元）念常集：《佛祖歷代通載》卷一九，《大正藏》第49冊，No.2036。

實則大立文字，將人引入繁瑣的考證。爲避免後世學人以此爲宗旨，南宋初年，克勤弟子大慧宗杲火燒《碧巖集》：

> 大慧禪師，因學人入室，下語頗異，疑之。才勘而邪峰自挫，
> 再鞫而納款自降，曰：我《碧巖集》中記來，實非有悟。因慮其後
> 不明根本，專尚語言，以圖口捷，由是火之，以救斯弊也。〔註12〕

於是讀經之人越來越少，而產生出當頭棒喝的接引方式〔註13〕，有了反邏輯、反理性的禪宗宗風〔註14〕，而佛教的義理則愈少人問津。

2、佛教世俗化趨勢的加強

唐以後中國佛教便無大的發展，開始走下坡路。如果從哲學史的角度看，筆者完全同意此觀點。但是從宗教學的角度看，宋代以來中國佛教的燈錄、語錄廣爲流傳；代別、頌古、看話禪、默照禪等諸多接引人方式大行其道；士大夫熱衷於禪樂機鋒，民間處處聞聽經聲佛號。我們說，中國佛教的成熟與定型是在宋代〔註15〕。這是宋代佛教較之以往發生的氣質上的轉變。李四龍將中國佛教在五代、北宋之際發生的這種轉變定義爲學理型佛教向民俗型佛教的轉變〔註16〕。由於類型的不同，我們不能簡單地以「衰落」來描繪五代、北宋以後一千年的中國佛教史。事實上，這一千年的中國佛教史，才是眞正影響著中國民間社會生活世界的中國佛教史。北宋以後佛教世俗化日益加強的原因有很多，李四龍在《中國佛教與民間社會》一書中總結了三點原因〔註17〕。第一，淨土信仰盛行於宋代。志磐《佛祖統紀》曾記，杭州地區「年少長貴賤，見師者皆稱阿彌陀佛，念佛之聲盈滿道路」〔註18〕。不僅民

〔註12〕（宋）佛果圓悟禪師撰：《佛果圓悟禪師碧巖錄》，「陵後序」，《大正藏》第48冊，No.2003。

〔註13〕臨濟宗祖師義玄之棒喝，可稱臨濟宗的獨門家風。他接引學人往往先喝後打，促人猛醒。他曾對人解釋自己棒喝的含義：「有時一喝如金剛王寶劍，有時一喝如踞地金毛師子，有時一喝如探杆影草，有時一喝不作一喝用。」棒喝的含義較爲複雜，但其根本旨意在於打破學人慣性思維，以反邏輯、反理性思維來悟禪。

〔註14〕禪宗反邏輯、反理性之風貫於兩宋，本文不再詳細列舉，但最先體現這種宗風特點的當屬晚唐趙州從諗和尚及其趙州門風。參見杜繼文、魏道儒著《中國禪宗通史》，江蘇人民出版社，2007年，第326～331頁。

〔註15〕張踐著：《中國宋遼金夏宗教史》，人民出版社，1994年，第35頁。

〔註16〕李四龍：《民俗佛教的形成與特徵》，《北京大學學報》（哲學社會科學版）1996年第4期。

〔註17〕參見李四龍著《中國佛教與民間社會》，大象出版社，2009年，第7、8頁。

〔註18〕（宋）志磐撰：《佛祖統紀》卷二二，《大正藏》第49冊，No.2035。

間如此，上至文彥博、張商英等宰相亦有淨土信仰。第二，宋代佛事活動頻繁，上至天子，下至百姓，對此均抱有極大熱情，逐漸的，許多宗教活動轉變爲世俗化的日常活動，許多佛教節日也成爲世俗化的民間節日。第三，宋代印行佛經之風甚盛，從開寶四年（971）到宋末元初，官私共有六部大藏經刊行，其刻藏次數之多，冠絕古今〔註 19〕。且除去第一部開寶藏爲宋太祖命張從信往益州雕版外，其餘皆爲民間刊刻，則當時社會印經風之盛可以管窺一二。如此，大大方便佛經流傳，促進民間佛經信仰。

除去上述三點原因外，筆者以爲，宋代佛教的世俗化亦與宋禪的宗風特點有密切聯繫。會昌法難後，中國佛教出現的最明顯轉機莫過於諸宗的衰微和禪宗的獨盛。關於禪宗獨盛於會昌法難後的原因，陳垣先生的解釋是：「會昌五年毀佛，教家大受挫折，惟禪明心見性，毀其外不能毀其內，故依舊流行。」〔註 20〕由於禪宗是印度佛教與中國傳統文化相結合的產物，它所主張的教外別傳，直指人心，見性成佛的教旨，使其拋棄了傳統佛教冗長的經典和繁瑣的修行儀軌，以一種簡單易行的中國化形式深入到人民信眾中去，故慧能宗教改革後不久，禪宗之南宗便迅速壯大，使之在唐代已成爲影響較大的八大流派之一。唐武宗會昌法難後，佛教義學流派收到沉重打擊，唯禪宗一枝獨秀，不僅很快從打擊中恢復過來，而且迅速佔據幾乎佛教全部領域，至宋以後，禪宗甚至等同於佛教，而禪宗也將其世俗化的特點帶給了整個佛教，如禪宗反對坐禪，坐禪不能成佛，恰如磨磚不能成鏡〔註 21〕。於是宋代佛教界不坐禪者大有人在，以至重振曹洞宗之宏智正覺於南宋初年還大力提倡「默照禪」，我們可以認爲他這是對佛教傳統的「禪定」方法的回歸〔註 22〕。禪宗不僅認爲坐禪無用，甚至佛法亦無用功處：

〔註 19〕 這六部大藏經分別是宋開寶四年（971）至太平興國八年（983）於益州刊刻的《開寶藏》；宋元豐二年（1080）至政和二年（1112）於閩州福州東禪寺刊刻的《崇寧萬壽大藏》；宋政和二年（1112）至乾道八年（1172）於閩州福州開元禪寺刊刻的《毗盧大藏》；宋紹興二年（1132）於湖州思溪圓覺禪院刊刻的《思溪圓覺藏》；宋淳熙二年（1175）於湖州安吉州思溪法寶資福禪寺刊刻的《思溪資福藏》；宋紹定四年（1231）至元至治二年（1323）於平江路陳湖磧沙延聖院刊刻的《磧沙藏》。

〔註 20〕 陳垣撰：《中國佛教史籍概論》，上海書店出版社，2005 年，第 31 頁。

〔註 21〕 南嶽懷讓參學於馬祖道一，有磨磚作鏡的典故，「馬和尚在一處坐，讓和尚將磚去面前石上磨。馬師問：『作什摩？』師曰：『磨磚作鏡。』馬師曰：『磨磚豈得成鏡？』」參見（南唐）靜、筠二禪師編撰《祖堂集》卷三。

〔註 22〕 參見張踐著《中國宋遼金夏宗教史》，人民出版社，1994 年，第 76 頁。

道流！佛法無用功處，只是平常無事，屙屎送尿，著衣吃飯，困來即臥。愚人笑我，智乃知焉。古人云「向外作工夫，總是癡頑漢」。你且隨處作主，立處皆真，境來回換不得；縱有從來習氣、五無間業，自爲解脫大海。〔註23〕

在這樣的宗教氛圍中，讀經深參之僧較前代大爲減少。如前文所述，此爲佛教義理衰落的重要原因之一，但此亦可看作佛教世俗化的重要前提之一。既然禪僧所參無外乎「屙屎送尿，著衣吃飯，困來即臥」，那麼宋代佛法亦走向人間，爲士大夫、民眾廣爲接受。

二、北宋王室佛教

所謂的王室佛教〔註24〕，包括王室的佛教信仰、修行活動以及對佛教採取的相關政策。與西歐基督教不同，中國的佛教自兩漢之際傳入中國以來，其教權從未凌駕於皇權之上，甚至其稍有膨脹氾濫之勢，便會招致朝廷的無情打擊，於是有了宋以前的「三武一宗」之法難。因此，君王對佛教的態度，一直對佛教的發展起著至關重要的影響。東晉釋道安曾云：「不依國主，則法事難立。」〔註25〕唐末趙州從諗老和尚對趙王敬重有加，趙王來，他從不下床，侍者以爲無禮，他則解釋道：「上等人來，上繩床接；中等人來，下繩床接；下等人來，三門外接。」〔註26〕在唐末藩鎮割據的局勢下，河北趙州禪獨領風騷，與當時趙王的護持密不可分。入宋以來，各派僧人們進一步意識到君王對本派發展興衰的重要影響。宋初臨濟宗汾陽善昭（947～1024）在囑咐弟子做好內護的同時，也不忘爭取國王、大臣等外護：「如是展轉，西天二十八祖，唐來六祖，諸方老和尚，各展機鋒，以爲內護；及付囑國王、大臣、有力檀信，以爲外護。」〔註27〕臨濟宗楊岐派祖師楊岐方會（996～1049）每次升座拈香，第一炷香獻給當今皇上：「此一瓣香，祝延今上皇帝聖壽無窮。」

〔註23〕 （唐）慧然集：《鎮州臨濟慧照禪師語錄》，《大正藏》第47冊，No.1985。

〔註24〕 李四龍在《佛教征服中國》一書的《譯後記》中提到王室佛教（court Buddhism）、士大夫佛教（gentry Buddhism）和民眾佛教（popular Buddhism）三個名詞概念，但並未予以詮釋。筆者於本文借用這三個概念，並作出相應詮釋，以從王室、士大夫、民眾這三個角度來看當時社會各階層與佛教的互動關係，其中「民眾佛教」改稱「民間佛教」。

〔註25〕 （梁）釋慧皎撰：《高僧傳》卷五，《釋道安傳》。

〔註26〕 （南唐）靜、筠二禪師編撰：《祖堂集》卷一八。

〔註27〕 （宋）楚圓集：《汾陽無德禪師語錄》卷上，《大正藏》第47冊，No.1992。

〔註28〕臨濟宗能夠始終盛行於兩宋，實與朝廷大力扶持有關〔註29〕。北宋雲門宗諸僧則始終注意與朝廷的密切聯繫，大覺懷璉（1009～1070）首先應詔住持京城寺院，與宋仁宗常有詩歌唱和〔註30〕。之後，天衣義懷（989～1060）、慧林宗本（1020～1099）、法雲善本（1035～1109）、法雲法秀（1027～1090）等諸多雲門宗禪師住持京城諸大寺院，挾皇權之勢，將雲門宗影響遍及全國。魏道儒總結「宋徽宗以前，雲門和臨濟並駕齊驅，是禪宗中最活躍的兩派」〔註31〕。正是因爲臨濟和雲門兩派意識到王室對佛教的重要作用，故其在宋代均得到較大發展。

1、宋徽宗以前北宋諸帝對佛教採取的主要政策

湯用彤以爲：「北宋諸帝，多承祖宗（太祖、太宗）成規，保護佛法。」〔註32〕又《至元嘉禾志》卷二三《法喜寺改十方記》亦言：「聖朝襲前代舊章，爲佛教外護，廣設度門，崇信般若。」〔註33〕由此可知，徽宗以前，北宋諸帝對佛教採取的是相似之政策。那麼，政府實施的是何種宗教政策？這就要求我們從太祖、太宗開始，大體爬梳一下北宋初年王室對佛教的態度和行爲的相關史料。

宋太祖開國後，對當時佛教他大體上採用的是鼓勵與限制並行的政策，即一方面終止後周世宗毀佛的錯誤行爲，一定程度上鼓勵佛教的發展，使其能爲己用；一方面吸取歷史上數次法難之教訓，有意限制境內佛教的發展，以防其坐大而對自己的統治造成不利影響。先看宋太祖對佛教的扶持政策：

1. 建隆元年（960），「詔諸路寺院，經顯德二年當廢未毀者聽存，其已毀寺所有佛像許移置存留」〔註34〕。

〔註28〕（宋）仁勇等編：《楊岐方會和尚語錄》，《大正藏》第 47 冊，No.1994。
〔註29〕張商英即爲臨濟宗黃龍派兜率從悅之嗣法弟子，兜率去世之後，張商英執政之年曾爲其師奏請諡號。表明「不敢忘外護之志」。參見（宋）釋曉瑩：《羅湖野錄》卷二。筆者以爲，黃龍派興起於北宋中後期，其發展態勢與以張商英爲代表的宋代士大夫的積極外護有一定聯繫。所謂的張商英等人的積極外護，不僅指他們個人的護法行爲，也包括他們所代表的政府行爲。
〔註30〕（宋）釋曉瑩：《羅湖野錄》卷一。文淵閣《四庫全書》本。
〔註31〕杜繼文、魏道儒著：《中國禪宗通史》，江蘇人民出版社，2007 年，第 420 頁。
〔註32〕湯用彤著：《隋唐佛教史稿》，第 301 頁。
〔註33〕（宋）李正民撰：《法喜寺改十方記》，《至元嘉禾志》卷二，《宋元方志叢刊》，第 4589 頁。
〔註34〕（宋）志磐撰：《佛祖統紀》卷四三，《大正藏》第 49 冊，No.2035。

2. 建隆二年（961），「詔以揚州行宮爲建隆寺」〔註35〕。

3. 乾德四年（966），「僧行勤等一百五十人請遊西域，（太祖）詔許之，仍賜錢三萬遣行」〔註36〕。

4. 乾德四年（966）四月，對河南府進士李靄，處以「決杖，配沙門島」的刑事處罰，原因是「靄不信釋氏，曾著書數千言，號《滅邪集》，又輯佛書綴爲裌褥，爲僧所訴」〔註37〕。

不過應該指出的是，太祖本人是不佞佛的，他對佛教的態度是信而不虔：

> 上自洛陽回京師，手書《金剛經》，常自誦讀。宰相趙普，因奏
>
> 事，見之。上曰：「不欲甲冑之士見之，但言常讀兵書可也。」〔註38〕

宋太祖扶持佛教，主要目的是利用佛教的影響來鞏固新建趙宋王朝的統治。如他詔以揚州行宮爲建隆寺，其政治意圖非常明顯，「詔前徵李重進，凡死於兵者，以揚州行宮置建隆寺爲薦冥福」〔註39〕。宋人王禹偁指出：「緣是交兵之地，捨爲梵宮，天不耕而有名也；死事之人，盡離鬼趣，士捐生而無恨也。帝王所尚，今古攸同。」〔註40〕

正是由於宋太祖對佛教採取的務實態度，使其一方面有意扶持佛教，一方面又刻意限制佛教。今存於《宋大詔令集》的宋太祖時期的五條詔令，從限鑄佛像、禁僧尼統攝、限度僧尼到禁止各種非法宗教活動和集會，顯示出宋太祖對佛教的整治力度之大：

1. 乾德五年（967）七月丁酉，詔曰：「應諸道州有銅像處，依舊存留，此後不得以銅爲像。」

2. 開寶五年（972）正月，詔曰：「塔廟之設，像教所宗。耕農之設，生人是賴。而末俗迷妄，競相誇誘，以至施耒耜之福，空極勞費，諒乖利益。自今兩京及諸道州府寺舍，除造器用道具外，不得以鐵鑄佛像。仍委所在長吏，常加查訪。」

〔註35〕　（宋）李燾撰：《續資治通鑑長編》卷二，太祖建隆二年正月戊申日。

〔註36〕　（宋）李燾撰：《續資治通鑑長編》卷七，宋太祖乾德四年三月。另，《佛祖統紀》卷四三載：「（乾德）四年，詔秦涼既通，可遣僧往西竺求法。時沙門行勤一百五十七人應詔，所歷焉者、龜茲、迦彌羅等國，並賜詔書諭令遣人前導，仍各賜裝錢三萬（行裝錢三十貫文）。」

〔註37〕　（宋）李燾撰：《續資治通鑑長編》卷七，宋太祖乾德四年夏四月。

〔註38〕　（宋）志磐撰：《佛祖統紀》卷四三，《大正藏》第49冊，No.2035。

〔註39〕　（宋）志磐撰：《佛祖統紀》卷四三，《大正藏》第49冊，No.2035。

〔註40〕　（宋）王禹偁撰：《小畜集》卷一七，《揚州建隆寺碑》，文淵閣《四庫全書》本。

3. 開寶五年（972）正月乙卯，詔曰：「男女有別，時在禮經。僧尼無間，寔紊教法。自今兩京及諸道州府，尼有合度者，只許於本寺趣壇受戒，令尼大德主之。其尼院公事，大者申送所在長吏鞫斷，小者委逐寺三綱區分，無得與僧司更相統攝，如違，重置其罪。」

4. 開寶六年（973），詔曰：「釋門崇教，實自前王。歲試度人，宜有定數。……應諸道州府管內僧尼，自今後逐年據帳，每一百人，只許度有經業童行一人。仍令尚書祠部專切檢點，如有額外度人者，並須退落。」

5. 開寶八年（975），詔曰：「如聞灌頂道場，水陸齋會，並夜集士女，就寺開設，深爲褻瀆，無益修持。宜令功德司及尚書祠部，告諭兩京諸道州府並禁止之。」〔註41〕

　　可以說，無論是崇佛還是抑佛，宋太祖的出發點都是爲了鞏固宋朝的統治。他崇佛，是因爲佛教有資於治世；他抑佛，是在吸取「三武一宗」尤其是後周世宗法難的教訓。他的這一政策，也爲北宋後世君主所遵從。而宋太祖幸相國寺時不拜佛的典故，似乎更在向他的子孫們昭示著，在趙宋王朝的統治下，教權只能匍匐於王權之下，爲王權服務：

　　　　太祖皇帝初幸相國寺，至佛像前燒香，問當拜與不拜。僧錄贊
　　寧奏曰：「不拜。」問其何故，對曰：「現在佛不拜過去佛。」贊寧
　　者，頗知書，有口辯。其語雖類俳優，然適會上意，故微笑而領之，
　　遂以爲定制。至今行幸焚香皆不拜也。議者以爲得禮。〔註42〕

宋太宗繼承了宋太祖的佛教政策。他亦採用崇、抑並行的方針政策治理佛教事務。他曾說：「浮屠氏之教，有裨政治，達者自悟淵微，愚者妄生誣謗，朕於此道，微究宗旨。凡爲君治人，即是修行之地，行一好事，天下獲利，即釋氏所謂利他者也。……雖方外之說，亦有可觀者，卿等試讀之，蓋存其教，非溺於釋氏也。」〔註43〕於是在位期間，他效法唐太宗，重開譯場，於太平興國寺建譯經院，恢復了自唐憲宗元和年間以來中斷了百餘年的譯經事業，是爲北宋官方譯經事業之始〔註44〕。縱觀北宋諸帝，太宗皇帝稱得上是有佞佛傾向的皇帝之一，但其執政期間，亦有意控制佛教的發展，繼承太祖既定之政策。《太宗皇帝實錄》中記載道：

〔註41〕以上五項詔令見於《宋大詔令集》卷二二三。
〔註42〕（宋）歐陽修撰：《歐陽修全集・歸田錄》卷一。
〔註43〕（宋）李燾撰：《續資治通鑑長編》卷二四，太平興國八年冬十月甲申。
〔註44〕（宋）李燾撰：《續資治通鑑長編》卷二三，太平興國七年六月。

> 丙申詔：「應天下佛寺道宮，自來累有詔書約束，除舊有名籍者
> 存之，所在不得上請建置。」……因謂宰相曰：「近日多奏請建置僧
> 院，有十餘間屋宇便求院額，甚無謂也，多是誑惑閭閻，藏隱奸弊，
> 宜申明禁止之。」〔註45〕

既有太祖、太宗既定之國策，其後真宗、仁宗、英宗、神宗、哲宗諸朝，「多
承祖宗（太祖、太宗）成規，保護佛法」。故宋徽宗前北宋諸帝，對佛教可以
說是採取了相似之政策〔註46〕。徽宗時期寶覺大師曾讚揚過自太祖到哲宗歷
代帝王崇奉佛教之舉，言語間雖不乏溢美之辭，但大體反映出北宋七位皇帝
相似之佛教政策：

> 若我藝祖皇帝，始受周禪，首興佛教。累遣僧徒往西域，益求
> 其法。太宗皇帝，建譯場，修墜典。製秘藏詮，述聖教序。真宗皇
> 帝，製法音集，崇釋氏論。仁宗皇帝，躬覽藏經，撰寫天竺字。日
> 與大覺師懷璉，賡歌質問心法。英祖、神考，繼體守文。哲宗皇帝，
> 在儲宮日，神考不豫，時讀佛經，祈聖躬永命。使吾佛之道有一不
> 出於正，則曷足以致歷代帝王之崇奉哉？〔註47〕

2、宋徽宗的崇道抑佛行為

「北宋王朝歷經九代皇帝，除宋徽宗崇道貶佛、宋欽宗國破身亡外，其
餘七代對佛教都採取了扶植、保護和利用政策。」〔註48〕張立文在其著作《中
國學術通史》（宋元明卷）中除了肯定了北宋前七代皇帝對佛教採取的扶植、
保護和利用政策外，也點明了第八代君主宋徽宗的崇道貶佛行為。宋徽宗作
為歷史上有名的亡國之君，不僅與蔡京、童貫等六賊禍國殃民，其佛教政策
也嚴重偏離了宋朝的傳統政策，那麼，宋徽宗在位期間是如何對待佛教的，
其行為又造成了哪些嚴重惡果？

在佛教政策方面，宋徽宗一改前朝的崇、抑並行政策，取而代之的是崇
道抑佛政策。在中國歷史上，崇奉道教的皇帝不在少數，其中尤以唐宋兩代
為甚。如唐代的高祖、太宗、高宗、武則天、玄宗、武宗諸帝均對道教親睞

〔註45〕（宋）錢若水等撰：《太宗皇帝實錄》卷三二，雍熙二年二月丙申。
〔註46〕關於太宗以後諸帝佛教政策，可參見張煜「王安石與佛教」，博士學位論文，
　　　　復旦大學中文系，2004年，第4～7頁。
〔註47〕（元）念常撰：《佛祖歷代通載》卷一九，《大正藏》第49冊，No.2036。
〔註48〕張立文、祁潤興著：《中國學術通史》（宋元明卷），人民出版社，2004年，第
　　　　527頁。

有加，尤其是在高宗與武則天統治前期、玄宗時期、武宗時期，唐代道教歷
經三個發展的高潮期。唐朝統治者崇奉道教的根本原因在於通過道教來神化
君權，唐高祖、唐太宗為了抬高自己出身，追認老子為自己的祖先，從而為
自己具有胡漢混血的出身披上一件神聖的外衣〔註 49〕。北宋太宗、真宗皇帝
對道教也頗為推崇。宋太宗崇道的目的，據張踐考證，一是為自己的登基繼
位尋求宗教依據，二是吸取道教清淨無為主張用以治國〔註 50〕。真宗皇帝崇
道的原因應與「澶淵之盟」的簽訂有直接聯繫。在簽訂了屈辱的「澶淵之盟」
後，宋朝君臣為了挽回顏面、鎮服四海、誇示戎狄，於是導演了一齣封禪崇
道的鬧劇〔註 51〕。可以說，無論是李唐王朝還是趙宋王朝的統治者，他們對
道教的態度，都是採用的一種利用的方針。反觀宋徽宗的崇道行為，早期以
修習煉養、求子嗣為主〔註 52〕。政和元年（1111）以後，雖也有利用道教神話
王權的跡象，但更多的讓我們看到的是他個人對道教的沉溺其中、不可自拔
的瘋狂，其中便包括宣和元年（1119）改佛為道的「創舉」。

表 1.1　宋徽宗的崇道毀佛行為一覽表〔註 53〕

時　間	事　件	出　處
崇寧二年（1103）七月庚子	賜茅山道士劉混康號葆真觀妙先生。	《續資治通鑒》卷八八，宋徽宗崇寧二年七月庚子。
崇寧四年（1105）五月	賜信州龍虎山道士張繼元號虛靖先生。張氏自是相繼為山主，傳授法籙者，即度為道士（《宋史》記載為「賜張繼先號虛靜先生」。）	《續資治通鑒》卷八九，宋徽宗崇寧四年五月；《宋史》卷二〇，《徽宗本紀》。
崇寧五年（1106）七月甲寅	加賜茅山道士劉混康葆真觀妙沖和先生名號。	《續資治通鑒》卷八九，宋徽宗崇寧五年七月甲寅。
大觀元年（1107）二月己未	詔令道士序位在僧上，女冠在尼上。	《續資治通鑒》卷九〇，宋徽宗大觀元年二月己未。

〔註 49〕李小榮著：《〈弘明集〉〈廣弘明集〉述論稿》，巴蜀書社，2005 年，第 355～357
　　　　頁。
〔註 50〕張踐著：《中國宋遼金夏宗教史》，人民出版社，1994 年，第 107～109 頁。
〔註 51〕參見《續資治通鑒長編》卷六七，宋真宗景德四年十一月庚辰。
〔註 52〕參見張踐著《中國宋遼金夏宗教史》，人民出版社，1994 年，第 111～112 頁。
〔註 53〕本表引用文獻主要為（元）脫脫等撰《宋史》，中華書局，1977 年版；（清）
　　　　畢沅編《續資治通鑒》，上海中華書局，〔出版年不詳〕；《宋大詔令集》，中華
　　　　書局，1962 年。下所引版本皆同。

大觀元年二月	授鳳翔府于仙姑清眞沖妙先生；宋徽宗問政於虞仙姑。	《續資治通鑑》卷九○，宋徽宗大觀元年二月
大觀三年（1109）十一月丁未	詔算學以黃帝爲先師，風后等八人配饗，巫咸等七十人從祀。	《宋史》卷二○，《徽宗本紀》；《續資治通鑑》卷九○，大觀二年十一月丁未。
大觀四年（1110）正月辛酉	士庶拜僧者，論以大不恭。	《宋史》卷二○，《徽宗本紀》。
大觀四年五月壬寅	停僧牒三年。	《宋史》卷二○，《徽宗本紀》。
政和二年（1112）正月癸未	禁釋教修設水陸道場及祈禳道場時將道教神位相參。	《續資治通鑑》卷九一，宋徽宗政和二年正月癸未。
政和三年（1113）二月甲戌	特授左街道錄徐知常沖虛先生號（《宋大詔令集》稱其爲徐和常）。	《續資治通鑑》卷九一，宋徽宗政和三年二月甲戌；《宋大詔令集》卷二二三，《徐和常沖虛先生制》。
政和三年二月辛巳	詔濮州王老志賜號安泊處士。	《續資治通鑑》卷九一，宋徽宗政和三年二月辛巳。
政和三年九月辛卯	詔王老志赴京城，封洞微先生。	《續資治通鑑》卷九一，宋徽宗政和三年九月辛卯；《宋史》卷四六二，《方技下·王老志》；《宋大詔令集》卷二二三，《王老志封洞微先生制》。
政和三年十月戊申朔	元觀法師程若虛封寶籙先生（《宋大詔令集》稱其爲程若清）。	《續資治通鑑》卷九一，宋徽宗政和三年十月戊申朔；《宋大詔令集》卷二二三《程若清封寶籙先生制》。
政和三年十一月癸未	宋徽宗、蔡攸在南郊圜丘祭祀時看見雲間樓殿臺閣，以爲天神降，詔告在位，作《天眞降臨示見記》。	《宋史》卷二一，《徽宗本紀》；《續資治通鑑》卷九一，宋徽宗政和三年十一月癸未。
政和三年十二月癸丑	詔天下訪求道教仙經。	《續資治通鑑》卷九一，宋徽宗政和三年十二月癸丑；《宋史》卷二一，《徽宗本紀》；《宋大詔令集》卷二二三，《搜訪道教仙經御筆手詔》。
政和四年（1114）春正月戊寅朔	置道階，從六字先生到額外鑒議，品級與文官的中大夫到將仕郎相對應，凡二十六等。	《續資治通鑑》卷九一，宋徽宗政和四年正月戊寅朔；《宋史》卷二一，《徽宗本紀》。
政和四年正月辛丑	王老志加號觀妙明眞洞微先生。	《續資治通鑑》卷九一，宋徽宗政和四年正月辛丑。

政和四年三月辛卯	詔諸路各選宮觀道士十人，赴左右街道錄院講習科道聲贊規儀，候習熟遣還本處。	《續資治通鑑》卷九一，宋徽宗政和四年三月辛卯。
政和五年（1115）夏四月甲辰	作葆眞宮。	《宋史》卷二一，《徽宗本紀》。
政和五年冬十月癸卯	以嵩山道人王仔昔爲沖隱處士。	《宋史》卷二一，《徽宗本紀》；《續資治通鑑》卷九二，宋徽宗政和五年冬十月癸卯。
政和六年（1116）閏月丁未	置道學。	《宋史》卷二一，《徽宗本紀》。
政和六年三月乙卯	賜王仔昔號妙通先生。	《宋史》卷四六二，《方技下·王仔昔》；《續資治通鑑》卷九二，宋徽宗政和六年三月乙卯。
政和六年夏四月乙丑	會道士於上清葆籙宮。時道士林靈素得寵，大言徽宗君臣乃天上神霄諸神下凡。徽宗賜號通眞達靈先生。	《宋史卷四六二，《方技下·林靈素》；《續資治通鑑》卷九二，宋徽宗政和六年夏四月乙丑。
政和六年八月壬午	詔天下監司、郡守搜訪岩谷之士，雖詄詭譎怪自晦者悉以名聞。	《宋大詔令集》卷二二三，《搜訪岩谷雖詄詭譎怪自晦者悉以名聞詔》；《宋史》卷二一，《徽宗本紀》。
政和六年九月辛卯朔	詣玉清和陽宮，上太上開天執符御曆含眞體道昊天玉皇上帝徽號寶冊。	《宋史》卷二一，《徽宗本紀》。
政和六年九月丙申	赦天下。令洞天福地修建宮觀，塑造聖像。	《宋史》卷二一，《徽宗本紀》。
政和七年（1117）正月乙未	免天下道士階墀迎接衙府，並免宮觀科配、借貸索求等騷擾。州郡長官、各路監司會見道士，依長老法。	《續資治通鑑》卷九二，宋徽宗政和七年正月乙未。
政和七年二月甲子	會道士兩千餘人於上清葆籙宮，詔通眞先生林靈素論以帝君降臨事。	《宋史》卷四六二，《方技下·林靈素》；《續資治通鑑》卷九二，宋徽宗政和七年二月甲子。
政和七年二月辛未	改天下天寧萬壽觀爲神霄玉清萬壽宮。仍於殿上設長生大帝君、青華帝君聖像。	《宋史》卷二一，《徽宗本紀》；《續資治通鑑》卷九二，宋徽宗政和七年二月辛未。

政和七年二月乙亥	幸上清葆籙宮，命林靈素講道經。自是每設太齋，費緡錢數萬，謂之千道會，令士庶入殿聽講，徽宗設幄其側。	《宋史》卷二一，《徽宗本紀》；《續資治通鑒》卷九二，宋徽宗政和七年二月乙亥。
政和七年夏四月庚申	帝諷道籙院上章，冊己為教主道君皇帝，止於教門章疏內用。	《宋史》卷二一，《徽宗本紀》；《續資治通鑒》卷九二，宋徽宗政和七年夏四月庚申。
政和七年四月辛酉	因林靈素故，升溫州為應道軍節度。	《續資治通鑒》卷九二，宋徽宗政和七年夏四月辛酉。
政和七年五月己丑	如玉清和陽宮，上承天效法厚德光大后土皇地祇徽號寶冊。	《宋史》卷二一，《徽宗本紀》；《續資治通鑒》卷九二，宋徽宗政和七年五月己丑。
政和七年五月癸卯	改玉清河陽宮為玉清神霄宮。	《宋史》卷二一，《徽宗本紀》。
政和七年七月丁亥朔	僧徒願改作道士者，許赴輔正亭陳訴，立賜度牒、紫衣。	《續資治通鑒》卷九二，宋徽宗政和七年七月丁亥朔。
政和七年八月丙辰朔	將《亢桑子》、《文子》列入國子學。	《續資治通鑒》卷九二，宋徽宗政和七年八月丙辰朔。
政和七年十二月辛未	御筆改老子《道德經》為《太上混元上德皇帝道德真經》。	《續資治通鑒》卷九二，宋徽宗政和七年十二月辛未。
重和元年（1118）二月辛酉	鑄神霄九鼎，安於上清寶籙宮之神霄殿。	《續資治通鑒》卷九三，宋徽宗重和元年二月辛酉。
重和元年三月丁酉	知建昌陳並等改建神霄宮不虔及科決道士，詔並勒停。	《宋史》卷二一，《徽宗本紀》；《續資治通鑒》卷九三，宋徽宗重和元年三月丁酉。
重和元年夏四月己卯	以太上混元上德皇帝二月十五日生辰為貞元節。	《宋史》卷二一，《徽宗本紀》；《續資治通鑒》卷九三，宋徽宗重和元年夏四月己卯。
重和元年夏四月辛巳	道籙院上看詳佛經六千餘卷，內詆謗道、儒二教惡談毀訕，分為九卷，詔毀之；又，林靈素上《釋教詆誣道教議》一卷，乞頒行，從之。	《續資治通鑒》卷九三，宋徽宗重和元年夏四月辛巳。
重和元年五月乙酉	詔諸路選漕臣一員，提舉本路神霄宮。	《宋史》卷二一，《徽宗本紀》。
重和元年五月丁亥	以林靈素為通真達靈元妙先生，張虛白為通元沖妙先生。	《宋史》卷二一，《徽宗本紀》；《續資治通鑒》卷九三，宋徽宗重和元年五月丁亥。

重和元年五月壬辰	頒御製《聖濟經》。以青華帝君八月九日生辰爲元成節。	《宋史》卷二一,《徽宗本紀》;《續資治通鑒》卷九三,宋徽宗重和元年五月壬辰。
重和元年八月戊午	詔令學者治御注《道德經》,間於其中出論題。	《續資治通鑒》卷九三,宋徽宗重和元年八月戊午。
重和元年八月庚午	詔許自今學道之學生入州縣學校學習,兼習儒道兩家經典。儒經以《周易》爲大經,《孟子》爲小經;道經以《黃帝內經》、《道德經》爲大經,《莊子》、《列子》爲小經。考試通過者,爲道學學士,列入官階品位。州縣學道學生,初入學爲道徒,試中升貢,同稱貢士,並依貢士法,三年大比。	《宋史》卷二一,《徽宗本紀》;《宋大詔令集》卷二二四,《天下學校諸生添治內經等御筆手詔》。
重和元年八月辛酉	詔頒御注《道德經》。	《宋史》卷二一,《徽宗本紀》;《宋大詔令集》卷二二四,《老子升史記列傳之首在京神霄宮刻御注道德經御筆手詔》。
重和元年八月辛未	鄧洵仁奏乞擇《道德經》數十部鏤板,頒之州郡。又乞禁士庶婦女輒入僧寺,皆從之。	《續資治通鑒》卷九三,宋徽宗重和元年八月辛未。
重和元年九月乙亥	詔諸州添置道學博士,擇本州官兼充。	《續資治通鑒》卷九三,宋徽宗重和元年九月乙亥。
重和元年九月丙戌	詔太學、辟雍各置《內經》、《道德經》、《莊子》、《列子》博士二員。	《宋史》卷二一,《徽宗本紀》;《續資治通鑒》卷九三,宋徽宗重和元年九月丙戌。
重和元年九月丁酉	用蔡京言,集古今道教事爲紀志,賜名《道史》。	《宋史》卷二一,《徽宗本紀》。
重和元年九月壬寅	詔視中大夫林靈素,視中奉大夫張虛白,並特授本品眞官。	《宋史》卷二一,《徽宗本紀》。
重和元年十月癸卯	宋徽宗到上清寶籙宮傳授玉清神霄秘籍,會者八百人。時道士有俸,每一齋施,動輒數十萬;每一觀,給田亦不下數百千頃。貧下之人多買青布幅巾以赴,日得一飯餐及襯施錢三百。	《續資治通鑒》卷九三,宋徽宗重和元年十月癸卯。

重和元年十月甲辰	置道官二十六等，道職八等，有諸殿侍晨、校籍、授經，以比照於朝廷的待制、修撰、直閣的官名。	《宋史》卷二一，《徽宗本紀》；《續資治通鑑》卷九三，宋徽宗重和元年十月甲辰；《宋大詔令集》卷二二四，《改定道階等御筆手詔》。
宣和元年（1119）春正月乙卯	詔：「佛改大覺金仙，餘爲仙人、大士。僧爲德士，易服飾，稱姓氏。寺爲宮，院爲觀。」尋又改女冠爲女道，尼爲女德。	《宋史》卷二二，《徽宗本紀》；《續資治通鑑》卷九三，宋徽宗宣和元年春正月乙卯；《宋大詔令集》卷二二四，《佛號大覺金仙餘爲仙人大士之號等事御筆手詔》。
宣和元年三月	詔天下知宮觀道士與監司、郡縣官以客禮相見。	《宋史》卷二二，《徽宗本紀》；《續資治通鑑》卷九三，宋徽宗宣和元年三月。
宣和元年三月甲子	知登州宗澤坐建神霄宮不虔，除名編管。	《宋史》卷二二，《徽宗本紀》。
宣和元年五月丁未	詔德士並許入道學，依道士法。	《宋史》卷二二，《徽宗本紀》。
宣和元年六月甲申	詔封莊周爲微妙元通眞君，列禦寇爲致虛觀妙眞君，仍行冊命，配享混元皇帝。	《宋史》卷二二，《徽宗本紀》。
宣和二年（1120）春正月甲子	罷道學，以儒道合而爲一，不必別置道學。	《宋史》卷二二，《徽宗本紀》；《續資治通鑑》卷九三，宋徽宗宣和二年春正月甲子。
宣和二年六月丁亥	復寺院額。	《宋史》卷二二，《徽宗本紀》。
宣和二年九月乙巳	復德士爲僧。	《宋史》卷二二，《徽宗本紀》。
宣和三年（1121）六月庚午	令三京置女道錄、副道錄各一員，節鎮置道正、副各一員，餘州置道正一員。	《續資治通鑑》卷九四，宣和三年六月庚午。
宣和三年十月丙辰	宋徽宗於神霄宮親授王麟等元一六陽神仙秘籙及保仙秘籙。	《續資治通鑑》卷九四，宣和三年十月丙辰。
宣和三年十一月甲子	宋徽宗對提舉道錄院官員修撰的《道史》提出改訂意見。	《續資治通鑑》卷九四，宣和三年十一月甲子。

宋徽宗在位期間的崇道抑佛行爲，對當時的北宋社會造成了一系列惡劣影響：

1. 宋徽宗佞道行爲並非繼位伊始便有，而是在政和三年以後才較爲明顯。政和三年以後，王老志、王仔昔、林靈素先後受寵於宋徽宗，此後一朝

君臣沉溺道教，朝中屢有「神異之事」顯現。先有宋徽宗、蔡攸君臣在南郊圜丘祭祀時「看見」雲間樓殿臺閣，仙童道長，時隱時現，以為天神降而詔告在位，於是作《天眞降臨示見記》。後有林靈素大言宋徽宗為天上神霄玉清王轉世，童貫、蔡京諸臣皆是天神下凡之說。最後有徽宗皇帝令臣下冊封自己為教主道君皇帝之詔令。雖則我們知道政和年間以後宋朝國內外矛盾日益尖銳，宋徽宗集團有可能是在利用道教神話王權鞏固統治，但因此而「敕天下。令洞天福地修建宮觀，塑造聖像」，對營造道觀不虔的官員予以嚴懲（「知建昌陳並等改建神霄宮不虔及科決道士，詔並勒停」，「知登州宗澤坐建神霄宮不虔，除名編管」），甚至令天下學校置《黃帝內經》、《道德經》為大經，《莊子》、《列子》為小經，諸生於其中各選大小一經學習，這些勞國殃民之舉，已遠非利用道教神話王權可以解釋。宋徽宗的佞道活動，大約始於政和三年而終於宣和三年，宣和三年後，隨著國內外局勢的惡化，宋徽宗的佞道活動才有所收斂。其間雖不到十年，卻為患甚深。徽宗君臣佞道，其道教政策並非利用道教，更多的是在沉溺其間不可自拔，使當時朝廷恰如眞宗一朝「一國君臣如病狂然」〔註54〕。

2. 或許是受到佞道的影響，宋徽宗的佛教政策明顯脫離了之前諸帝的既定政策。除了一味揚道外，他開始有意抑佛，並做出了改佛為道這一「創舉」。這種近乎滅佛的行為雖然為時甚短，但還是造成了一定的社會緊張情緒。早期徽宗還是佛、道並舉的，並未更改祖宗的宗教政策。這從史籍的記載及張商英的陳述中我們可以窺見一二（詳見第二章第二節之「對宋徽宗毀佛政策的反應」）。但之後或許是一心沉溺道教，他的宗教政策開始有意崇道抑佛。宋徽宗是何時想到改佛為道的，我們很難確切指認，不過從政和七年《敢言毀拆寺院沙汰僧徒者以違御筆論詔》中我們大體見到了這一政策的影子：

> 比以天下道宮數少，又卑隘圮壞，不足以寅奉上眞，悉欲營建。
> 深慮勞民動眾，材木之費，必至科擾。故以僧寺改充。僧宇猥多，
> 不勞而易辦。

這種以佛寺改道觀的明顯的崇道抑佛之政策顯然在當時激起了軒然大波，人們紛紛議論，以為徽宗要毀拆寺院，沙汰僧徒。於是徽宗在此詔書中又強調自己對佛、道二教是持有平等態度的，凡敢言朝廷將毀佛者必將嚴懲不貸：

〔註54〕　（元）脫脫等撰：《宋史》卷八，《眞宗本紀》。

> 訪聞姦人造言，謂將毀坼寺院，沙汰寺徒。搖惑眾心，中外駭聽。夫道一而已，沖虛無名，眞空不二，本自不殊。隆此而廢彼，豈朕志哉？可布告中外，敢有造言者，賞錢一千貫，以違御筆論。〔註55〕

宋徽宗的這紙詔令，頗有一些此地無銀三百兩的意味，這反而證實了此舉確實曾造成了不小的社會緊張。一年後，宋徽宗出爾反爾，在林靈素等人的慫恿下，於宣和元年終於正式頒佈了《佛號大覺金仙餘爲仙人大士之號等事御筆手詔》，從而使佛教界的緊張情緒達到極點：

> 先王之教，用夏變夷。衣服有常，以臨其民，而奇言異行，莫不有禁。故道德一，風俗同。自先王之澤竭，佛教始行於中國。雖其言不同，要其歸於道爲一，世賴以趨於善者，亦非一日。然異俗方言，祝髮毀膚，偏袒橫服，棄君親之分，忘族姓之辨，循西方之禮，蓋千有餘歲。朕方敦禮義，逖追三代，其教雖不可廢，而害中國禮義者，豈可不革。應寺院屋宇田產常住一切如舊，永不改革。敢有議者，以違御筆論。其服飾，其名稱，其禮其言，並改從中國。佛號大覺金仙，餘爲仙人大士之號。僧稱德士，寺爲宮，院爲觀，即住持之人爲知宮觀事。不廢其教，不害其禮而已。言念四方，萬里之遠，其徒之眾，不悉茲意。可令每路委監司一員總其事，郡守僚佐召集播告，咸使知之。〔註56〕

同年十一月，林靈素騙局敗露，接著被流放賜死，第二年這場鬧劇也就匆匆收場。宣和二年，先後「復寺院額」，「復德士爲僧」。

　　3. 宋徽宗貶斥佛教時間很短，對佛教的傳播和發展沒有造成很大損害。然而宋徽宗毀佛同時亦禁止了明教及各種巫教，從而引發了信奉明教的方臘起義，加速了北宋的滅亡。雖然方臘起義之主因並不在於此，並且嚴格說來，禁止明教屬於毀淫祠，打擊邪教的範疇，但宋徽宗的毀佛政策包括禁止與佛教相關的一切民間宗教和淫祀，其中就有方臘起義軍所信奉的明教（摩尼教）。故方臘起義，確實與宋徽宗的崇道抑佛政策有著直接關聯。有關這方面的內容，我們將在本章第四節做詳細分析，此不贅述。

〔註55〕《宋大詔令集》卷二二三，《敢言毀拆寺院沙汰僧徒者以違御筆論詔》，第863頁。

〔註56〕《宋大詔令集》卷二二四，《佛號大覺金仙餘爲仙人大士之號等事御筆手詔》。

三、北宋士大夫佛教

士大夫佛教，指士大夫的佛教信仰和修行活動。由於士大夫在宋代的社會地位較之前朝有了較大提升，因而宋代士大夫佛教在當時的中國佛教中也起著舉足輕重的作用。宋代士大夫社會地位之高，在中國歷史上，恐怕是獨一無二的。「而宋之士大夫高過於漢、唐者，且倍蓗而無算……」〔註57〕清人趙翼感慨宋廷對士大夫的待遇之厚：

> 此宋一代制祿之大略也，其待士大夫可謂厚矣！惟其給賜優裕，故入仕者不復以身家爲慮，各自勉其治行，觀於眞、仁、英諸朝，名臣輩出，吏治循良，及有事之秋，猶多慷慨報國，紹興之支撐半壁，德祐之畢命疆場，歷代以來，捐軀殉國者，惟宋末獨多，雖無救於敗亡，要不可謂非養士之報也。〔註58〕

今人張邦煒認爲，士人是整個宋代影響力最大的群體，管理國家的官僚士大夫自不必說，就連未入仕的士大夫以及退休的官員在地方社會事務中也是支配性力量〔註59〕。宋代士大夫能有如此高的地位，首先與宋初以來帝王尊重文人的祖宗家法有著密切聯繫：

> 藝祖受命之三年，密鐫一碑，立於太廟寢殿之夾室，謂之「誓碑」。用銷金黃幔蔽之，門鑰封閉甚嚴。因敕有司，自後時享及新天子即位，謁廟禮畢，奏請恭讀誓詞。是年秋享，禮官奏請如敕。上詣室前，再拜升階，獨小黃門不識字者一人從，餘皆遠立庭中。黃門驗封啓鑰，先入焚香、明燭、揭幔，亟走出階下，不敢仰視。上至碑前，再拜，跪瞻默誦訖，復再拜而出，群臣及近侍皆不知所誓何事。自後列聖相承，皆踵故事，歲時伏謁，恭讀如儀，不敢漏泄。雖腹心大臣如趙韓王、王魏公、韓魏公、富鄭公、王荊公、文潞公、司馬溫公、呂許公、（呂）申公，皆天下重望，累朝最所倚任，亦不知也。靖康之變，犬戎入廟，悉取禮樂祭祀諸法物而去，門皆洞開，人得縱觀。碑止高七八尺，闊四尺餘，誓詞三行。一云：「柴氏子孫有罪不得加刑，縱犯謀逆，止於獄中賜盡，不得市曹刑戮，亦不得

〔註57〕　（清）王夫之撰：《宋論》卷一，《太祖》。
〔註58〕　（清）趙翼撰：《廿二史札記》卷二五，「宋制祿之厚」。
〔註59〕　張邦煒：《宋代文化的相對普及》，載《國際宋代文化研討會論文集》，四川大學出版社，1991年。原書不及見，轉引自皮慶生著《宋代民眾祠神信仰研究》，上海古籍出版社，2008年，第20頁。

連坐支屬。」一云：「不得殺士大夫及上書言事人。」一云：「子孫
有渝此誓者，天必殛之。」〔註60〕

清初王夫之對此評價甚高，以爲宋太祖自立誓碑以來宋之士大夫「無歐刀之
辟」，「士自貴也」：「自太祖勒不殺士大夫之誓以詔子孫，終宋之世，文臣無
歐刀之辟。張邦昌躬篡，而止於自裁；蔡京、賈似道陷國危亡，皆保首領於
貶所。語曰：『周之士貴』，士自貴也。宋之初興，豈有自貴之士使太祖不得
而賤者感其護惜之情乎？」〔註61〕

其次是偃武修文政策的推行。爲了結束晚唐五代以來「兵驕而逐帥，帥
強而叛上」〔註62〕的歷史和唐末五代以來武將跋扈的狀況，宋朝著力讓文臣
地位高過武將。哲宗時劉摯、徽宗時任伯雨均上疏提到祖宗不任武人爲邊帥
的深遠用意：

> 臣竊聞祖宗之法，不以武人爲大帥專制一道，必以文臣爲經略
> 以總制之。武人爲總管，領兵馬，號將官，受節制，出入站守，唯
> 所指麾。國家承平百有二十餘年，内外無事，以其制禦邊臣得其道
> 也……臣切謂祖宗之法不任武人爲大帥，用意深遠，非淺見者所能
> 測之。

> 本朝太祖、太宗時，四方未平，西北未服，乃用武臣分主要地，
> 時勢所繫，不得不然。及至太宗以後，迤邐悉用儒將，至於並邊小
> 郡，始用武人。此祖宗深思遠慮，鑒唐室藩鎮之弊，以爲子孫萬世
> 之計也。〔註63〕

抑武將的同時，宋代君王著力興文。自太祖以下，歷代君主多幸國子監，勉
勵讀書人：

> 臣伏見太祖皇帝建隆元年正月、二月，四年四月，太宗皇帝端
> 拱元年八月，淳化五年十一月，眞宗皇帝咸平二年七月，皆幸國子
> 監。仁宗皇帝天聖二年八月幸國子監，謁文宣王，召從臣升講堂，

〔註60〕 （宋）陸游撰：《避暑漫抄》，第6頁。今人楊海文認爲，「宋太祖誓碑」核心
內容爲「不殺士大夫」，這在宋代政治思想史上具有重大影響，有宋一代文化
繁榮、理學昌盛，與此誓詞密切相關。參見楊海文《「宋太祖誓碑」的文獻地
圖》，《學術月刊》2010年第10期。

〔註61〕 （清）王夫之撰：《宋論》卷一，《太祖》。

〔註62〕 （宋）歐陽修、宋祁撰：《新唐書》卷五○，《兵志》。

〔註63〕 （宋）趙汝愚編：《宋朝諸臣奏議》卷六五，《上哲宗論祖宗不任武人爲大帥
用意深遠》，《上徽宗論西北帥不可用武人》。

令直講馬龜符說《論語》一篇，賜龜符三品服。恭惟祖宗隆儒師古，躬化天下之意如此。〔註64〕

久而久之，這種崇文抑武之家法使得有宋一代文人士大夫地位空前提高。而士大夫之於佛教之作用，也較前代更為重要。故北宋時，多有禪僧攀附士大夫，以為佛教外護。仁宗時，契嵩曾在京城廣結韓琦、富弼、歐陽修、呂公著等政界名流，故能在一片排佛聲中弘揚佛法。他曾上書韓琦：

幸閣下論道經邦之暇，略賜覽之，苟不甚謬，可以資閣下留神於吾聖人之道，則某平生之志，不為忝也。如閣下之大賢至公，拒而委之，則佛氏之法，漠然無復有所賴也已。〔註65〕

1、北宋部分士大夫排佛之原因

士大夫排佛，古已有之，而宋代士大夫排佛之一大特色，是尊儒之道統以排佛。宋儒反佛，首要原因在於為重振儒家道統。儒家道統之說始於韓愈，見於《原道》一文。此「道」由堯傳之於舜，舜傳之於禹，禹傳之於湯，湯傳之於文、武、周公，文、武、周公傳之於孔子，孔子傳之於孟軻。孟軻死，不得其傳焉。韓愈說，他的使命，就是要繼承從堯舜到孟子的道統〔註66〕。他反佛，主要是佛教破壞了封建社會的君臣、父子、夫妻關係，韓愈用他所炮製的儒家傳道的道統以對抗佛教各宗派的法統，從而達到重振封建倫理綱常乃至中國傳統先王學說的目的〔註67〕。韓愈之後，他的道統說為宋儒廣為借鑒，如宋初三先生之石介、孫復皆繼承了韓愈的道統說以闢佛：

今舉中國而從佛老、舉天下而學楊億之徒，亦云眾矣……夫堯、舜、禹、湯、文王、武王、周、孔之道，萬世常行不可易之道也。佛老以妖妄怪誕之教壞亂之，楊億以淫巧浮偽之言破碎之，吾以攻乎壞亂破碎我聖人之道者，吾非攻佛、老與楊億也。吾學聖人之道，有攻我聖人之道者，吾不可不反攻彼也。〔註68〕

吾之所為道者，堯、舜、禹、湯、文、武、周公、孔子之道也，孟軻、荀卿、揚雄、王通、韓愈之道也。吾學堯、舜、禹、

〔註64〕（宋）趙汝愚編：《宋朝諸臣奏議》卷七九，《上哲宗乞循祖宗故事視學》。
〔註65〕（宋）契嵩撰：《鐔津文集》卷九，《書啓・上韓相公書》。
〔註66〕參見（唐）韓愈撰《原道》，《與孟尚書書》。
〔註67〕參見任繼愈主編《中國哲學史》（第三冊），人民出版社，1964年，第129～135頁。
〔註68〕（宋）石介撰：《徂徠集》卷五，《怪說下》，文淵閣《四庫全書》本。

湯、文、武、周公、孔子、孟軻、荀卿、揚雄、王通、韓愈之道三十年。〔註69〕

凡今之人，與人爭詈，小有所不勝則尚以爲辱，矧彼以夷狄諸子之法亂我聖人之教耶？其爲辱也大哉！噫，聖人不生，怪亂不平。故揚、墨起而孟子辟之，申、韓出而楊雄拒之。佛、老盛而韓文公排之。微三子，則天下之人胥而爲夷狄矣。〔註70〕

除此之外，當時理學家排佛亦是從排斥他說，尊崇己學出發。關於理學家排佛之事例，前人多有論述，此不贅述〔註71〕。

值得一提是，宋儒多提到興禮樂以排佛之說。孫復言：「夫仁義禮樂，治世之本也，王道之所由興，人倫之所由正，捨其本則何所爲哉？」而佛、老流行中國後，「絕滅仁義，以塞天下之耳；屛棄禮樂，以塗天下之目」〔註72〕。由此可見，禮樂是弘揚道統之利器。《禮記‧樂記》中關於禮樂功效有如下之記載：「故禮以道其志，樂以和其聲，政以一其行，刑以防其奸。禮樂刑政，其極一也，所以同民心而出治道也。」「是故先王之制禮樂也，非以極口腹耳目之欲也，將以教民平好惡而反人道之正也。」「禮節民心；樂和民聲。政以行之；刑以防之。禮樂刑政，四達而不悖，則王道備矣。」〔註73〕馮友蘭以爲，「儒家主以禮樂治天下，至於政刑，不過所以推行禮樂而已」，「由此而言，則宇宙本來即有天然之秩序，即是一大調和，而禮樂則此秩序調和之具體的例證也」〔註74〕。所以，尊道須重禮，欲排佛教，先揚禮樂。佛教行於天下，則禮樂必衰；禮樂充於天下，則佛教不得入。是故歐陽修認爲三代之時，詩書禮義充於天下，佛教不得而入；及三代衰，禮義廢，佛教乃乘其闕而入。只有補其闕，修其廢，使禮義充於天下，才能從根本上消滅佛教：

佛法爲中國患千餘歲，世之卓然不惑而有力者，莫不欲去之。已嘗去矣而復大集，攻之暫破而愈堅，撲之未滅而愈熾，遂至於無可奈何。是果不可去耶？蓋亦未知其方也。……佛爲夷狄，去中國

〔註69〕　（宋）孫復撰：《孫明復小集‧信道堂記》，文淵閣《四庫全書》本。

〔註70〕　（宋）孫復撰：《孫明復小集‧儒辱》，文淵閣《四庫全書》本。

〔註71〕　關於北宋理學家排佛事例，可參見任繼愈主編《中國哲學史》（第三冊），人民出版社，1964年，第三、四、五章相關內容。

〔註72〕　（宋）孫復撰：《孫明復小集‧儒辱》，文淵閣《四庫全書》本。

〔註73〕　吳樹平等點校：《十三經》，《禮記‧樂記第十九》。另可參馮友蘭著《中國哲學史》，中華書局，1961年，第416頁。

〔註74〕　馮友蘭著：《中國哲學史》，中華書局，1961年，第416、417頁。

最遠，而有佛固已久矣。堯、舜、三代之際，王政修明，禮義之教
充於天下，於此之時，雖有佛無由而入。及三代衰，王政闕，禮義
廢，後三百餘年而佛至乎中國。由是言之，佛所以為吾君患者，乘
其闕廢之時而來，此其受患之本也。補其闕，修其廢，使王政明而
禮義充，則雖有佛，無所施於吾民矣，此亦自然之勢也。〔註75〕

甚至連親近佛教至甚的王安石也認為禮樂乃治國之方，先王「體天下之性而
為之禮，和天下之性而為之樂」，「禮樂者，先王所以養人之神，正人氣而歸
正性也」。棄禮樂而從佛老乃是前朝亡國之由：

嗚呼！禮樂之意不傳久矣。天下之言養生修性者，歸於浮屠、
老子而已。浮屠、老子之說行，而天下為禮樂者，獨以順流俗而已。
夫使天下之人驅禮樂之文以順流俗為事，欲成治其國家者，此梁、
晉之君所以取敗之禍也。〔註76〕

宋儒之反佛，雖未誘導君王再掀滅法運動，但還是在社會上造成了不小的影
響，尤其是仁宗時期，士大夫間興起了排佛尊韓之高潮：「當是時，天下之士，
學為古文，慕韓退之排佛而尊孔子。」〔註77〕此次排佛浪潮顯然引起了北宋
護法者的迅速回應，北宋中期的名禪契嵩北上京城，以護法文論及社交活動
名動京城，力排眾議，取得了護法的成功。而考之張商英之《護法論》中批
判的主要對象，亦是此次浪潮中代表人物歐陽修、二程諸人。由此可見，北
宋中期的這次排佛尊韓之浪潮亦是促使張商英護法的原因之一。

2、北宋部分士大夫親佛之原因

排佛的同時，更多士大夫選擇親近佛教。張煜在其博士論文《王安石與
佛教》中詳細羅列了北宋13位宰輔親近佛教的事例，其中既有廣為人知的寇
準、范仲淹、王安石等人物，也有本文要詳細考證的張商英〔註78〕。宰相級
親佛士大夫尚有如此之多，低層的親佛之士大夫更不計其數。潘桂明細數了

〔註75〕　（宋）歐陽修撰：《歐陽修全集・居士集》卷一七，《本論》。
〔註76〕　（宋）王安石撰：《王臨川全集》卷一六，《禮樂論》。
〔註77〕　（宋）陳舜俞撰：《鐔津明教大師行業紀》，《鐔津文集》。又，有關仁宗時士
　　　　　大夫反佛之事，可參劉復生《宋仁宗時期反佛老思潮及其特點》，《中州學刊》
　　　　　1993 年第 4 期。
〔註78〕　這13位宰輔分別是呂蒙正、王旦、寇準、丁謂、夏竦、王隨、范仲淹、富弼、
　　　　　杜衍、文彥博、王安石、章淳、張商英。參見張煜「王安石與佛教」，博士學
　　　　　位論文，復旦大學中文系，2004 年，第 17～22 頁。

《叢林盛事》及《居士傳》中所載的有影響的宋代士大夫居士數十人，其實也只是當時的部分代表〔註79〕。那麼，為什麼這麼多的士大夫選擇親近佛教，甚至走進佛門？我以為，可以從以下四點加以認識。

首先是「儒門淡薄，收拾不住，皆歸釋氏」〔註80〕。雖然前文講到，宋代士大夫地位之高，待遇之厚在中國歷史上已屬難得，但宋代的官場黨同伐異、小人擅權、國家內外交困等事實也讓宋代的士大夫們不得不失望無奈。腐朽的政治制度往往使士大夫無法實現理想的抱負，甚至屢屢遭受重挫。由於傳統儒家思想只勸人上進，缺乏對精神世界的終極關懷，而佛教恰能彌補此漏，故有韓愈對大顛的親近，李翱對惟儼的賞歎，歐陽修折服於居訥的典故〔註81〕。在痛苦的現實面前，許多士大夫往往將佛教作為平衡心理的手段，放下執著，掙脫現實的桎梏，追求世外的解脫。宋人羅大經在《鶴林玉露》中舉王安石、黃庭堅詩句為證：

> 士豈能長守山林，長親蓑笠？但居市朝軒冕時，要使山林蓑笠
> 之念不忘，乃為勝耳。……荊公拜相之日，題詩壁間曰：「霜松雪竹
> 鍾山寺，投老歸歟寄此生。」只為他見趣高，故合則留，不合則拂
> 袖便去，更無拘絆。山谷云：「佩玉而心若枯木，立朝而意在東山。」
> 亦此意。〔註82〕

參政錢端禮臨終前遺言：

> 浮世虛幻，本無去來。四大五蘊，必歸終盡，雖佛祖具大威德
> 力，亦不能免。這一著子，天下老和尚，一切善知識還有跳得過者
> 無？蓋為地水火風，因緣和合，暫時湊泊，不可錯認為己有。大丈
> 夫磊磊落落，當用把定，立處即真。順風使帆，上下水皆可；因齋

〔註79〕 參見潘桂明著《中國居士佛教史》第七章第二、三、四節。

〔註80〕 （宋）志磐撰：《佛祖統紀》卷四五。

〔註81〕 韓愈貶於嶺南時，曾多次拜訪大顛，關於韓愈與大顛之事的評價，參見馮友蘭著《中國哲學史》，中華書局，1961年，第803頁；關於李翱與惟儼之事的評價，見於杜繼文、魏道儒著《中國禪宗通史》，江蘇人民出版社，2007年，第322、333頁；又，歐陽修曾「為言事者所中，下詔獄窮治，左遷滁州」，時謁圓通居訥，「師出入百家，而折衷於佛法，修肅然心服。聳聽忘倦，至夜分不能已，默默首肯。平時排佛為之內銷，遲回踰旬不忍去。或謂此與退之見大顛正相類」。足見士大夫在不如意時往往易皈心釋教。參見（宋）志磐撰《佛祖統紀》卷四五。

〔註82〕 （宋）羅大經撰：《鶴林玉露》（丙編）卷五，《宋元筆記小說大觀》，第5368頁。

慶贊，去留自在。此是上來諸聖，開大解脫，一路涅槃門，本來清
淨空寂境界，無爲之大道也。今吾如是，豈不快哉？塵勞外緣，一
時掃盡。荷諸山垂顧，咸願證明。伏惟珍重。〔註83〕

無獨有偶，晚年的張商英亦曾著《發願文》，表達了自己對這個世界無可奈何
的情緒：

思此世界，五濁亂心，無正觀力，無了因力，自性唯心，不能
悟達。僅尊釋迦世尊金口之教，轉念阿彌陀佛，求彼世尊願力攝受，
待報滿時，往生極樂。如順水乘舟，不勞自力而至矣。〔註84〕

志磐的《佛祖統紀》曾記載了王安石與張方平和張商英之間的對話，語義頗
爲雋永：

荊公王安石問文定張方平曰：「孔子去世百年生孟子，後絕無
人，或有之而非醇儒。」方平曰：「豈爲無人，亦有過孟子者。」
安石曰：「何人？」方平曰：「馬祖、汾陽、雪峰、巖頭、丹霞、
雲門。」安石意未解。方平曰：「儒門淡薄，收拾不住，皆歸釋氏。」
安石欣然歎服。後以語張商英，撫几賞之曰：「至哉，此論也！」
〔註85〕

以張方平、王安石、張商英的身份看，他們都是當時的高級官員。這些人無
一例外的贊同「儒門淡薄，收拾不住，皆歸釋氏」，正反映出士大夫們於那個
時代的普遍悲哀。

其次，佛教在宋代的精神領域對士大夫們往往具有強烈的吸引力。北宋
張載指出：「自其說（佛教）熾傳中國，儒者未容窺聖學門牆，已爲引取，淪
胥其間，指爲大道。」〔註86〕表明當時的儒者與其說是儒家思想薰陶，倒不
如說是深受佛教思想浸染。又，孫陞、朱光庭上哲宗皇帝書均指出當時士大
夫披儒家衣，誦佛家言的陽儒陰佛現象之嚴重：

臣伏以先王修心治性之道載於六藝，學士大夫有窮年沒世不能
究其彷彿，至於治家、居官、修身、事上，不儘其誠，不合於義者
多矣。況所謂道德性命之奧乎？比來京都士大夫顧不自信其學，乃

〔註83〕　（宋）普濟著：《五燈會元》卷二〇，《參政錢端禮居士》。
〔註84〕　（宋）張商英撰：《發願文》，曾棗莊、劉琳主編：《全宋文》第 50 冊，卷二
　　　　　二三四。
〔註85〕　（宋）志磐撰：《佛祖統紀》卷四五。
〔註86〕　（宋）張載撰：《張載集》，《正蒙‧乾稱篇》，第 64 頁。

卑身屈禮求問於浮屠之間，其爲愚惑甚矣。〔註87〕

聖人言行，佈在方冊，明如日星，可師可法。今士大夫披儒者之服，當師法聖人言行，而乃自暴自棄，區區奔走從事胡法！古者學非而博，在四誅而不以聽。今之棄先聖之言，從胡人之學，無乃學非而博者乎？豈可以不禁之也？〔註88〕

宋代士大夫如此棄儒奔禪，與禪宗在精神領域對其的強烈吸引有直接的聯繫。宋孝宗言：「以佛修心，以道養生，以儒治世，斯可也。」〔註89〕宋禪，所追求的涅槃、開悟，強調重在內心之體驗，主張佛法不離世間覺，即心即佛，將對彼岸世界的追求變成一種內在心理之調試。通過這種調試，從而達到「以佛修心，以道養生，以儒治世」之境界。此其一也。其二，宋代參禪變爲參玄，而參玄言妙語，恰爲魏晉以來士大夫所喜愛。宋禪之「代別」、「頌古」等語言形式，至宋愈發走向玄言妙語。特別是臨濟宗之汾陽善昭（947～1024）以復古形式將禪化解爲文字玄談，爲禪在士大夫中擴展開闢了一條新路。爲了倡導言玄，善昭曾作《公案代別百則》和《詰問百則》，並首創頌古之風，作《頌古百則》。可以說，善昭這些貢獻，使宋代禪風爲之一變，參禪變爲參玄，宋僧開始大參文字，士大夫也深深陷入對禪境的直觀體驗的追求中來〔註90〕。

再次，士大夫與禪僧的交往往往也是學術思想之間的直接交流，這於理學家表現得最爲明顯。周予同按照學術思想本身的演進，將中國歷史分爲八個時期，其中第六期從宋到明末（公元十世紀中到十七世紀中），稱之爲儒佛混合時期。並且周先生進一步總結道：

「宋學家」在表面上雖自稱爲孔、孟道統的繼承者；而實際他們所用力的，不是熱情的去拯救社會，而是理智的去思考本體。將「宋學家」與孔子對比，則顯然可見：孔子是偏於倫理的、社會的、情意的，而「宋學家」則偏於哲學的、個人的、理智的。就退一步承認他們是儒家，他們也是受了佛學影響後的「新儒家」，而絕不是

〔註87〕 （宋）趙汝愚編：《宋朝諸臣奏議》卷八四，《上哲宗乞禁士大夫參請》。

〔註88〕 （宋）趙汝愚編：《宋朝諸臣奏議》卷八四，《上哲宗乞戒約士大夫傳異端之學》。

〔註89〕 （宋）志磐撰：《佛祖統紀》卷四八。

〔註90〕 關於汾陽善昭倡導以文字談玄的相關評價，參見杜繼文、魏道儒著《中國禪宗通史》，江蘇人民出版社，2007年，第403～411頁。

原始的儒家的孔子的繼承者。〔註91〕

這裡，周予同先生所言「新儒家」當主指理學家。其文中透露的內涵有二，一是理學家深受佛學影響，已不是原始的儒家的孔子的繼承者，他們很多人往往出入佛禪多年。如張載「訪諸釋老之書，累年盡窮其說，知無所得，反而求諸六經」〔註92〕；程顥「自十五六歲時，與弟頤聞汝南周敦頤論學，遂厭科舉之習，慨然有求道之志。氾濫於諸家，出入於老釋者幾十年，返求諸六經而後得之」〔註93〕。二是理學家大量吸取佛教之本體論思想而獨創本學派之本體論。如張載建立了以氣爲本體的元氣本體論，認爲世界的本源是「氣」、「太虛」。並進而批判了佛教的唯心主義世界觀：

> 釋氏不知天命，而以心法起滅天地，以小緣大，以末緣本，其不能窮而謂之幻妄，眞所謂疑冰者歟！〔註94〕

張載從唯物主義本體論的高度來批駁佛教以心法起滅天地，當心不能認識天地時，便懷疑天地存在的唯心主義本體論。又如二程所言之唯心主義最高範疇「理」，多類佛教之心法〔註95〕。然而他們卻又批評佛家知有天理而不能順之，故其教亦不合「理」：

> 釋氏之學，又不可道他不知，亦近極乎高深。然要之卒歸乎自私自利之規模。何以言之？天地之間有生便有死，有樂便有哀。釋氏所在，便須覓一個纖奸打訛處，言免死生、齊煩惱，卒歸乎自私。
>
> 聖人致公心，盡天地萬物之理，各當其分。佛氏總爲一己之私，是安得同乎？聖人循理，故平直而易行；異端造作大小，大費力非自然也，故失之遠。〔註96〕

又其人性論，「名爲反對佛教，實際上已吸取了佛教的僧侶主義及唯心主義」〔註97〕。

〔註91〕周予同著：《「漢學」與「宋學」》，原載《中學生》第三十五號，1933年5月，轉引自朱維錚編：《周予同經學史論著選集》，第322頁。

〔註92〕（宋）張載撰：《張載集》，《附錄‧呂大臨橫渠先生行狀》，第381頁。

〔註93〕（元）脫脫等撰：《宋史》卷四二七，《道學一》。

〔註94〕（宋）張載撰：《張載集》，《正蒙‧大心篇》，第關於張載的元氣本體論思想，參見任繼愈主編《中國哲學史》（第三冊），人民出版社，1964年，第四章第一節。

〔註95〕關於二程的唯心主義哲學的最高範疇「理」的有關論述，參見任繼愈主編：《中國哲學史》（第三冊），人民出版社，1964年，第五章第一節。

〔註96〕（宋）程顥、程頤著：《二程集‧河南程氏遺書》卷一四。

〔註97〕任繼愈主編：《中國哲學史》（第三冊），人民出版社，1964年，第226頁。

　　最後，宋代佛教作品文辭華美，成為溝通僧人與士大夫之間的橋樑。宋代佛教作品文辭優美，語境雋永，尤其是以《景德傳燈錄》為代表的燈錄體作品，深受當時士大夫的喜愛。如《景德傳燈錄》的問世及流傳，在佛教界引起巨大反響，之後效顰之作不斷出現，總計兩宋出現的燈錄體作品就有六部之多〔註98〕。這些作品多是面向士大夫而作。「在特定意義上說，宋代的禪宗主要是為適應士大夫口味的禪」。魏道儒認為，《景德傳燈錄》的編寫，著重於適應士大夫的口味，「它的功能有些像《世說新語》之於南北朝的談玄者，成為兩宋參禪者效法和模仿的教本」〔註99〕。張商英曾對其師兜率從悅言：

　　　　比看傳燈錄一千七百尊宿機緣，唯疑德山托缽話。〔註100〕

由此可見宋代士大夫對燈錄作品的熟悉程度。又，宋代禪僧善舞文弄墨者較前代大為增多，其與士大夫的詩文唱和也成平常事。由汾陽善昭所創頌古之風，經禪僧的繼承發揚，其後愈發走向文字華麗的道路。特別是雪竇重顯（981～1053），他把宋初的頌古之風推向高潮，並將善昭之參禪變為文辭可讀的詞藻之學〔註101〕。僧人以詩文頌古，並以禪入詩，其作文能力往往不下士大夫，故士大夫喜與之詩文唱和〔註102〕。

四、北宋民間佛教

　　在講宋代民間佛教信仰之前，我們首先應搞清楚民間佛教與正統佛教的關係，民間佛教信仰與正統佛教信仰的區別。

〔註98〕除了法眼宗道原所撰《景德傳燈錄》外，其餘五部燈錄分別是：臨濟宗李遵勗撰《天聖廣燈錄》，臨濟宗悟明撰《聯燈會要》，雲門宗正受撰《嘉泰普燈錄》，雲門宗惟白撰《建中靖國續燈錄》以及南宋普濟將五燈合一而編成的《五燈會元》。

〔註99〕杜繼文、魏道儒著：《中國禪宗通史》，江蘇人民出版社，2007 年，第 397、398、401 頁。

〔註100〕（宋）釋曉瑩撰：《羅湖野錄》卷二。

〔註101〕關於雪竇重顯及其詩文頌古，參見杜繼文、魏道儒著《中國禪宗通史》，江蘇人民出版社，2007 年，第 423～426 頁。

〔註102〕宋代叢林間有月庵果禪師為士人改詩的佳話，月庵果禪師並不習詩，但他卻成功地將一文人所作之詩作了畫龍點睛的修改。釋曉瑩在《雲臥紀譚》曾詳細記錄其事，並感慨道：「做功夫眼開地人，見處自是別，況月庵平昔不曾習詩，而能點化如此，豈非龍王得一滴水能興起雲霧耶……久久眼開，自然點出佛眼睛，況世間文字乎？」可見宋代僧人參禪寫頌，不經意間亦會提高自己的詩文能力。參見（宋）釋曉瑩撰《雲臥紀譚》卷下，《卐續藏經》第 86 冊，No.1610。

　　首先，民間佛教也是佛教，包括那些被統治者們屢屢斥爲邪教的白蓮教、彌勒教等民間佛教都是佛教的有機組成部分。中國的民間佛教與正統佛教雖然存在質的不同，但其差異更多地表現在政治範疇，而非宗教本身。民間佛教教派很多不爲統治者所承認，被斥爲邪教，屢遭鎮壓。但就宗教意義而言，民間佛教與正統佛教並沒有什麼不可逾越的鴻溝。世界上很多宗教剛開始時無一不是作爲民間宗教在民間流傳，而後逐漸適應社會需求，尤其是統治階級需求，進而轉身變爲正統宗教；相反，一些從正統宗教衍生出的教派，因爲不符合統治者的利益，而被逐漸排斥，衍化爲地道的邪教。可見民間佛教與正統佛教一樣，是中國佛教史的有機組成部分。

　　其次，正統佛教是在民間佛教的基礎上產生的。馬西沙在《中國民間宗教史》之《序言》中言：「但有一點可以肯定，正是下層民眾及其文化、信仰、風尚，首先孕育了最初形態的民間宗教。進而正統宗教又在民間宗教的基礎上鍛鑄而成。」〔註103〕佛教雖是以一種成熟的宗教形態由外國傳入中國，但若想在中國的文化土壤上生根發芽，就必須接受中國民間信仰的改造〔註104〕。從這個角度講，所謂漢傳佛教，就是接受了中國民間信仰改造的佛教，而所謂的正統佛教，便是在民間佛教的基礎上發展壯大的。具體到宋代佛教而言，宋代佛教之所以能一掃唐末五代佛教之頹勢，固然與歷代統治者的支持及士大夫們援佛入儒，對佛教進行了一些自上而下的改造有著密切聯繫。但我們也不能忽視，宋代民間佛教的發展壯大對佛教得以紮根中國或許起著更爲重要的作用。前文已講，湯用彤亦認爲宋代佛教表現出不同於前代的另類繁榮（參見第一章第一節）。而這種繁榮的基礎正是建立在以民間佛教爲主、輔以王室佛教和士大夫佛教的快速發展上。

　　最後，民間佛教信仰與正統佛教信仰往往很難區分。所謂的民間佛教信仰，是相對於正式宗教或得到官方認可的某些信仰，在一定時期廣泛流傳於民間，或爲多數社會下層民眾崇信的某些觀念〔註105〕。民間佛教信仰的主體是下層民眾，因其人數眾多，易成爲社會普遍的信仰。因此，民間佛教信仰

〔註103〕馬西沙、韓秉方著：《中國民間宗教史》，上海人民出版社，1992年，《序言》第2頁。

〔註104〕關於佛教自兩漢傳入中國以來受到中國民間宗教及文化的影響的問題，筆者已有論述，此不贅述。參見拙文《試論東漢時期佛、道二教的融合與分離》，《徐州師範大學學報》2010年第3期。

〔註105〕參見賈二強著《唐宋民間信仰》，福建人民出版社，2002年，第1頁。

的影響絕不小於任何佛教教派的信仰的影響。在中國古代社會，民間佛教信仰與正統佛教信仰是很難做出區分的，它們往往水乳交融。儘管有人對民間信仰與正式宗教信仰提出了若干劃分的方法，但是中國古代的佛教信仰往往帶有相當大的隨意性，民間信仰與宗教信仰有著密切聯繫，不能斷然區分，它們同是中國佛教信仰領域的有機組成部分。

1、宋代民間佛教信仰的盛行及其表現

劉宋時宗炳（375～443）致何承天的書信中言：「夫世之然否，佛法都是人興喪所大……。」〔註106〕宗炳認為佛教的興衰與眾人的崇信與否息息相關。他的這一看法是頗有遠見的，因為自兩漢以來，佛法的盛衰往往繫乎百姓的崇信程度。社會崇佛之風甚囂塵上時，佛教自然大行其道；反之，佛教若曲高和寡難以為世人所享，那麼它離衰亡也就為時不遠了（唐時的佛教義學各宗派可為一例，雖則當時盛極一時，但由於教義難以為普通百姓所理解，故在會昌法難後一蹶不振）。故魏晉南北朝時民眾深信釋氏因果報應之說，佛教於中國盛行一時〔註107〕。宋代佛教的盛行也與民眾的信奉密切相關。仁宗時有官員批評佛道二教盛行於民間，百姓崇奉之風甚於崇儒之風，乃是傷風敗教：

> 臣切以謂方今釋老二氏之法蠱惑天下，上自王公，下逮民庶，
> 莫不崇信其術，傷風壞教，無甚於茲。

而二教之中，尤以佛教為甚，民眾溺於佛教輪迴禍福因果之說的大有人在：

> 唯是釋氏最為大惑，人無賢愚，皆被驅率：高明之士則沉溺於
> 性宗，中下之才則纏縛於輪迴，愚淺之俗則畏懼於禍福，甚可怪也。
>
> 〔註108〕

宋代民間佛教信仰盛行之表現，我們大致可以從民間結社念佛、對神靈和佛經的崇拜、自焚的盛行這三個方面分別加以認識。宋代民間念佛之風甚盛，淨業團社競相建立。關於此點，馬西沙參閱《佛祖統紀》卷二七、二八、二

〔註106〕（梁）僧祐撰：《弘明集》卷三。

〔註107〕據福建師範大學文學院李小榮教授的觀點，魏晉南北朝時普通民眾對佛教因果報應一點兒也不陌生，認同的深度與廣度不亞於上層社會。這點從東晉以後志怪小說的盛行可以得到明證。一些因果報應的故事居然被寫進正史。這是佛教得以於當時大行其道的重要原因之一。參見李小榮著《〈弘明集〉〈廣弘明集〉述論稿》，巴蜀書社，2005年，第397～402頁。

〔註108〕（宋）趙汝愚編：《宋朝諸臣奏議》卷八四，《上仁宗乞止絕臣僚陳乞創寺觀度僧道》、《上哲宗乞戒約士大夫傳異端之學》。

九及《樂邦文類》等古籍，列舉兩宋結社念佛史實，總結出宋代無論僧俗、官民，多信奉淨土信仰，使信佛風習滲入社會骨髓。正是大量淨業團社的湧現，推動了淨土宗在民間的發展，甚至白雲宗、白蓮宗等民間宗教的出現也與此有直接的聯繫〔註109〕。

對神靈和佛經的崇拜，是宋代民眾崇佛的又一特點。宋代民間信奉的佛教神靈，有彌勒佛、阿彌陀佛、觀音菩薩等傳統佛菩薩，也有五通神、五顯神、華光神、二郎神、仰山神等與佛教相關的神靈〔註110〕。宋代一些佛教經典開始流行於民間，成為大眾崇奉的法寶。這些佛經，尤以《觀音經》（即《妙法蓮華經》之《觀世音菩薩普門品》，簡稱《觀音經》）、《法華經》、《金剛經》在民間信奉最為廣泛。這些神佛和經典能在民間流行，與民間宗教信仰功利性強的特點有著密不可分的關係。在中國封建社會，人民的宗教信仰，往往帶有功利性極強的目的。換言之，人民拜佛讀經，不能簡單地理解為對神佛和經典的信仰，而是出於十分直接的利益訴求。這種功利目的強烈的特點在宋代民間佛教信仰中表現得非常明顯。宋代百姓出於自身的利益要求，塑造出一個又一個神靈，抬出一部又一部經典。這些神靈和佛經，有一個共同的特點，那就是神通廣大，有求必應。我們舉《觀音經》為例，看看其中經文的描寫，就知道這部經典連同觀世音菩薩為何能在當時的民間廣為流行：

> 善男子若有無量百千萬億眾生受諸苦惱，聞是觀世音菩薩，一心稱名。觀世音菩薩即時觀其音聲皆得解脫。若有持是觀世音菩薩名者，設入大火火不能燒，由是菩薩威神力故。若為大水所漂，稱其名號即得淺處。若有百千萬億眾生，為求金銀琉璃，硨磲瑪瑙，珊瑚琥珀真珠等寶，入於大海。假使黑風吹其船舫，飄墮羅剎鬼國。其中若有乃至一人稱觀世音菩薩名者，是諸人等，皆得解脫羅剎之難。以是因緣名觀世音。若復有人，臨當被害，稱觀世音菩薩名者。彼所執刀杖，尋段段壞，而得解脫。若三千大千國土滿中夜叉羅剎，

〔註109〕參見馬西沙、韓秉方著：《中國民間宗教史》，上海人民出版社，1992年，第119～126頁。

〔註110〕關於五通神、五顯神、華光神的由來，陝西師範大學賈二強教授曾有較詳細的記敘，參見賈二強著《唐宋民間信仰》，福建人民出版社，2002年，第346～371頁。又，中國人民大學皮慶生教授在其博士論文中對五通神、仰山神也有深入的研究，參見皮慶生著《宋代民眾祠神信仰研究》，上海古籍出版社，2008年，第225～241頁。前彥所述詳盡，筆者不再贅述。

欲來惱人，聞其稱觀世音菩薩名者，是諸惡鬼，尚不能以惡眼視之，
況復加害。設復有人，若有罪若無罪，杻械枷鎖檢繫其身，稱觀世
音菩薩名者，皆悉斷壞即得解脫。若三千大千國土滿中怨賊，有一
商主將諸商人，齎持重寶經過嶮路。其中一人作是唱言，諸善男子
勿得恐怖。汝等應當一心稱觀世音菩薩名號，是菩薩能以無畏施於
眾生。汝等若稱名者，於此怨賊當得解脫。眾商人聞俱發聲言南無
觀世音菩薩。稱其名故即得解脫。無盡意，觀世音菩薩摩訶薩。威
神之力巍巍如是。若有眾生多於淫欲，常念恭敬觀世音菩薩，便得
離欲。若多瞋恚，常念恭敬觀世音菩薩，便得離瞋。若多愚癡，常
念恭敬觀世音菩薩，便得離癡。無盡意，觀世音菩薩。有如是等大
威神力多所饒益。是故眾生常應心念。若有女人設欲求男。禮拜供
養觀世音菩薩。便生福德智慧之男。設欲求女。便生端正有相之女。
宿殖德本眾人愛敬。〔註111〕

信仰觀世音菩薩，可以刀槍不傷、行刑不死、兵匪難害、繫獄可出、火不
能燒、水不能覆、猛獸遠離、妖魔不侵、重症可療，甚至連求傳宗接代、
生男生女之大事，觀世音菩薩都可以滿足大眾。這也就不難理解，爲何唐
宋之時，有關觀音及《觀音經》顯靈的神異之事屢見記載〔註112〕。其餘如
《法華經》、《金剛經》在宋代流行的原因，也大致類此。另外，與佛教相
關的神靈，如五通神、五顯神等，有些與佛教關係並不密切，有些則已明
顯違背佛教的教義要求，但只要他們能滿足人們的要求，也就不妨礙他們
爲人民所尊奉，這也進一步反映了民間宗教信仰的宗教性淡漠而功利性強
烈的特點。

　　除此之外，北宋時，民眾自焚行爲的屢屢出現，又可看作民間佛教盛行
的一個表現。自焚這樣一種宗教性的自殺行爲，從今天的觀點來看，無異於
邪教的表現，並非正統宗教所提倡。荷蘭漢學家許理和亦認爲，這樣一種行

〔註111〕（後秦）鳩摩羅什譯：《妙法蓮華經》第二十五品，《觀世音菩薩普門品》，《大
　　　　正藏》第九冊，No.262。
〔註112〕賈二強曾統計了《太平廣記》、《法苑珠林》、《夷堅志》等關於觀音神跡的故
　　　　事的記載，指出只要口誦觀音聖號或誦《觀音經》就可以逢凶化吉，這些故
　　　　事大體包括求子得子、枷鎖斷壞、兵匪難害、繫獄可出、刀槍不傷、行刑不
　　　　死、火不能燒、水不能覆、猛獸遠離、妖魔不侵、重症可療、死而復生等觀
　　　　音靈驗事蹟。參見賈二強著《唐宋民間信仰》，福建人民出版社，2002 年，
　　　　第 289～305 頁。

爲違背了佛教精神，佛教尤爲反對這種自殘形式〔註113〕。但是翻看佛經以及中國佛教史，佛教對自焚這樣的行爲卻是基本上持肯定褒揚的態度。如《大般涅槃經》卷下記載了佛祖涅槃前其弟子須跋陀羅因不忍心看佛祖涅槃而先其自焚的事件：

> 爾時須（跋）陀羅前白佛言：「我不今忍見天人尊入般涅槃。我於今日，欲先世尊入般涅槃。」佛言：「善哉。」時須跋陀羅，即於佛前，入火界三昧而般涅槃。〔註114〕

又如《妙法蓮華經》第二十三品《藥王菩薩本事品》所載，藥王菩薩前身曾服侍日月淨明德佛，並由此獲得現一切身三昧。爲表達感激之情，他焚身以報：

> 我雖以神力供養於佛，不如以身供養。即服諸香、栴檀、薰陸、兜樓婆、畢力迦、沉水、膠香。又飲瞻蔔諸華香油。滿千二百歲已，香油塗身，於日月淨明德佛前，以天寶衣而自纏身，灌諸香油，以神通力願，而自然身。光明遍照八十億恒河沙世界。其中諸佛同時讚言：「善哉善哉。善男子，是眞精進。是名眞法供養如來。若以華香瓔珞燒香末香塗香天繒幡蓋及海此岸栴檀之香，如是等種種諸物供養，所不能及。假使國城妻子布施亦所不及。善男子，是名第一之施，於諸施中最尊最上。以法供養諸如來故。」作是語已而各默然。其身火燃千二百歲。過是已後其身乃盡。〔註115〕

值得我們注意的是，《法華經》中諸佛對此的評價是非常高的，這種評價對中國的佛教徒及信眾顯然產生了巨大影響。「公元五世紀，自焚成了一種可怕的時尚」〔註116〕，許理和在《高僧傳》、《續高僧傳》等書中統計了至少五例僧人的自焚事件。這些僧人仰慕藥王菩薩之精神，點燃自身時尚口誦《法華經》，直到火焰燃及額頭，不能發聲爲止。而旁觀者，其中不乏皇室官宦，往往對此讚賞有加，並將此事件載於史冊，視自焚爲崇高的行爲思想已明顯根植於魏晉南北朝時的僧俗心中。基於此，我們顯然不能將自焚這樣的毀身行爲斥爲邪教行爲，而應當把它看作是當時佛教所特有的一種宗教信仰狂熱的體

〔註113〕（荷）許理和著，李四龍、裴勇等譯：《佛教征服中國》，江蘇人民出版社，2003 年，第 351 頁。

〔註114〕（東晉）法顯譯：《大般涅槃經》卷下，《大正藏》第 1 冊，No.7。

〔註115〕（後秦）鳩摩羅什譯：《妙法蓮華經》第二十三品，《藥王菩薩本事品》。

〔註116〕（荷）許理和著，李四龍、裴勇等譯：《佛教征服中國》，第 352 頁。

現。這種狂熱，隨著時間的流逝，不僅沒有消退，反而逐漸滲透於民眾的心中。唐時，先有唐憲宗迎法門寺佛骨舍利的著名事件，據《法苑珠林》記載，佛骨迎出後，「京邑內外，奔赴塔所，日有數萬……或有燒頭煉指，刺血灑地，殷重至誠，遂得見之」〔註117〕。韓愈記敘時人「……灼頂燔指，百十爲群，解衣散錢，自朝至暮。轉相仿傚，唯恐後時，老幼奔波，棄其生業」。韓愈擔憂，這種應佛骨活動如不停止，產生的社會影響將極爲惡劣：「若不即加禁遏，更歷諸寺，必有斷臂臠身以爲供養者。傷風敗俗，傳笑四方，非細事也。」〔註118〕後唐懿宗咸通十四年（873）迎佛骨時，人民焚頂毀身之髮指行爲更有甚於前：

> 時有軍卒斷左臂於佛前，以手執之一步一禮，血流灑地。至於肘行膝步，齧指截髮，不可算數。又有僧以艾覆頂，謂之煉頂。火發痛作，即掉其首，呼叫坊市少年擔之，不令動搖，而痛不可忍，乃號哭臥於道上，頭頂焦爛，舉止窘迫，凡見者無不大哂焉。〔註119〕

唐時人民焚頂斷臂之宗教狂熱如此，那麼至宋，人民對待自焚的態度又如何呢？宋初法眼宗永明延壽（904～975）是晚唐五代及北宋時期禪宗之承前啓後重要人物。他所提倡並踐行的禪教合一、禪淨雙修、禪戒均重等內容，爲後來禪宗向佛教全面整合提供了完整的理論資料。但就是這樣一位大德，也極力鼓吹《法華經》之《藥王品》中焚身供佛的行爲。他欣賞歷史上僧人們焚身的事蹟，將這種行爲當作布施供養的楷模。〔註120〕永明延壽對這種行爲的極力宣揚，對宋代禪宗乃至民間信眾都起了不可低估的導向作用。宋太宗時，敕命在開寶寺建十一層舍利塔一座，以安置從杭州取來的佛骨舍利。佛塔開光之日，太宗親自安放舍利，其時盛況爲：

> 葬日，上（宋太宗）肩昇微行，自安置之，有白光由塔一角而出。上雨涕，其外都人萬眾皆灑泣。燃指、焚香於臂掌者無數。內侍數十人，願出家掃灑塔下，悉度爲僧。〔註121〕

〔註117〕（唐）釋道宣撰：《法苑珠林》卷三八。
〔註118〕（後晉）劉昫等撰：《舊唐書》卷一六○，《韓愈傳》。
〔註119〕（唐）蘇鄂撰：《杜陽雜編》卷下。
〔註120〕參見杜繼文、魏道儒著：《中國禪宗通史》，江蘇人民出版社，2007年，第395頁。
〔註121〕江少虞編：《皇朝類苑》卷四三，《喻浩造塔》。

雖則此文記敘較略，但我們依然可以想見當時的自焚盛況可能不下唐時。又，仁宗時，迎開寶塔舍利於宮中，宮中嬪嬙煉臂、削髮者甚眾：

> 臣切聞開寶塔爲天火焚燒，因廢塔基，取捨利入宮中，嬪嬙煉臂、削髮者甚眾，喧傳滿街，無不驚駭。〔註122〕

於是蔡襄、余靖諸臣接連上疏請求罷迎。其實，宋廷對於僧俗焚身毀形的行爲早有禁止。韓琦曾援引《天聖編敕》中的節文，內有朝廷禁自焚等內容：

> 臣切見《天聖編敕》節文，僧道俗人有捨身、燒臂、煉指、截手足、戴鈴、掛燈、毀壞身體之類，並科斷訖，僧道勒還俗，配邊遠州軍編管；居停主人及本院三綱、知事僧尼、廟鎮所由容縱者，亦行科斷。〔註123〕

由此可見，宋時官方與魏晉南北朝時不同，宋朝政府已不再認可佛教這種自焚行爲。但官方的法令並不能很快更改宗教的習慣，尤其是不能杜絕宋時的群眾自焚行爲。於是我們又可以發現，宋徽宗時自焚之行爲還屢見史書：

> （大觀四年）春，正月，庚子朔，中丞吳執中言：「竊聞邇來諸路以八行貢者，如親病割股，或對佛然頂，或刺臂出血，寫青詞以禱，或不茹葷，嘗誦佛書，以此謂之孝。」〔註124〕

> （大觀四年）二月庚午朔，禁然頂、煉臂、刺血、斷指。〔註125〕

> （政和七年）夏，四月，庚申，帝諷道籙院曰：「朕乃昊天上帝元子，爲大霄帝君，睹中華被金狄之教，焚指煉臂，捨身以求正覺，朕甚閔焉……」〔註126〕

在北宋官方一再禁止下，民間的自焚行爲尚如此風行，這或許從一個方面也證實了當時民間佛教之興盛吧。

2、與佛教相關的民間宗教在宋代的流行

宋代的民間宗教，由佛教衍生出的或與佛教密切相關的，大致爲彌勒教、摩尼教（明教）、白雲宗、白蓮宗（元以後演變爲白蓮教）。其中彌勒教、白

〔註122〕　（宋）趙汝愚編：《宋朝諸臣奏議》卷八四，《上仁宗乞罷迎開寶寺塔舍利》，第902頁。
〔註123〕　（宋）趙汝愚編：《宋朝諸臣奏議》卷八四，《上仁宗論僧紹宗妖妄惑眾》，第902頁。
〔註124〕　（清）畢沅編：《續資治通鑑》卷九〇，宋徽宗大觀四年春正月庚子朔。
〔註125〕　（元）脫脫等撰：《宋史》卷二〇，《徽宗本紀》。
〔註126〕　（清）畢沅編：《續資治通鑑》卷九二，宋徽宗政和七年夏四月庚申。

蓮宗、白雲宗由佛教衍生而出；摩尼教雖來自中亞，但唐宋時往往假借佛教
而傳播，平常人甚至難以對二者做出區分。除了白蓮宗出現於南宋初年，其
餘三教均於北宋興盛一時。其中彌勒教、摩尼教在民間影響較大，都曾於北
宋引發過人民起義。故本文著重論述的還是北宋時期流行的彌勒教、摩尼教。
白雲宗的民間影響較小，有關白雲宗的介紹，張踐於其著作《中國宋遼金夏
宗教史》中有詳細論述，本文不再重複〔註 127〕。這些所謂的佛教異端或邪教
也是北宋民間佛教的一部分，瞭解它們，是對我們認識北宋民間佛教的一個
有力補充。

　　上述民間宗教中，流傳時間最長、出現最早的是彌勒教。彌勒教的起源，
根據馬西沙的考釋，我們可以追溯到漢晉時期傳入的彌勒淨土思想。至南北
朝時期，彌勒淨土信仰廣爲傳播〔註 128〕。之後，彌勒信仰以彌勒下生救世觀
爲主，並在社會底層引發強烈的信仰浪潮。從南北朝至隋唐三百多年間，打
著彌勒下生旗號的人民起義暴動不絕於史書，較爲著者有十次，致使唐代政
府兩次申明禁止彌勒教〔註 129〕。但如此嚴令，也不能禁止彌勒教在民間的廣
泛流傳。宋時，有關彌勒救世思想的經書在民間大肆流行〔註 130〕，由彌勒教
所引發的起義規模依然巨大，其中最爲引人矚目者當推北宋仁宗慶曆七年
（1047）貝州王則起義：

　　　　仁宗慶曆七年十一月，貝州卒王則據城反。以明鎬爲河北安撫
　　使。則，涿州人，初以歲饑，流至貝州，自賣爲人牧羊，後隸宣毅軍
　　小校。貝、冀俗尚妖幻，相與習爲《五龍》、《滴淚》等經及諸圖讖書，
　　言「釋迦佛衰謝，彌勒佛當持世」。則與母訣也，嘗刺福字於背以爲
　　記。妖人因妄傳則字隱起，爭信事之。州吏張巒卜吉主其謀，黨與連
　　德、齊諸州，約以明年正旦，斷澶州浮梁，作亂。會其黨以書謁北京

〔註 127〕參見張踐著《中國宋遼金夏宗教史》，人民出版社，1994 年，第 97～100 頁。
〔註 128〕參見馬西沙、韓秉方著《中國民間宗教史》，上海人民出版社，1992 年，第
　　　　38～46 頁。
〔註 129〕馬西沙曾列表統計自北魏熙平二年（516）至唐廣明元年（880）十次大的打
　　　　著彌勒旗號的暴動，參見馬西沙、韓秉方著《中國民間宗教史》，第 55、56
　　　　頁。又，唐政府兩次禁彌勒教敕令，均見於《冊府元龜》卷一五九《帝王部·
　　　　革弊》，馬西沙均有轉引，參見馬西沙、韓秉方著《中國民間宗教史》，上海
　　　　人民出版社，1992 年，第 53、56、57 頁。
〔註 130〕馬西沙統計宋時民間流傳的經書目錄有：《龍華誓願文》、《彌勒三會記》、《龍
　　　　華會記》、《五龍經》、《滴淚經》。參見馬西沙、韓秉方著《中國民間宗教史》，
　　　　上海人民出版社，1992 年，第 68、69 頁。

> 留守賈昌朝，事覺被執，則故不待期，亟以冬至日反。……則僭稱東
> 平王，國曰安陽，年號曰德勝。旗幟號令皆以佛爲稱。〔註131〕

這次起義，前後六十六日，後爲河北宣撫使文彥博所鎮壓。

　　宋代彌勒教之發展，較之前代有了一些新的變化，其中一個顯著的變化
是彌勒形象的世俗化。魏晉以來，彌勒的形象是完美端莊的，《佛說彌勒菩薩
下生經》是這樣描述他的：

> 彌勒菩薩有三十二相八十種好。莊嚴其身身黃金色。〔註132〕

然而五代時，彌勒形象發生了重大變化，由端莊威儀之像變成了大腹便便、
憨態可掬的雲遊僧形象。據《宋高僧傳》卷二一載，彌勒佛於五代時化生爲
浙江契此和尚現身人間：

> 釋契此者，不詳氏族，或云四明人也。形裁腲脮，蹙頞蟠腹，
> 言語無恒，寢臥隨處。常以杖荷布囊入纏肆，見物則乞，至於酘醬
> 魚葅，才接入口，分少許入囊，號爲長汀子布袋師也。曾於雪中臥，
> 而身上無雪，人以此奇之。有偈云「彌勒眞彌勒，時人皆不識」等
> 句，人言慈氏垂跡也。……後有他州見此公，亦荷布袋行。江浙之
> 間多圖畫其像焉。〔註133〕

而宋人莊綽在《雞肋編》中，則表示入宋時大肚彌勒的崇拜已不僅僅局限於
江浙一帶，各地百姓皆「塑畫其像爲彌勒菩薩以事之」：

> 昔四明有異僧，身矮而蟠腹，負一布囊，中置百物，於稠中時
> 傾寫於地，曰：「看，看。」人皆目爲布袋和尚，然莫能測。臨終作
> 謁曰：『彌勒眞彌勒，分身百千億，時時識世人，時人總不識。』於
> 是隱囊而化。今世遂塑畫其像爲彌勒菩薩以事之。〔註134〕

考之莊綽大約生活在南渡前後，則我們大致可以推出至北宋末年大肚彌勒的
民間崇拜已由江浙一帶擴展至全國。宋代彌勒形象的世俗化，或許從另一個
方面說明了彌勒教在民間的巨大影響力。入元後，彌勒教思想進一步與摩尼
教等民間宗教相融合，彌勒教徒成爲元末農民大起義的重要組成力量。

　　摩尼教是公元三世紀於波斯產生的一種宗教，因其創始人摩尼而得名。
關於該教的產生、教義以及傳入中國的過程，較爲繁雜，韓秉方在《中國民

〔註131〕　（明）陳邦瞻撰：《宋史紀事本末》卷三二，《貝州卒亂》。
〔註132〕　（西晉）竺法護譯：《佛說彌勒菩薩下生經》，《大正藏》第 14 冊，No.0453。
〔註133〕　（宋）贊寧撰：《宋高僧傳》卷二一，《唐明州奉化縣契此傳》。
〔註134〕　（宋）莊綽撰：《雞肋編》卷中，《宋元筆記小說大觀》，第 4013、4014 頁。

間宗教史》第三章第一節、第二節有詳細論述，又，張踐在《中國宋遼金夏宗教史》第四章第四節也對摩尼教的教義及東漸過程有簡要回顧，筆者於此不再贅述〔註135〕。本文要著重論述的，是摩尼教傳入中國後假借佛教以擴大影響力的現象以及由此而產生的民間信仰和民間起義。

據何喬遠《閩書》卷七所載，摩尼教最遲唐高宗、武則天時傳入中國。然而，外來的摩尼教受到中國本土宗教的衝擊與排斥，甚至官方也兩次禁止其傳播。第一次是開元二十年（732）七月，唐玄宗敕令禁斷摩尼教：

> 末摩尼本是邪見，妄稱佛教，誑惑黎元，宜嚴加禁斷。〔註136〕

第二次是唐武宗會昌五年（844）八月，武宗毀佛時，摩尼教也連帶被禁：

> 大秦穆護，又釋氏之外教，如回鶻摩尼類。是時敕曰：「釋氏現已釐革，邪法不可獨存。其人並勒還俗，遞歸本貫充稅戶；如外國人，送遠處收管。」〔註137〕

從這兩次政府禁令來看，一個現象值得我們注意，那就是，摩尼教在唐時就已經有意借助於佛教傳播。它「妄稱佛教，誑惑黎元」，被時人認為是「釋氏之外教」。之所以出現這種現象，是因為摩尼教作為一種外來宗教，它的文化背景迥異於唐朝的文化，要想成功移植到中國，它就必須適應中國的水土，適應中國特有的宗教文化。唐代是我國佛教發展的鼎盛時期，摩尼教為了發展，就自然假借佛教傳播。這種借腹生子的文化現象，「可以說是一切宗教乃至文化、思想異國傳播的通例」〔註138〕。雖然唐時摩尼教屢次被禁，但它還

〔註135〕參見馬西沙、韓秉方著《中國民間宗教史》第三章第一節《摩尼和摩尼教》和第二節《摩尼教傳入中土之過程》，第71～86頁（上海人民出版社，1992年）；張踐著《中國宋遼金夏宗教史》第167、168頁（人民出版社，1994年）。又，關於摩尼教傳入中國的課題，自二十世紀二十年代起，已有不少前彥對此進行研究，如王國維的《摩尼教流行中國考》、陳垣的《摩尼教入中國考》、沙畹、伯希和撰，馮承鈞譯的《摩尼教流行中國考》以及林悟殊《摩尼教及其東漸》等。以上學術回顧參見馬西沙、韓秉方著《中國民間宗教史》，上海人民出版社，1992年，第70頁。

〔註136〕（唐）杜佑撰：《通典》卷四〇注。

〔註137〕（宋）司馬光編著，（元）胡三省音注：《資治通鑒》卷二四八胡注。

〔註138〕馬西沙、韓秉方著：《中國民間宗教史》，上海人民出版社，1992年，第80、81頁。又，筆者在其拙作《試論東漢時期佛、道二教的融合與分離》（《徐州師範大學學報》（哲學社會科學版）2010年第3期）中也講到，佛教在初傳入中國時，也假借道教來傳播，甚至對道教拋出的「老子化胡說」也採取默認態度。而一旦佛教繁根中國，便極力反駁「老子化胡說」，並展開了持續了千年之久的佛、道之爭。

是假借佛教在民間傳播。五代後梁貞明六年（920），爆發了摩尼教徒策動的母乙起義。據《舊五代史》所載，這些摩尼教徒，依然是「依浮屠氏之教，自立一宗」：

　　　　陳州里俗之人，喜習左道，依浮屠氏之教，自立一宗，號曰上

　　乘；不食葷茹，誘化庸民，糅雜淫穢，宵聚晝散。〔註139〕

這次起義雖然很快被鎮壓，然而後晉時此地摩尼教起義又起。起義的根本原因當然是民不聊生的社會現實。然而除此之外，一個直接原因是該教「蓋影傍佛教，所謂相似道也。或有比丘為饑凍故，往往隨之效利」。後人感歎：「此法誘人，真至地獄。慎之哉！」〔註140〕

　　宋代，摩尼教進一步深入民間，而且宋代的摩尼教已高度佛教化。當時的摩尼教徒們效彷佛教，將寺院建於名山之中，作為傳習之地。據林悟殊考證，今天我們能知道的摩尼教寺院尚有四處，它們是四明崇壽宮、泉州石刀山摩尼寺、泉州華表山摩尼教草庵、溫州平陽潛光院。這些摩尼寺外觀上看完全是佛寺，摩尼被稱為摩尼光佛，形象一如釋迦牟尼，使人難辨真偽〔註141〕。再加上摩尼教教義易為平民所接受，故入宋以來，摩尼教發展迅速。尤其在東南沿海一帶，摩尼教最為盛行：

　　　　至道（995～997）中，懷安人李廷裕，得佛像於京都城卜肆，

　　鬻以五十千錢，而瑞像遂傳閩中。〔註142〕

　　　　吃菜事魔，三山尤熾。為首者紫帽寬衫，婦人黑冠白服，稱為

　　明教會。所事佛衣白，引經中所謂「白佛言，世尊」。取《金剛經》

　　一佛二佛三四五佛，以為第五佛。〔註143〕

　　　　一溫州等處狂悖之人，自稱明教，號為行者。今來明教行者，

　　各與所居鄉村，建立屋宇，號為齋堂，如溫州共有四十餘處。並私

　　建無名額佛堂。每年正月內，取曆中密日，聚集侍者、聽者、姑婆、

　　齋姊等人，建立道場，鼓扇愚民男女，夜聚曉散。〔註144〕

文中所謂佛像，即指摩尼像。吃菜事魔，代指摩尼教，也即明教。三山，指

〔註139〕（宋）薛居正等撰：《舊五代史》卷一〇，《梁書・末帝紀下》。

〔註140〕（宋）贊寧撰：《大宋僧史略》卷下，《大正藏》第54冊，No.2126。

〔註141〕參見林悟殊著《摩尼教及其東漸》，中華書局，1987年，第146頁。

〔註142〕（宋）贊寧撰：《大宋僧史略》卷下，《大正藏》第54冊，No.2126。

〔註143〕《佛祖統紀》卷四八。

〔註144〕《宋會要輯稿》刑法二之七八。

福建一帶。據此大致可知當時閩浙一帶摩尼教假借佛教欺誑大眾的情形。此教的過度發展引起了宋廷的警覺，北宋宣和二年（1120）、宣和三年，即在朝廷改佛為道的次年和第三年，朝廷對江南的摩尼教也予以嚴禁：

> 奉御筆：仰所在官司，根究指責，將齋堂等一切毀拆。所犯為首之人，依條施刑外，嚴立賞格，許人陳告。今後更有似此去處，州縣官並行停廢，以違御筆論。廉訪使者失覺察，監司失按劾，與同罪。〔註145〕

> 諸路事魔聚眾燒香等人，所習經文，令尚書省索取名件，嚴立法禁，行下諸處禁爄。令刑部遍下諸路州軍，多出文榜，於州縣城郭鄉村要會處，分明曉諭，應由逐件經文等，限令來指揮到一季內，於所在州縣首納，除《二宗經》外並焚毀。限滿不首，杖一百，本條私有罪重者，自從重。〔註146〕

宋徽宗改佛為道的政策以及對摩尼教的明令禁止，成為北宋末年方臘起義的導火索。方臘是睦州青溪地區摩尼教首領，時江浙一帶人民不堪忍受「花石綱」，方臘於是以摩尼教為旗號發動起義：

> 睦州青溪民方臘，世居縣之堨村，託左道以惑眾。……臘有漆園，造作局屢酷取之，臘怨而未敢發。時吳中困於朱勔花石之擾，比屋致怨。臘因民不忍，陰聚貧乏游手之徒，以朱勔為名，遂作亂。〔註147〕

> 一明教之人，所念經文及繪畫佛像，號曰訖思經、證明經、太子下生經、父母經、圖經、文緣經、七時經、月光經、平文策、贊策、證明策、廣大懺、妙水佛幀、先意佛幀、夷數佛幀、善惡幀、太子幀、四天王幀，已上等經佛號，即於道、佛經藏，並無明文該載，皆是妄誕妖怪之言，多引爾時明尊之事，與道、佛經文不同。至於字音，又難辨認，委是狂妄之人，僑造言辭，誑愚惑眾，上僭天王太子之號。〔註148〕

《宋會要輯稿》對方臘所奉行的左道有詳細的描述，從中我們可以斷定方臘所信即為摩尼教。雖則次年方臘被童貫率領的官兵所敗，但他所掀起的起義

〔註145〕《宋會要輯稿》刑法二之七八、七九。
〔註146〕《宋會要輯稿》刑法二之七八、七九。
〔註147〕（清）畢沅編：《續資治通鑑》卷九三，宋徽宗宣和二年十月。
〔註148〕《宋會要輯稿》刑法二之七八。

浪潮還是沉重打擊了北宋的腐朽統治，加速了北宋的滅亡。此後南宋時，以摩尼教爲組織形式的農民起義還有數起。入元以後，該教與白蓮教、彌勒教等民間宗教相融合，成爲元末紅巾軍的重要武裝思想與組織形式〔註149〕。

〔註149〕關於方臘起義的相關史料及南宋時期明教的起義，參見馬西沙、韓秉方著《中國民間宗教史》，上海人民出版社，1992 年，第 93、94 頁。

第二章　張商英的護法緣起與護法活動

　　本章首先分兩部分來討論張商英的護法緣起，一是看看張商英的佛教因緣，看他如何一步步走進佛教、崇信佛教並因而列入禪宗黃龍派之門牆，同時我們也考釋一下張商英與當時禪宗主要門派禪僧們的交往，從而我們便不難理解張商英因親近佛教而甘爲佛教外護的心態。二是透過表象，我們進一步考證張商英護法的深層次原因，即其護法既是宋代官員的宗教職能，也是他個人爲了積累從政資本並對政和三年以後宋徽宗的崇道毀佛政策作出的反應。隨後，該章又將張商英的護法活動歸爲四類，一是舉薦高僧與提拔新秀，二是興崇佛寺，三是調解叢林糾紛，四是廢淫祠、置佛寺。

一、張商英的佛教因緣

　　身爲北宋居士佛教的代表人物，張商英並非一開始便崇信佛教。從現有的記載看，他首觸佛教已是在他從政之後，通過偶然機緣及他人的點撥而對佛教逐漸有了好感。元祐年間，張商英三登五臺山，目睹一系列的神異現象後遂深信佛乘。之後，他嗣法兜率從悅，從而得以列入禪宗黃龍派之門牆，並得到了當時與後世佛教界的承認。張商英的佛界交遊極爲廣泛，他的交遊對象並不限於一宗一派。本文對他與幾位重要禪師的交往略作回顧。

1、張商英其人

　　張商英（1043～1121），字天覺，號無盡居士，蜀州新津人，張唐英之弟。英宗治平二年（1065）進士，隨調達州通川縣主簿，後知南川縣。神宗熙寧五年（1072），在章惇和王安石的提攜下，以檢正中書禮房擢監察御史裏行。不久受到新黨內部排擠，責監荊南稅。元豐年間（1078～1085）先後

任館閣校勘、檢正刑房、監赤岸鹽稅。哲宗初年，任開封府推官，因受到舊黨排擠而出提點河東刑獄，之後連使河北、江西、淮南。哲宗親政後，召為右正言、左司諫，旋因事責監江寧酒稅。不久，起知洪州。元符元年（1098），任江淮荊浙等路發運使，隨之入為工部侍郎，遷中書舍人。徽宗立，出降河北都轉運使，知隨州。崇寧初，歷吏部、刑部侍郎、翰林學士。因其雅善蔡京，拜尚書右丞，轉左丞。後復攻蔡京，罷知亳州，入元祐黨籍，削籍知鄂州。大觀四年（1110）蔡京去政，徽宗召張商英除資政殿學士，中太一公使，中書侍郎，拜尚書右僕射。政和元年（1111）八月罷相，出知河南府，知鄧州，謫汝州團練副使，衡州安置。宣和三年（1121）卒，年七十九〔註1〕。考之張商英一生，雖於熙寧、元豐、元祐、紹聖、元符、崇寧、大觀、政和等年間多次進入中央，但入中央時間甚短，其大多數時間任職於地方。因而，從這份履歷來看，張商英的仕途生涯並非一帆風順〔註2〕。正如其外孫何麒作家傳曰：「為熙寧御使則逐於熙寧，為元祐定臣則逐於元祐，為紹聖諫官則逐於紹聖，為崇寧大臣則逐於崇寧，為大觀宰相則逐於政和。」〔註3〕張商英於大觀四年至政和元年曾短暫為相，雖稱得上是宋代宰輔級人物，但其政治生涯不能算是輝煌。那麼，拋開上面這份簡單的履歷不論，張商英究竟為後人留下了什麼樣的歷史形象？筆者以為，張商英大體給我們留下了以下三種形象：

〔註1〕 以上資料主要來自（元）脫脫等撰《宋史》卷三五一，《張商英傳》；（宋）杜大珪編《名臣碑傳琬琰之集》下卷一六，《張少保商英傳》，文淵閣《四庫全書》本；（宋）李燾撰《續資治通鑑長編》卷二二八、二三一、三〇三、三〇八、三七五、四〇三、四五〇、四八一、五〇四；（宋）王稱撰《東都事略》卷一〇二，《張商英傳》，文淵閣《四庫全書》本。

〔註2〕 宋代，官員外任多為貶官，回京方復陞遷之望。如張知白《上真宗論重內輕外》：「竊見朝廷重內官、輕外任，每除牧伯，皆避命致訴；比遣外任，多是貶累之人。」又如呂誨《上英宗乞中外之臣出入更任》：「臣伏睹臣僚有初任不曾歷外官，後未嘗出國門，致身高位者，甚非公朝用賢詳試之道也。而又比年二府用人，除拜不出於京師，重內輕外，亦以明矣。以此居內者安為倚附，唯恐補外；居外者久而不復，自謂絕陞進之望，使盡賢於蕭望之，亦未必能平於中也。」還有如葉夢得《上徽宗論朋黨之患本於重內輕外》中亦言：「夫以內為榮進之途，則苟可以安於內者，人誰不營？以外為譴黜之所，則苟可以免於外者，人誰不避？」以上史料自（宋）趙汝愚編《宋朝諸臣奏議》卷七十三，第798～801頁。由上可知，張商英多於地方上任職，足證其仕途之多舛。

〔註3〕 （宋）洪邁撰：《容齋隨筆》卷一六。

　　首先，是他的幹吏形象。崇寧元年（1102），宋徽宗在擢張商英爲尚書右丞時制曰：「（張商英）德度寬和，才猷勁敏。學博而知要，志大而敢爲。經術光於本朝，言詞妙於天下……凜然儒英，實我國器。」〔註4〕雖不乏溢美之辭，但「才猷勁敏」、「志大而敢爲」等話基本上是對張商英才幹的準確描述。羅凌曾列舉張商英任職地方時的各種表現，這些表現包括說降蠻酋，穩定邊疆、興修學校、治理河運等。羅凌因此認爲張商英爲官一方，確實能履行其職責，造福一方〔註5〕。其實，無論是在地方還是中央，張商英都顯示出出色的行政才能，留下不錯的政聲。即便在他短暫爲相期間，其政績也爲史家所讚揚：

> 商英爲政持平，謂京雖明紹述，但藉以劫制人主，禁錮士大夫爾。於是大革弊事，改當十錢以平泉貨，復轉般倉以罷直達，行鈔法以通商旅，蠲橫斂以寬民力。勸徽宗節華侈，息土木，抑僥倖。帝頗嚴憚之，嘗茸昇平樓，戒主者遇張丞相導騎至，必匿匠樓下，過則如初。楊戩除節度使，商英曰：「祖宗之法，內侍無至團練使。有勳勞當陟，則別立昭宣、宣政諸使以寵之，未聞建旌鉞也。」訖持不下，論者益稱之。〔註6〕

張商英傑出的才幹及爲相期間的不俗政績堪稱北宋末期昏暗政治中的一抹亮色。南宋初年，唐文若（1106～1165）甚至認爲：「使張（商英）仍在，宋不致被迫南都。」此言或值商榷，但據此也多少反映出張商英爲後世留下的幹吏之形象。

　　其次，是他的政客形象。張商英雖仕途多舛，然而其求進之心一直十分強烈。元豐時期，初次貶官地方，他著《上神宗皇帝書》，表達自己雖遭遇挫折，偏居山野，也不敢有絲毫去國還鄉之念，願做神宗皇帝之獒，爲其看家護院〔註7〕。哲宗初，張商英爲開封府推官，屢詣執政求進，「且移書蘇軾求入臺，其廋詞有『老僧欲住烏寺，呵佛罵祖』之語」〔註8〕，並代開封府尹撰

〔註4〕　（宋）徐自明撰，王瑞來校補：《宋宰輔編年錄校補》卷一一。

〔註5〕　參見羅凌著《無盡居士張商英研究》，華中師範大學出版社，2007年，第25～27頁。

〔註6〕　（元）脫脫等撰：《宋史》卷三五一，《張商英傳》。

〔註7〕　（宋）張商英：《上神宗皇帝書》，《全宋文》卷二二二八。

〔註8〕　（元）脫脫等撰：《宋史》卷三五一，《張商英傳》。又，張商英移書蘇軾求進之事亦見於宋人朱弁《曲洧舊聞》，所記略同。參見（宋）朱弁撰《曲洧舊聞》卷八，《宋元筆記小說大觀》，第3013頁。

祭司馬光文，以討好新黨。然而張商英新黨的身份使其終不為舊黨所接納，還是被貶地方。哲宗親政後，舊黨遭貶斥，新黨執政，張商英也得以召為右正言、左司諫，重入中央。張商英恨元祐大臣不用己，極力攻之，曾上疏哲宗曰：

> 先帝盛德大業，跨絕今古，而司馬光、呂公著、劉摯、呂大防援引朋儔，敢行讒議。凡詳定局之所建明，中書之所勘當，戶部之所行遣，百官之所論列，詞臣之所作命，無非指摘抉揚，鄙薄嗤笑，翦除陛下羽翼於內，擊逐股肱於外，天下之勢，岌岌殆矣。今天青日明，誅賞未正，願下禁省檢索前後章牘，付臣等看詳，簽揭以上，陛下與大臣斟酌而可否焉。

他對元祐舊黨的打擊不遺餘力，論內侍陳衍以動搖哲宗祖母太皇太后高氏之威望，甚至直將其比作呂后、武則天；乞追奪司馬光、呂公著的贈諡，「僕碑毀家」；又攻擊文彥博、蘇軾、范祖禹、孫陞、韓川等人。作為新舊黨爭中的急先鋒，張商英甚至以險語提醒哲宗及諸大臣不要忘記舊黨對其打擊迫害：「願陛下無忘元祐時，章惇無忘汝州時，安燾無忘許昌時，李清臣、曾布無忘河陽時。」《宋史·張商英傳》評價「其觀望捭闔，以險語激怒當世，概類此。」〔註9〕

　　除去黨同伐異的行為，張商英也深陷新黨內部的爭鬥之中。紹聖年間，章惇、安燾爭權奪利，張商英助章惇以傾安燾，後在政治鬥爭中失利。崇寧初，蔡京拜相，張商英因與蔡京雅善，因而尋拜尚書右丞，轉左丞。後與蔡京不和，相互攻擊，罷知亳州。政和四年，張商英拜相，然入相踰年，「臣僚論其昔嘗交通中貴，求為右僕射，今又結近臣郭天信，使之借譽，為固寵之計」。考之以上行為，張商英為我們展現了他並不光彩的政客形象。無怪乎他在崇寧二年（1103）罷尚書右丞時，宋徽宗制曰：「在元祐之初，託文詞以毀訾先烈；迨元符之末，因訓詁以褒譽朋奸。原其操心，出於為利。而內多詭秘，外若坦夷……徐察言動，反覆躁輕。貪冒希求，自干榮進。潛結近密，覬位相臣。」雖一如徽宗前制，文辭中多有感情因素，但也確實部分道出了張商英的政治品質。宋人徐自明在《宋宰輔編年錄》中稱「商英慷慨敢言事，然詭譎不常」〔註10〕。宋人洪邁更視其為姦人之雄〔註11〕。《宋史·張商英傳》

〔註9〕　（元）脫脫等撰：《宋史》卷三五一，《張商英傳》。

〔註10〕　（宋）徐自明撰，王瑞來校補：《宋宰輔編年錄校補》卷一一。

曾記敘張商英死後，「紹興中，又賜諡文忠，天下皆不謂然」〔註12〕。這些材料均證明後人對張商英政客形象之不屑。

最後，是張商英的宗教形象。張商英於佛、道二教中皆有其地位。羅淩考釋了張商英的道門交遊、道教實踐、道教著述以及對道教文獻的整理，並進而評價了其道教修養及對宋代道教的貢獻。羅淩由此認爲張商英對道教的信仰終其一生，他不僅是佛門的外護，亦是道教的外護〔註13〕。相對於其在道教中的地位，張商英的佛教聲譽更爲顯著。《宋宰輔編年錄》稱其「平生學浮屠法，號無盡居士」〔註14〕。元人吳澄（1249～1381）說：「宋東都之季，南渡之初，儒而最通佛法者有二張焉，丞相商英，侍郎九成也。」〔註15〕今人潘桂明甚至認爲張商英「是北宋居士佛教的核心人物」〔註16〕。筆者亦從其佛教信仰的逐步加深、佛界交遊的日益廣泛及護法活動、護法思想的豐富多樣，得出與潘氏相同的認識，並進一步認爲，相對於張商英較爲平庸的政治形象，其宗教形象，尤其是佛教形象要重要和豐滿得多。

綜合以上三種形象，我們似乎看到在張商英的身上集中了太多的矛盾。他既是一名能力較強的幹吏，又是一名爭名逐利的政客；他既信仰道教、參與道教實踐，又深信佛崇，是佛教的大護法。正是這些看似矛盾的特點集中於一身，使我們看到了一名歷史人物的豐富和多彩。這也告訴我們，在研究一名歷史人物時，切忌將其臉譜化。

2、從首觸佛教到深信佛乘

從現有的歷史記載中，我們大致可以斷定張商英首觸佛教是在他進士及第從政之後。據《名臣碑傳琬琰之集》記載，張商英「中治平二年（1065年）進士第，調達州通川縣主簿」〔註17〕。而據《大慧普覺禪師宗門武庫》所載，

〔註11〕 洪邁曾評價「張天覺爲人賢否，士大夫或不詳知。方大觀、政和間，時名甚著，多以忠直許之。蓋其作相適承蔡京之後，京弄國爲奸，天下共疾，小變其政，便足以致譽，饑者易爲食，故蒙賢者之名，靖康初政，遂與司馬公、范文正同被褒典。予以其實考之，彼直姦人之雄爾」。參見洪邁《容齋隨筆》卷一六。
〔註12〕 （元）脫脫等撰：《宋史》卷三五一，《張商英傳》。
〔註13〕 羅淩著：《無盡居士張商英研究》，華中師範大學出版社，2007年，第32～54頁。
〔註14〕 （宋）徐自明撰，王瑞來校補：《宋宰輔編年錄校補》卷一一。
〔註15〕 （元）吳澄撰：《吳文正集》卷六二，《跋張丞相護佛論》，文淵閣《四庫全書》本。
〔註16〕 潘桂明著：《中國居士佛教史》，中國社會科學出版社，2000年，第609頁。
〔註17〕 （宋）杜大珪編：《名臣碑傳琬琰之集》下卷一六，《張少保商英傳》。

張商英首觸佛教並隨後「深信佛乘」,「留心祖道」是在他早年任地方主簿之後:

> 初任主簿,因入僧寺,見藏經梵夾齊整,乃怫然曰:「吾孔聖之教,不如胡人之書人所仰重。」夜坐書院中,研墨吮筆,憑紙長吟,中夜不眠。向氏呼曰:「官人夜深,何不睡去?」無盡以前意白之,正此著《無佛論》。向應聲曰:「既是無佛,何論之有?當須著《有佛論》始得。」無盡疑其言,遂已。及訪一同列,見佛龕前經卷,乃問曰:「此何書也?」同列曰:「維摩詰所說經。」無盡信手開卷,閱到「此病非地大,亦不離地大」處,歎曰:「胡人之語,亦能爾耶?」問:「此經幾卷?」曰:「三卷。」可借歸盡讀。向氏問:「看何書?」無盡曰:「《維摩詰所說經》。」向氏曰:「可熟讀此經,然後著《無佛論》也。」無盡悚然異其言。由是深信佛乘,留心祖道。〔註18〕

這段記載中,張商英能由排斥佛教到親近佛教,其妻向氏似乎起著微妙的作用。張商英對佛教態度的轉變,顯然受到了向氏有意無意的點撥。而在張商英19歲進京趕考時,向氏與張商英的姻緣似乎也受到上天神明的點撥:

> 張無盡丞相,十九歲應舉入京。經由向家,向家夜夢人報曰:「明日接相公。」凌晨淨室以待,至晚見一窮措大著黃道服,乃無盡也。向禮延之,問秀才何往。無盡以實告。向曰:「秀才未娶,當以女奉灑掃。」無盡謙辭再三。向曰:「此行若不了當,吾亦不爽前約。」後果及第。乃娶之。〔註19〕

這些事蹟明顯受到禪僧的神話,或許記錄的僧人們想告訴世人,張商英成為宋代的佛教外護,絕不是偶然,而是神佛囑託的結果。不過拋開這些神秘成分,我們大致還是可以斷定張商英首觸佛教、親近佛教的時間是在治平二年23歲以後,只是此時的張商英對佛教多是採取曖昧的態度,並未深入鑽研和崇信,更談不上「深信佛乘」。此後,有二十年左右的時間張商英沉浮於宦海,陷入神宗、哲宗時期的新、舊黨爭。他也經歷了從地方到中央的兩進兩出。這段時間,從現有的史料看,沒有看到他對佛教有更多的接觸〔註20〕。這也

〔註18〕 （宋）道謙編:《大慧普覺禪師宗門武庫》,《大正藏》第47冊,No.1998B。
〔註19〕 （宋）道謙編:《大慧普覺禪師宗門武庫》,《大正藏》第47冊,No.1998B。
〔註20〕 據曾棗莊、劉琳《全宋文》卷二二三一《重建當陽武廟記》,可知在元豐四年張商英曾為這所寺廟撰文;又,據《佛祖歷代通載》卷一九所載,張商英於元豐二年曾召見承皓禪師並舉薦其住持郢州大陽。這也是元祐二年之前我們可看到的他與佛教的接觸。

從一個方面證明張商英在其仕途生涯早期對佛教還沒有太大興趣。

　　直到元祐二年（1087），張商英因受到保守派攻擊而貶出京城提點河東刑獄時，才又一次有了與佛教親近的機緣。據張商英所撰的《續清涼傳》卷上所載，元祐二年張商英任開封府推官時，該年二月曾夢遊五臺山金剛窟。在此之前，他從未去過五臺山。他將此夢告知同舍林紹（材中），林紹開玩笑說：「天覺其帥並閫乎！」五個月後，因黨爭緣故，張商英除出點河東刑獄，五臺山恰在其管轄範圍內。於是林紹曰：「前夢以驗，勉矣行焉。」張商英自己也因而感歎：「人生事事預定，何可逃也！」〔註21〕八月張商英到任後，十一月即至金剛窟，所見皆與夢合。由於當時時值寒冬，恐冰雪封山，所以第二天便匆匆離開。直到元祐三年（1088）六月，張商英一行才正式入山。

　　元祐三年六月二十七日，張商英一行人在五臺山僧正省奇等的接待下，正式進入清涼山。五臺山自北魏時起，便成為佛教聖地，尤其是此地的文殊信仰頗為引人注目。按，《華嚴經》卷四十五「菩薩住處品」云：「東北方有處名清涼山，從昔以來，諸菩薩眾於中止住。現有菩薩名文殊師利，與其眷屬一萬人俱，常在其中而演說法。」〔註22〕又，《佛說文殊師利法寶藏陀羅尼經》亦云：「爾時世尊復告金剛密跡主菩薩言：『我滅度後於此贍部洲東北方，有國名大振那。其國中有山號曰五頂，文殊師利童子遊行居住，為諸眾生於中說法。及有無量諸天龍神、夜叉、羅剎、緊那羅、摩睺羅伽、人非人等，圍繞供養恭敬。』」〔註23〕而此山的文殊顯聖現象也一直聞名於世。入山之前，主僧曾告知張商英：「此去金閣寺三里，往歲崔提舉嘗於此見南臺金橋、圓光。」張商英顯然對這種神異現象不以為然，心中默念：「崔何人哉！予何人哉！」當晚，張商英至金閣寺，僧正省奇來報，說南臺山出現祥雲。僧眾因此集體誦經，希望請來祥光。誦經過程中，張商英也換了官服，燃香禮拜。一拜未起，就出現了「金橋」、「金色相輪」。這是張商英第一次看到五臺山的神異奇觀，但作為一名官員士大夫，其理性告訴他，這種神異之像很有可能是夕陽反射雲層的自然現象：「商英猶疑欲落之日，射雲成色。」可是很快天色暝黑，而山前又現霞光三道，直起亙天。面對這種從未見過的自然現象，張商英對自己之前的理性解釋產生了懷疑。

〔註21〕　（宋）張商英撰：《續清涼傳》卷上，《大正藏》第 51 冊，No.2100。
〔註22〕　（唐）實叉難陀譯：《大方廣佛華嚴經》，《大正藏》第 10 冊，No.279。
〔註23〕　（唐）菩提流枝譯：《佛說文殊師利法寶藏陀羅尼經》，《大正藏》第 20 冊，No.1185A。

　　六月二十八日張商英一行到達真容院清輝閣。有人告之曰：「此處亦有聖燈，舊有浙僧請之，飛現欄杆之上。」親眼目睹了昨天傍晚的奇觀後，張商英對五臺山的這種神異現象顯然有了部分相信，於是「商英遂稽首敬禱」。酉時（下午五點至七點）後，張商英等人看到龍山上出現「黃金寶階」；戌時（晚七點至九點），北山上也出現大火炬，即所謂「聖燈」。張商英仍不相信有什麼「聖燈」，他俯視下面「聖燈」，見「持燈者其形人也」，便問僧人：「豈寺僧遣人設一大炬，以見欺耶？」但是山僧告訴他，山中有虎，且晚上那裡絕無行人，亦無人居住。張商英猶疑之時，見燈忽大忽小、忽赤忽白、忽黃忽碧、忽分忽合，照耀林木，因而認定這是「三昧火」。為了進一步確認「三昧火」的真實不虛，張商英於是跪地禱曰：「聖境殊勝，非我見聞，凡夫識界，有所限隔。若非人間燈者，願至我前。」這種請求，在常人看來，顯然有悖常理，是不可能實現的。但是在張商英祝禱之後，果然神奇的事情發生了：

　　　　溪上之燈忽如紅日浴海，騰空而上，放大光明，漸至閣前。其
　　光收斂，如大青鳥啄銜圓火珠。商英遍體森颼，若沃冰雪。〔註24〕
臺灣中國文化大學史學系教授蔣義斌在其論文《張商英〈續清涼傳〉與文殊法門》中認為：「宗教體系，均有其教義，教義往往可以由理性的論證，來建構其體系，然而宗教並不止於理性的論證，宗教的『信仰』的貞定，往往和神秘經驗有關。」〔註25〕有了兩日來的親身宗教體驗，張商英「疑心已斷」，其宗教信仰較之前有了質的提高。於是在第二天，一行人至東臺山目睹了五色祥雲等奇觀之後，張商英不再提出任何疑問，而作偈贊之曰：「雲點西山日出東，一輪圓相現雲中。修行莫道無撈摸，只恐修行斷落空。」此時的張商英，已經不再用自然現象來解釋五臺山的神異景觀，而理解為這就是五臺山的文殊現象。此後幾日，張商英又不斷於山中見到所謂的「聖燈」、「祥雲」甚至文殊本人的聖容，接連而至的宗教體驗，堅定了張商英本人對佛教的信仰。七月四日，在目睹神異現象後，張商英發大誓願：

　　　　期盡此形，學無邊佛法，所有邪淫殺生妄語倒見，及諸惡念永
　　滅不生。一念若差，願在在處處，菩薩鑒護。

〔註24〕以上所引皆自（宋）張商英撰《續清涼傳》卷上，《大正藏》第51冊，No.2100。
〔註25〕蔣義斌：《張商英〈續清涼傳〉與文殊法門》，《佛學研究中心學報》2000年第5期。

七月五日，張商英閱讀了解脫和尚的碑文，當看到碑中所載「解脫自解脫，文殊自文殊」後，喟然歎曰：「眞丈夫哉！」並隨後以偈贊之曰：「聖凡路上絕纖塵，解脫文殊各自論。東土西天無著處，佛光山下一龕存。」〔註26〕此偈較之前偈，又多了幾分禪味。

　　在經歷了一系列神秘的宗教體驗之後，張商英於七月六日離開了五臺山。離開之前，五臺山十寺主僧及其徒眾請張商英作文爲文殊道場做宣傳，使五臺山文殊信仰傳信於天下。此時張商英雖已堅信這些佛教神跡，但若讓其作文以令天下人相信，則顯得信心不足：

　　　　謹謝大眾，艱哉言乎！人之所以爲人者，目之於色，耳之於聲，鼻之於香，舌之於味，體之於觸，意之於法，不出是六者而已。今乃師之書曰色而非色也，聲而非聲也，香而非香也，味而非味也，觸而非觸也，法而非法也，離絕乎世間所謂見聞覺知，則終身周旋不出乎人間世者，不以爲妖則怪矣。且吾止欲自信而已，安能信之天下及後世邪？〔註27〕

文中所謂「乃師之書」當指梁曼陀羅仙譯《文殊師利所說摩訶般若波羅蜜經》，該經文有如下內容：

　　　　不見欲界，不見色界，不見無色界，不見寂滅界。

　　　　不取思議相，亦不取不思議相。不見諸法有若干相。自證空法不可思議。

　　　　色非色不可得故，乃至識非識亦不可得。眼不可得乃至意不可得，色不可得乃至法不可得，眼界乃至法界亦不可得。〔註28〕

佛教主張出離色聲香味觸法，而世人的認識則是建立在感官經驗上，故一般人士往往將佛教之說教看作奇談怪論。若以此論改變世人成見，不亦難乎？這也是張商英不願作文的主要原因。但在郭宗顏、吳君佪諸友人的勸說下，張商英最終還是將自己在五臺山時的宗教體驗原本記錄了下來（其中或許有對山中神異現象的誇張成分），這就是我們今天見到的《續清涼傳》。書中張商英敘述了自己作此文的原因和目的是：

〔註26〕 以上所引皆自（宋）張商英撰《續清涼傳》卷上。又，關於解脫禪師的事蹟，可參見《古清涼傳》卷上相關記載，此不贅述。

〔註27〕 （宋）張商英撰：《續清涼傳》卷上，《大正藏》第51冊，No.2100。

〔註28〕 （梁）曼陀羅仙譯：《文殊師利所說摩訶般若波羅蜜經》，《大正藏》第8冊，No.0233。

近者親詣臺山，獲瞻聖像。慈悲赴感，殊勝現前。慶雲紛鬱於
虛空，寶焰熒煌於岩谷。同僧祇之對仗，不可說之聖賢。大風昏靈，
愈彰瑞像；赤壁峭絕，更示眞身。商英直以見聞，述成記傳，庶流
通於沙界，或誘掖於信心。使知我清涼寶山，眷屬萬人之常在；金
色世界，天龍八部之同居。和梵宇以贊明，冀導師之證察。〔註29〕

由此可見，張商英確實是因爲在五臺山感受到了山中瑞像及文殊眞身而深信
佛乘〔註30〕。他「直以見聞，述成記傳」，是想讓世人同他一樣感受到這種神
奇的宗教體驗，進而「或誘掖於信心」，「使知我清涼寶山，眷屬萬人之常在；
金色世界，天龍八部之同居」。

〔註29〕 （宋）張商英撰：《續清涼傳》卷下，《大正藏》第 51 冊，No.2100。

〔註30〕 關於張商英在五臺山山中見到的神異現象，今人言成、任樂、蕭瑤分別撰文
予以解釋，如言成認爲，所謂的「金色相輪」、「霞光」，不過是叫「華」和「暈」
的自然現象。所謂「祥雲」，是白雲折射陽光放出五彩。而「琉璃世界」極可
能爲海市蜃樓。至於「聖燈」，可能是僧人舉的燈，也可能是千年朽木發出的
冷光或古墓的磷光。參見言成《五臺山的「神靈感應」》，《五臺山研究》1986
年第 4 期。稍後撰文的任樂在解釋張商英所見的這些神異現象時，也基本照
搬了言成的解釋，並認爲那些張商英百求百應的文殊現象是張商英自己製造
出來以欺騙輿論抬高自己的謊言，最後總結出張商英在《續清涼傳》中所記
載的靈應聖跡，就是自然因素、五臺山僧人因素、張商英自身因素這三個因
素綜合作用的結果。參見任樂《張商英與五臺山》，《五臺山研究》1987 年第
6 期。蕭瑤在繼承前兩人觀點的同時，也得出自己的結論，即所謂的靈異現象，
有一部分是自然現象，再一部分是由於張商英宗教感情所形成的幻覺，第三
部分是利用宗教迷信製造的謊言。參見蕭瑤《護法丞相張商英》，《護法丞相
張商英》，《五臺山研究》1992 年第 1 期。上述三人孰對孰錯，筆者限於所知
所聞，不便作出評判。筆者僅以己之所知，於此略作補充。《續清涼傳》卷下
附有張商英好友陳瓘的一片序文，時陳瓘亦於張商英之後遊五臺山，並在僧
正省奇的陪同下見到了祥雲，陳瓘於此的描述是：「映山如銀屏，壁立不動，
須臾現圓光四，最後現攝身光一。環如大車輪，五色煥爛，無可擬比者。不
假雲氣，不假日光，現於磐石之上，相去目前，無數尺之地。自見己身背影
於光相之內，移刻方散。」其中陳瓘所言之「自見己身背影於光相之內」，恰
恰與自然界之「布羅肯幻象」相吻合。按，百度百科「布羅肯幻象」詞條的
介紹，布羅肯幻象（brockengespenst），亦稱作布羅肯虹（brocken bow）或布
羅肯幽靈（brocken specter），即氣象學中的光環現象。此現象因常發生在德
國薩克森州的布羅肯峰上而得名。從人背後射來的陽光被雲或霧衍射後，在
人影的周圍會形成彩虹一樣的光圈，影隨人移，絕不分離。這種令人驚異的
自然現象在我國的峨眉山也頗爲常見，被人稱爲「峨眉佛光」，其實張商英諸
人見到的五臺山之神異現象，不少應也類於此，我們姑且稱之爲「五臺佛光」。
參見百度百科「布羅肯幻象」詞條，http://baike.baidu.com/view/2723230.htm.

元祐二年至元祐四年，張商英三登五臺山，完成了自己對佛教由疑惑到「疑心已斷」的最終轉變。因此，這段時期可以說是張商英佛教生涯非常重要的轉折時期。正是因爲在五臺山這段奇特的因緣，張商英於隨後加快了成爲佛教外護的步伐。

3、嗣法兜率從悅

自元祐二年張商英初登清涼山後，其與佛教的聯繫愈加緊密。這段時期，他曾資助寺院的建設，主持重建寺院，並爲一些佛寺撰寫文記〔註31〕。但是，眞正使他禪悟又有新的突破、佛教生涯又有新的轉機，當是在元祐六年其嗣法黃龍派兜率從悅之後。

元祐六年（1091），仍然處於政治生涯低谷期的張商英奉使江左，任江南西路轉運副使。當時的江西地區禪宗興盛，「江西法道，盛於元祐間」〔註32〕，是謂「江西法窟」〔註33〕，尤其是由黃龍慧南所開創的新興的臨濟宗黃龍派，其活動地點正在此地。任官於此的張商英當然不會放過這難得的求師問道的機會，史稱「而江西老宿爲南（黃龍慧南）所許，道行一時者數十人，天覺皆歷試之」〔註34〕。他於此年首先拜訪了當時黃龍派的大德東林常總。東林常總（1025～1091），又稱照覺常總，是江州東林興龍寺主持。他師從黃龍慧南，是黃龍慧南第一代嗣法弟子。元豐三年（1080），朝廷詔革東林律寺爲禪寺，東林常總應命住持該寺。僧史傳稱，東林禪寺在東林常總的領導下，「廈屋崇成，金碧照煙雲，如夜睹史之宮從天而墮。天下學者從風而靡，叢林之盛，近世所未有也」〔註35〕。東林常總「久依黃龍，密授大法決旨，出住泐潭，次遷東林，皆符讖記」〔註36〕。在黃龍慧南第一代嗣法弟子中，他聲名顯赫，門下高足頗多，身邊徒衆多達七百餘人，嗣法弟子61人，其中列入僧傳的就有泐潭應乾、萬杉紹慈、慧圓等16人，連聞名天下的蘇東坡也拜其門下，得其開悟：

〔註31〕 參見曾棗莊、劉琳主編《全宋文》卷二二三一所收錄的張商英文集，其中包括《元祐初建三郎廟記》、《太原府壽陽方山李長者造論所昭化院記》（元祐三年）、《定襄縣新修打地和尚塔院記》（元祐五年）、《林慮山聖燈記》（元祐五年）、《東林善法堂記》（元祐六年）。

〔註32〕 （宋）釋曉瑩撰：《羅湖野錄》卷一。

〔註33〕 張商英曾對大慧宗杲言：「諸方往往以余聰明博記，少知余者。師自江西法窟來，必辨優劣，試爲老夫言之。」見（宋）普濟著《五燈會元》卷一八。

〔註34〕 （宋）葉夢得撰：《避暑錄話》，《宋元筆記小說大觀》，第 2627 頁。

〔註35〕 （宋）惠洪撰：《禪林僧寶傳》卷二三，《卍續藏經》第 79 冊，No.1560。

〔註36〕 （宋）普濟著：《五燈會元》卷一七，《東林常總禪師》。

內翰東坡居士蘇軾，字子瞻。因宿東林，與照覺論無情話，有
省。黎明獻偈曰：「溪聲便是廣長舌，山色豈非清淨身？夜來八萬四
千偈，他日如何舉似人。」〔註37〕

張商英尋訪東林常總，兩人談了些什麼，今傳的各種史料並無記載。但是
東林常總印可了張商英，「覺（東林常總）詰其所見處，與己符合，乃印可」，
充分肯定了他的佛學修養，這恐怕是對張商英參學的最大鼓勵。東林常總
又推薦自己的一名得法弟子慈古鏡與張商英：「吾有得法弟子住玉溪，乃慈
古鏡也，亦可與語。」〔註38〕於是張商英拜別常總之後，又去尋訪慈古鏡，
按部過分寧時，當地諸山長老迎之。但是張商英還是先向慈古鏡致敬，而
後才向諸長老交談請教。這些長老中，便包括後來張商英所承之師，兜率
從悅。

其實，早在張商英過分寧前，就已有人向他推薦兜率從悅，說兜率從悅
「聰明可人」〔註39〕。又，好友朱世英先前也向早欲尋訪宗師的張商英提到
兜率從悅禪師：

無盡居士張公天覺，蚤負禪學，尤欲尋訪宗師與之抉擇。因朱
給事世英語及江西兜率悅禪師，禪學高妙，聰敏出於流類。〔註40〕

兜率從悅（1044～1091）贛州熊氏子，南嶽下十三世，是寶峰克文（1025～1102）
的嗣法弟子，為黃龍派第二代法嗣。但當時的兜率從悅禪師恐怕尚不如其餘
幾位禪師聲名顯著，故只受到張商英最後接見。從悅顯然對張的這種態度有
所不滿：

師最後登座，橫拄杖曰：「適來諸善知識，橫拈豎放，直立斜拋，
換步移身，藏頭露角。既於學士面前各納敗闕，未免吃兜率手中痛
棒。到這裡不由甘與不甘。何故？見事不平爭忍得，衲僧正令自當
行。」卓拄杖，下座。〔註41〕

隨後兩人的對話也帶有些許的火藥味。張商英首先對從悅說：「聞公善文章」。
從悅大笑：「運使（張商英）失卻一雙眼了也。從悅，臨濟九世孫，對運使論
文章，政（正）如運使對從悅論禪也。」張商英對其答話感到不滿，但還是

〔註37〕（宋）普濟著：《五燈會元》卷一七，《內翰蘇軾居士》。
〔註38〕參見（宋）普濟著《五燈會元》卷一八，《丞相張商英居士》。
〔註39〕（宋）普濟著：《五燈會元》卷一八，《丞相張商英居士》。
〔註40〕（宋）釋曉瑩撰：《羅湖野錄》卷二。
〔註41〕（宋）普濟著：《五燈會元》卷一七，《兜率從悅禪師》。

強忍不快，屈指算了一下，說：「是九世也。」〔註42〕

不過鬥氣歸鬥氣，兜率從悅此行的目的絕非應付地方官員，而是要極力吸引張商英列入其門下，好爲本派外護，進而靠他把本派發揚光大。據《五燈會元》記載，從悅來此之前，曾夜夢日輪昇天，此日輪被從悅用手旋轉。他對首座說：「日輪運轉之義，聞張運使非久過此，吾當深錐痛箚。若肯回頭，則吾門幸事。」首座認爲，當今士大夫受人迎合逢迎慣了，若深錐痛箚，恐其生事。但從悅自信地說：「正使煩惱，只退得我院，也別無事。」〔註43〕可見兜率從悅此行對張商英是志在必得。當張商英問他玉溪和兜率兩地分別距此多遠時，從悅回答說玉溪距此三十里，兜率距此僅五里。於是張商英當晚乃夜宿兜率山。從悅成功地將張商英這位地方大員請進了己院，獲得了與之親近的良機。

當日於兜率山，張商英與兜率從悅進一步參禪論道。兩人先在擬瀑軒暢談。張商英談到自己對東林常總的好感，並標明自己已受東林常總印可，但從悅並未肯其說。張商英乃作《寺後擬瀑軒詩》，其中有「不向廬山尋落處，象王鼻孔謾遼天」，以譏兜率從悅不肯認同東林常總之舉。張商英還欲與兜率從悅論及宗門事，但從悅卻以「人事已困，珍重睡去」爲由，結束了談話。至夜，兜率從悅卻又起床與張商英論及此事，並焚香請十方諸佛作證。在這種夜深人靜、青燈古佛的環境下，從悅自然拉近了與張商英的距離。從悅問張商英：「東林既印可運使，運使於佛祖言教有少疑否？」張商英說有。從悅問，疑何等語。張商英答，疑香嚴獨腳頌，德山托缽因緣。從悅曰：「既於此有疑，其餘安得無耶？只如言末後句，是有耶是無耶？」張商英說有。兜率從悅於是大笑，並隨後歸方丈室，閉門休息。至此，兩次談話，兜率從悅都與張商英言而不盡。這種談話方式或許就是兜率從悅所謂的「深錐痛箚」，而這種「深錐痛箚」的談話方式顯然激起了張商英愈發強烈的疑惑。張商英一夜不得安睡，至五更下床，觸翻踏床（《五燈會元》此處說是溺器），忽然猛省前話。張商英遂作頌曰：「鼓寂鐘沈托缽回，巖頭一拶語如雷。果然祇得三年活，莫是遭他受記來。」他又隨即扣方丈門，曰：「某已捉得賊了。」從悅

〔註42〕（宋）普濟著：《五燈會元》卷一八，《丞相張商英居士》。兜率從悅所說臨濟指晚唐臨濟宗創始人臨濟義玄（？～867）。臨濟義玄俗姓邢，曹州南華人，黃檗希運之法嗣。兜率從悅是臨濟宗黃龍派第二代法嗣，去臨濟義玄恰九代。

〔註43〕（宋）普濟著：《五燈會元》卷一八，《丞相張商英居士》。

問：「贓物在甚處？」張商英不能答。從悅乃說：「都運且去，來日相見。」
第二天，張商英將前夜所作之頌呈於兜率從悅。從悅一方面認可了張商英的
覺悟，另一方面，也指出其禪悟尚有不足：

> 悅乃謂無盡曰：「參禪只爲命根不斷，依語生解。如是之說，公
> 已深悟。然至極微細處，使人不覺不知墮在區宇。」

隨後從悅也作頌證之曰：

> 等閒行處，步步皆如。雖居聲色，寧滯有無。一心靡異，萬法
> 非殊。休分體用，莫擇精粗。臨機不礙，應物無拘。是非情盡，凡
> 聖皆除。誰得誰失，何親何疎。拈頭作尾，指實爲虛。翻身魔界，
> 轉腳邪塗。了非逆順，不犯工夫。〔註44〕

一般，一名禪僧或居士要想承祖師之法嗣，並得到叢林的認可，往往需要經
歷三個環節：第一，祖師要指引你產生疑惑，進而去參透疑惑；第二，自己
得悟後要有開悟偈以證之；第三，祖師要認可你的開悟偈。可以說，以上三
點均體現於張商英與兜率從悅的這段典故中，故後世禪宗的燈錄往往對此段
津津樂道，並因此將張商英列爲南嶽下十四世、兜率從悅禪師的法嗣〔註45〕。
雖然，從以上敘述中，我們可以發現兜率從悅有對張商英步步設陷、引其入
甕的嫌疑，而研究者也指出張商英此次禪悟並不徹底，但這不妨礙叢林對兜
率從悅、張商英師徒關係的認可，也不妨礙張商英對其師的認可〔註46〕。事
實上，此後很長一段時間，張商英對其師兜率從悅都懷有一種很深的感情。
張商英得法於兜率從悅是在元祐六年，而就在此年冬，張商英別去未幾，從
悅坐化，坐化前曾說偈曰：「四十有八，聖凡盡殺。不是英雄，龍安路滑。」
其徒原打算尊師遺囑，火葬後捐骨江中，但得知消息的張商英遣使來祭，並
讓使者傳話：「老師於祖宗門下有大道力，不可使來者無所起敬。」於是門人
「俾塔於龍安之乳峰」〔註47〕。政和元年（1111）二月，去兜率從悅去世已
20年，時值張商英爲相期間，他奏請朝廷追賜兜率從悅爲眞寂大師，並親自
撰文遣使祭於塔祠：

〔註44〕以上史料引自（宋）道謙編《大慧普覺禪師宗門武庫》，《大正藏》第47冊，
No.1998B。
〔註45〕《五燈會元》卷一八將張商英列爲南嶽下十四世，兜率悅禪師法嗣。
〔註46〕羅凌在其著作《無盡居士張商英研究》中認爲，張商英此次禪悟並不徹底，
只是漸悟。其師兜率從悅也只是部分認可了其禪悟。參見羅凌著《無盡居士
張商英研究》，華中師範大學出版社，2007年，第84、85頁。
〔註47〕（宋）普濟著：《五燈會元》卷一七，《兜率從悅禪師》。

昔者仰山謂臨濟曰：「子之道，他日盛行於吳越間，但遇風則止。」後四世而有風穴延沼。沼以識常不懌。晚得省念而喜曰：「正法眼藏，今在汝躬，死無疑恨矣。」念既出世首山荒村破寺，衲子才三十餘輩，然其道大振天下。師（兜率從悅）於念公爲六世孫，於雲庵（寶峰克文）爲嫡嗣。住山規範，足以追媲首山；機鋒敏妙，初不減風穴。余頃歲（指元祐六年）奉使江西，按部西安，相識於龍安山中。抵掌夜語，盡得其末後大事，正宗顯決。方以見晚爲歎，而師遽亦化去。昔其福不逮慧，故緣不勝；喜其德不可掩，故終必有後。有若疏山了常、兜率慧照、慈雲明鑒、清溪志言者，皆說法一方，有聞於時；有若羅漢慧宣、楊岐子圓、廣慧守眞、贛州智宣者，皆遯跡幽居，痛自韜晦。風穴得一省念，遂能續列祖壽命。今龍安諸子，乃爾其盛，豈先師靈骨眞滅燼無餘耶？蓋其道行，實爲叢林所宗向，有光佛祖，有助化風。思有以發揮之，爲特請於朝，蒙恩追諡眞寂大師。嗚呼！余惟與師神交道契，故不敢忘外護之志。雖其死生契濶之異而蒙被天子之殊恩，則幸亦共之。仰惟覺靈，祇此榮福。

從文中，我們可以看到他與臨濟宗黃龍派的密切聯繫，尤其是與兜率從悅禪師的門人之間的感情。祭文中，張商英既高度評價了兜率從悅對叢林的貢獻，也追述了其與從悅師的殊勝因緣。字裏行間，洋溢著他對老師的深情。南宋僧人釋曉瑩對此感歎道：「既不忘悅之道義，而特與追榮，矢心以詞。勤勤若此，蓋所以昭示尊師重法歟！」〔註48〕

4、廣泛的佛界交遊

自元祐六年張商英嗣法兜率從悅後，他與叢林諸長老之間的聯繫愈發密切。這種交遊，我們一方面可以看作是張商英爲了提高自己的禪學修爲以及爲了擴大自己在佛教界的影響而積極加強與佛教界諸高僧大德的聯繫；另一方面我們也可以把張商英的這種交遊理解爲他對宋代佛教尤其是宋禪的一種護持，即護法行爲。無論是在中央還是在地方，他的官員身份以及社會影響力無疑對當時的僧眾具有特殊吸引力。僧人們與張商英交遊，可以借張商英的社會地位及影響爲自己乃至本派在宋代的佛教界謀得一席之地。

〔註48〕（宋）釋曉瑩撰：《羅湖野錄》卷二。

羅淩曾考釋了張商英與佛界 56 人的交遊，並列表以示〔註49〕。從表中我們大致可以看出，張商英的主要交遊對象是臨濟宗之黃龍派，此外，楊岐派、雲門宗、曹洞宗以及淨土宗也不乏其人。這一方面顯示出張商英的交遊範圍，另一方面也從一個側面反映出北宋後期佛教各宗派發展的興盛狀況。但羅氏的列表全則全矣，卻失之精詳。本文擬對張商英的幾個主要交遊對象作一簡要考述，詳羅氏之所略，略羅氏之所詳。

（1）黃龍祖心

黃龍祖心禪師（1025～1100），即晦堂祖心，南雄鄔氏子，為黃龍慧南得法弟子。慧南生前即讓他分坐訓徒。慧南逝世後，他繼任黃龍住持 12 年。從師承關係上看，他是兜率從悅的師叔。黃龍祖心門人眾多，嗣法弟子 47 人，其中列入燈錄者就達 16 人，連王韶、黃庭堅等著名士大夫亦拜其門下。黃龍祖心久住黃龍山，享譽叢林，黃庭堅曾作祭文贊之曰：「海風吹落楞伽山，四海禪徒著眼看。一把柳絲收不得，和煙搭在玉闌干。」〔註50〕其中雖然不乏黃庭堅個人感情成分，但也可以想見黃龍祖心於叢林聲譽之著。

元祐六年，張商英於兜率從悅處得法後，有意訪祖心於黃龍，便向從悅問及晦堂家風。兜率從悅說：「此老只一拳頭耳。」隨後，從悅又密奉書於祖心曰：「無盡居士世智辯聰，非老和尚一拳垂示，則安能使其知有宗門向上事耶？」不久，張商英果然至黃龍山，訪祖心於西園。南宋釋曉瑩的《羅湖野錄》是這樣記錄他們的這段機緣的：

> 未幾，無盡遊黃龍，訪晦堂於西園，先以偈書默庵壁曰：「亂雲堆里數峰高，絕學高人此遁逃。無奈俗官尋住處，前驅一喝散猿猱。」徐扣宗門事，果示以拳頭話。無盡默計，不出悅之所料，由是易之。遂有偈曰：「久向黃龍山裏龍，到來只見住山翁。須是背觸拳頭外，別有靈犀一點通。」〔註51〕

按，《五燈會元》對黃龍祖心的記載，黃龍祖心是有常示拳以開示學人的習慣：「師室中常舉拳，問僧曰：『喚作拳頭則觸，不喚作拳頭則背。喚作什麼？』」〔註52〕或許我們可以理解為黃龍祖心也是以此方式來試圖開示張商英。可惜

〔註49〕 參照羅淩著《無盡居士張商英研究》，華中師範大學出版社，2007 年，第 65～75 頁。

〔註50〕 （宋）普濟著：《五燈會元》卷一七，《太史黃庭堅居士》。

〔註51〕 （宋）釋曉瑩撰：《羅湖野錄》卷四。

〔註52〕 （宋）普濟著：《五燈會元》卷一七，《黃龍祖心禪師》。

的是，張商英未能悟其旨，「由是易之」。但是，從他所留的偈語來看，他還是對黃龍祖心及其家風報以深深的崇敬。而兜率從悅在此次機緣中所扮演的角色確實不光彩。他先是在張商英面前刻意貶低晦堂家風，「此老只一拳頭耳」；而後又密書祖心，「建議」祖心以一拳垂示。事情的發展果如從悅所料，張商英與黃龍祖心機緣不合，沒有投其門下。釋曉瑩對此曾頗有微詞：

> 嗟乎！無盡於宗門可謂具眼矣。然因人（指兜率從悅）之言，昧宗師於晦堂，鑒裁安在哉？悅雖得無盡，樂出其門，其奈狹中媚忌，爲叢林口實也。〔註53〕

兜率從悅爲了將張商英牢牢吸引在本門派，不惜「爲叢林口實」，這也證明了張商英的佛界交遊在佛教界看來已不僅僅是簡單的尋師參禪，它更是各個門派爭取佛教外護的良機。

（2）寶峰克文

同張商英有密切往來的還有寶峰克文（1025～1102）。寶峰克文，又稱真淨克文，陝府鄭氏子。與黃龍祖心一樣，寶峰克文同爲南嶽下十二世、黃龍慧南法嗣。寶峰克文曾先後住持過江西的寶峰、洞山、聖壽、廬山歸宗寺以及金陵的報寧寺。寶峰克文與王安石關係甚密，王安石曾捐出其金陵的宅院爲報寧寺，請其住持。又，黃龍派第二代弟子中有聲名者幾乎皆出自其門下，如清涼惠洪（1071～1128）、泐潭文準（1061～1115）以及張商英之師兜率從悅。

寶峰克文與張商英的聯繫最早可以追溯到元祐六年張商英辭別東林常總後，按部過分寧時。據黃啓江的考釋，當時迎接張商英的五位名禪中，即有寶峰克文。〔註54〕這次相見時間甚短，今傳各種史料也沒有關於二人的任何交流記載。不過張商英應該是頗爲看重寶峰克文的，這一方面可能是因爲他與王安石的關係；〔註55〕另一方面，從張商英後來對寶峰克文的尊敬中我們也可以窺見一二。

〔註53〕（宋）釋曉瑩撰：《羅湖野錄》卷四。
〔註54〕黃啓江：《張商英護法的歷史意義》，《中華佛學學報》1996年第9期。
〔註55〕前文已述，王安石曾捨宅爲寺與寶峰克文，可見二人過從甚密。而張商英亦與王安石關係不同一般，王安石能步入宋神宗視野，全賴張商英之兄張唐英的推薦。張唐英過世後，王安石對張商英照顧有加，當張商英早年還在知南川縣時，王安石便將其調到中央，「以檢正中書禮房擢監察御史」。而後在激烈的黨爭中，張商英雖曾有過搖擺，但還是作爲新黨的成員走完了自己的仕途生涯。參見《宋史》卷三五一，《張商英傳》。

張商英第二次與寶峰克文的相見至遲是在紹聖三年（1096），據張商英自述，當時他自金陵酒官移知豫章，專門于歸宗拜訪了寶峰克文於淨名庵。此次張商英拜訪的目的，還是想得到名禪對自己的印可。但張此行的結果，卻並不理想，尤其是當張商英敘及自己曾得到兜率從悅的末後句時，竟招致寶峰克文的一陣痛罵：

> （張商英）方敘悅末後句未卒，此老大怒，罵曰：「此吐血禿丁、脫口妄語，不得信。」即見其盛怒，更不欲敘之。〔註56〕

寶峰克文為何會對自己的門徒兜率從悅的言語如此反感，這令張商英百思不得其解，他也只好不再繼續向下問。之後很多年，他都對此耿耿於懷。寶峰克文痛罵其門徒兜率從悅的原因何在？羅凌在其著作中對此段公案的解釋是：「顯而易見，真淨克文對自己法嗣兜率從悅所謂『岩頭末後句』的闡釋並不持認可態度，從其『怒罵』的態度以及『此吐血禿丁、脫口妄語，不得信』的語句，我們不難看出克文禪師對兜率從悅做派的憤怒。」〔註57〕其實，禪宗注重個體的直覺體驗，主張道由心悟。禪宗注重在日常生活中獲得啓迪，在對生活的感性經驗中獲得超越。它堅決摒棄邏輯的、理性的概念、判斷和推理。既然禪宗的基本主張是「教外別傳，不立文字。直指人心，見性成佛」，那麼張商英執著於其師的末後句，一味囿於說教的文字，依文解疑，反而會迷失自在的本心。宋禪講究不依文字，人們應該在個人實踐中去體驗禪的精神，這才是參禪的本色。對於此段公案，我們亦可以這樣理解，即寶峰克文用當頭棒喝的方式在告訴張商英，若能得到大自在，是可以呵佛罵祖、殺父殺祖的。參禪應不假外求，應發揮自身的主體性。但遺憾的是，之後的很多年，張商英對此都不解。當崇寧二年（1103），寶峰克文已過世的次年，張商英見到寶峰克文的弟子清涼惠洪時，依然在感歎：「可惜雲庵（寶峰克文）不知此事。」惠洪笑道：「相公但識龍安（兜率從悅）口傳末後句，而真藥現前不能辨也。」張商英大驚，握住惠洪手說：「老師真有此意邪？」惠洪答道：「疑則別參。」於是張商英取出家藏的雲庵畫像，「展拜贊之」，並寫頌一首與惠洪，其文曰：「雲庵綱宗，能用能照。天鼓希聲，不落凡調。冷面嚴眸，神光獨耀。孰傳其真，覿面為肖。前悅後洪，如融如肇。」〔註58〕

〔註56〕 （宋）普濟著：《五燈會元》卷一七，《清涼惠洪禪師》。
〔註57〕 羅凌著：《無盡居士張商英研究》，華中師範大學出版社，2007年，第86頁。
〔註58〕 （宋）普濟著：《五燈會元》卷一七，《清涼惠洪禪師》。

張商英與寶峰克文的交遊並非只有以上兩次，據寶峰克文的弟子清涼惠洪記載，紹聖三年（1069）張商英鎮洪州之時，曾延請當時住持廬山歸宗寺的寶峰克文出居泐譚，並備盡禮數：

> 三年，今丞相張公商英出鎮洪府，道由歸宗，見師於淨名庵，明年迎居石門。〔註59〕

由於史料的缺失，我們無法進一步挖掘張商英與寶峰克文之間交流的深入程度。不過可以肯定的是，在黃龍派第一代弟子中，寶峰克文與張商英的交往時間是最為長久的，而張商英自始至終都對他奉以弟子禮，是寶峰克文忠實的外護。

（3）清涼惠洪

清涼惠洪（1071～1128）字覺範，號寂音，江西筠州彭氏子。十九試經於東京天王寺，得度，但他假該寺過世名僧惠洪名而獲僧籍。33 歲到廬山歸宗寺學禪於寶峰克文，並隨之遷往泐潭（洪州石門）。因此從師承關係上來說，他是兜率從悅之昆仲，張商英之師叔。惠洪天資聰穎，博學多聞，《五燈會元》稱其「日記數千言，覽群書殆盡」〔註60〕。《僧寶正續傳》贊曰：「師之才章，蓋天稟然。幼覽書籍，一過目，畢世不忘。落筆萬言，了無停思。」〔註61〕惠洪才華橫溢，博觀子史，出入儒釋之間，了無障礙，常被人比以東坡、山谷。「其造端用意，大抵規模東坡，而借潤山谷」〔註62〕。惠洪著作很多，《僧寶正續傳》記載其「著《林間錄》二卷，《（禪林）僧寶傳》三十卷，《高僧傳》十二卷，《智證傳》十卷，《志林》十卷，《冷齋夜話》十卷，《天廚禁臠》一卷，《石門文字禪》三十卷，語錄偈頌一編，《法華合論》七卷，《楞嚴尊頂義》十卷，《圓覺皆證義》二卷，《金剛法源論》一卷，《起信論解義》二卷，並行於世」。其中《禪林僧寶傳》、《林間錄》、《石門文字禪》、《臨濟宗旨》等作品

〔註59〕　（宋）釋覺範撰：《石門文字禪》卷三○，《雲庵真淨和尚行狀》，文淵閣《四庫全書》本。

〔註60〕　（宋）普濟著：《五燈會元》卷一七，《清涼惠洪禪師》。

〔註61〕　（宋）祖琇撰：《僧寶正續傳》卷二，《明白洪禪師》，《卍續藏經》第 79 冊，No.1561。

〔註62〕　（宋）祖琇撰：《僧寶正續傳》卷二，《明白洪禪師》。又，惠洪與黃庭堅等著名文人都有詩文唱和，他曾贈詩與黃庭堅，黃庭堅見之，喜不釋手，頗恨蘇軾不及見之：「初在湘西，見山谷，與語終日，不容去。因有詩贈之，略曰：不肯低頭拾卿相，又能落筆生雲煙。其後山谷過宜春，見其竹尊者詩，咨賞，以為妙入作者之域，頗恨東坡不及見之。」可見其詩才近蘇軾、黃庭堅等人。

於叢林中久負盛名。惠洪對宋代禪宗做出巨大貢獻，並得到當世的充分肯定：
「至於出入禪教，議論精博，其才實高。圓悟禪師以為筆端具大辯才，不可
及也。」張商英甚至認為惠洪「蓋天下之英物，聖宋之異人」〔註63〕。

　　雖然有如此優秀的才華，但惠洪不避世事、鋒芒畢露的性格也給他的一
生帶來了不少坎坷。《僧寶正續傳》說他「抑其恃才，暴耀太過」，他自己也
承認「予世緣深重，夙習羈縻。好論古今治亂是非成敗。交遊多譏訶之」。惠
洪雖為出世中人，卻入世極深，與當時官員士大夫多有往來。「與士大夫遊，
議論袞袞。雖稠人廣座，至必奮席」〔註64〕。他雖比張商英年幼近30歲，兩
人卻結為知己。張商英與惠洪的往來，據黃啓江的考釋，最早大約是在紹聖
三年。當年張商英入洪州廬山歸宗寺淨名庵訪寶峰克文，時為克文弟子的惠
洪遂得以結識張商英。〔註65〕崇寧元年（1102）十月，寶峰克文示寂，惠洪
自湘中回來祭克文塔，並與次年再次與張商英相見。兩人還就當年寶峰克文
對張商英的開示語進行了討論，惠洪澄清了張商英對寶峰克文的誤解，使張
商英加深了對克文師的敬仰〔註66〕。

　　崇寧三年（1104），時在金陵清涼寺作住持的清涼惠洪被僧人告發，說他持
偽度牒。惠洪因此下獄一年。入獄的理由雖然以持偽度牒為主，但「且旁連前
狂僧法和等議訕事」，從中我們可以看出此次牢獄之災亦是由惠洪不避世事甚至
屢觸當道的鮮明的個性所引發的。在好友張商英的幫助下，惠洪才擺脫牢獄之
災，並得以再得度，隨後又改名德洪。多年後，惠洪曾作文回憶這段往事：

> （崇寧）二年退而遊金陵，久之，運使學士吳開正重請住清涼。
> 入寺，為狂僧誣，以為偽度牒，且旁連前狂僧法和等議訕事。入制
> 獄一年，坐冒惠洪名。著縫掖，入京師，大丞相張商英特奏再得度。
> 〔註67〕

〔註63〕（宋）祖琇撰：《僧寶正續傳》卷二，《明白洪禪師》。
〔註64〕（宋）祖琇撰：《僧寶正續傳》卷二，《明白洪禪師》。
〔註65〕黃啓江：《張商英護法的歷史意義》，《中華佛學學報》1996年第9期。按黃啓
　　　　江考釋，惠洪與元祐七年（1092）入歸宗依克文，元符二年（1099）離開遊
　　　　東吳。而張商英與紹聖三年（1096）訪克文，於是兩人得以相識。二人當時
　　　　是否相識，並無直接證據。不過崇寧二年（1103）張商英與兜率惠照遊於赤
　　　　壁時，時在湘中的惠洪曾寄詩與惠照，讚揚二老的交契，可見惠洪此前對張
　　　　商英是有所瞭解的，故兩人當年極有可能相識於寶峰克文處。
〔註66〕見前文「寶峰克文」一節內容。
〔註67〕（宋）釋覺範撰：《石門文字禪》卷二四，《寂音自序》。

出獄後的惠洪與張商英的聯繫進一步加強，但他依然不改屢觸當道、鋒芒畢露的個性。政和元年（1111），張商英在蔡京黨人的打擊下失去相位，而其與惠洪的往來正是政敵們污蔑張商英的一個藉口。《宋史‧張商英傳》記載：

> 何執中、鄭居中日夜釀織其短，先使言者論其門下客唐庚，竄之惠州。有郭天信者，以方技隸太史，徽宗潛邸時，嘗言當履天位，自是稍眷寵之。商英因僧德洪、客彭幾與語言往來，事覺，鞫於開封府。御史中丞張克公疏擊之，以觀文殿大學士知河南府，旋貶崇信軍節度副使，衡州安置。天信亦斥死。京遂復用。〔註68〕

張商英因為與惠洪等人的言語不當而失去相位。究竟當時他們談到了什麼，史無確載。不過從張商英為相時所作所為，以及惠洪「好論古今治亂是非成敗」的個性，我們大體可以揣測一二〔註69〕。又，《僧寶正續傳》對此的記載是：「未幾，坐交張（商英）、郭（天信）厚善。張罷政事。時左司陳瑩中撰尊堯錄將進御，當軸者嫉之，謂師（惠洪）頗助其筆削。」〔註70〕由此可見，除了蔡京黨人的誣陷外，惠洪的所作所為及與張商英等人的密切往來，也是導致他和張商英受到迫害的一個原因。

惠洪與張商英的最後一次見面極有可能是在政和元年十月前。《石門文字禪》卷十二記曰：「政和元年，又會於顯忠寺。（張商英）且欲歸江南，作三偈送之。」〔註71〕該年八月，張商英罷相，以觀文殿大學士出知河南府兼西京留守。十月，張商英又被貶為崇信軍節度副使。同樣是在該年十月，惠洪以坐交張商英的罪名，發配海外（即海南島）。同為天涯淪落人的張商英，此時已無力解救惠洪。

惠洪在這次打擊中被流放至海南島，政和元年十月二十六日發配，政和二年（1112）二月二十五日到瓊州，五月七日到崖州。政和三年（1113）五月二十五日蒙恩釋放，十一月十七日渡海回大陸。政和四年（1114）四月到筠，館於荷塘寺。當年十月又證獄並門。宣和四年（1122），又有僧人誣告他是張

〔註68〕　（元）脫脫等撰：《宋史》卷三五一，《張商英傳》。
〔註69〕　《宋史》卷三五一，《張商英傳》記載了張商英為政期間的所言所為，文曰：「商英為政持平，謂京雖明紹述，但藉以劫制人主，禁錮士大夫爾……勸徽宗節華侈，息土木，抑僥倖。帝頗嚴憚之，嘗葺昇平樓，戒主者遇張丞相導騎至，必匿匠樓下，過則如初。楊戩除節度使，商英曰：『祖宗之法，內侍無至團練使。有勳勞當陟，則別立昭宣、宣政諸使以寵之，未聞建旄鉞也。』」
〔註70〕　（宋）祖琇撰：《僧寶正續傳》卷二，《明白洪禪師》。
〔註71〕　（宋）釋覺範撰：《石門文字禪》卷一二。

懷素的同黨，「官吏皆知其誤認張丞相爲懷素，然事鬚根治，坐南昌獄百餘日」〔註72〕。其實張商英於前一年已離開人世，可能連他自己也未想到，自己死後還會連累好友惠洪。不過這並不有損惠洪與他的友誼。惠洪出獄後依然回憶起當年他與張商英、兜率惠照兩人的交往，面對往事，他不勝唏噓：

> 宣和四年十二月十四日，龍安之門弟子義一持無盡所作照公塔銘語句來時，無盡亦歿逾年矣。余遊二老蓋三十年，今俱成千古，獨余身在。然亦折困於夢幻數矣。是夜義一先寢於坐，念舊遊如前身事，錄兩詩以授之，使歸舉似山中之耆年，庶其哀余之志也。〔註73〕

宋欽宗登基後，大逐宣和年間諸姦臣，詔贈張商英爲司徒，並因張商英之故，賜惠洪重削髮、還舊名。然而此時國是日非，惠洪「坐念涉世多艱，百念灰冷」〔註74〕，不再有當年激揚文字、揮斥方遒的心態。建炎二年，在國破山河在的時局下，惠洪示寂於同安。晚年，他曾追繹達摩四種行而作四行偈，其中有《無求行》、《隨緣行》兩偈很能表達他晚年的心境：

> 形恃美好，今已毀壞。置之世路，自覺塞礙。始緣飢寒，致萬憎愛。欲壞身衰，入此三昧。
>
> 此生夢幻，緣業所轉。隨其所遭，敢擇貴賤。眠食既足，余復何羨。緣盡則行，無可顧戀。〔註75〕

（4）兜率惠照

在兜率從悅的弟子輩中，與張商英過從甚密者首推兜率惠照。兜率惠照（1049～1119），南安郭氏子，是兜率從悅的得法弟子，亦是張商英之昆仲。惠照於兜率從悅生前時即爲其首座。張商英既爲兜率從悅嗣法弟子，自然對兜率門徒格外關注。元祐六年冬，兜率從悅逝世後，張商英舉薦兜率惠照繼席。惠照一度以得悟晚於張商英爲由推辭，但他最終還是聽從張商英之建議，勉力爲之〔註76〕。從中我們亦可以看出，張商英在兜率時便已與惠照有了交往，且他對惠照是有所瞭解的。身爲從悅繼席的兜率惠照之後自然也與張商

〔註72〕 （宋）釋覺範撰：《石門文字禪》卷二四，《寂音自序》。
〔註73〕 （宋）釋覺範撰：《石門文字禪》卷二四，《送一上人序》。
〔註74〕 （宋）釋覺範撰：《石門文字禪》卷二四，《寂音自序》。
〔註75〕 （宋）釋覺範撰：《石門文字禪》卷二四，《寂音自序》。
〔註76〕 參見（宋）祖琇撰《僧寶正續傳》卷一，《兜率照禪師》。關於張商英舉薦兜率惠照爲住持之事，本章第三節還有詳述。

英保持著較爲密切的聯繫：

> 無盡居士張公嘗問道於師，自稱得法上首。公以文章功業爲時
> 名臣，天下想其風采而不可得是二三。友者（兜率惠照）獨與之周
> 旋，忘形何脫略勢位，豈弟法乳之深耶！〔註77〕

崇寧二年（1103），張商英因受蔡京黨人的排擠，由尚書左丞貶知亳州，尋
改蘄州。不久，張商英罷官入元祐黨籍，步入其政治生涯的最低點。當他歸
舟南下荊南時，兜率惠照不辭路遠前往夏口迎之，而後，「載與之俱至鄂渚
而歸江」。兩人還曾同遊赤壁。當時，正在湘中的惠洪聞之此事還專門寄詩
與惠照：「無盡龍安兩勍敵，大梅龐老是同參。近聞赤壁同登賞，想見清風
助笑談。已作泛舟遊夏口，又成橫錫過江南。歸來萬壑松聲在，依舊閒雲沒
草庵。」在張商英位居高位時，僧俗兩界拜於其門下之人何可勝數〔註78〕，
而惠照「獨淡若」；當張商英位於仕途低谷時，惠照卻不辭辛勞至夏口迎之，
「載與之俱至鄂渚而歸江」。所謂君子之交淡若水，惠照或可當之。雖則當
時張商英心境未必佳，但旅行途中「山清華足以供談笑，而賡酬妙語多法喜
之樂」。兜率惠照無論何時何地，都把張商英視爲己之昆仲，難怪惠洪後來
於此感慨萬分：

> 余歎曰：「悅公雖不幸短世，門弟子何其多賢也。方無盡居士，
> 國論其門可炙手也。（兜率惠照）獨淡若；及聞其歸山林，則千里與
> 相從之，又皆造不忘其師。背道好利者肯如是乎？作兩詩送之曰：『故
> 人罷相歸田野，相見遙知一粲然。陌上青山嘗識面，歸來白塔掃頹
> 磚。勤勞世外功名事，領略僧中富貴緣。』」〔註79〕

宣和元年（1119）兜率惠照於方丈室端然而逝，壽七十一，臘四十七。張商英
爲之撰寫塔銘，曰：「兜率照老沒可把，七月十五日解長夏。禮卻觀音三拜竟，
退歸方丈嗒然化。也無遺書忉忉怛怛，也無偈頌之乎者也。也無衣缽俵散大

〔註77〕　（宋）釋覺範撰：《石門文字禪》卷二四，《送鑒老歸慈雲寺》。
〔註78〕　張商英生前，叢林就有「相公禪」的說法。葉夢得《避暑錄話》中說：「張丞
　　　　相天覺喜談禪，……其後天覺浸顯，諸老宿略已盡，後來庸流傳南學者乃復
　　　　奔走，推天覺稱相公禪，天覺亦當之不辭。近歲遂有長老開堂承嗣天覺者。
　　　　前此蓋未有，勢利之移人，雖此曹亦然也。」見（宋）葉夢得撰《避暑錄話》，
　　　　《宋元筆記小說大觀》，第 2627 頁。可見，當張商英浸顯時，雖僧界亦不乏
　　　　攀附者。
〔註79〕　（宋）釋覺範撰：《石門文字禪》卷二四，《送鑒老歸慈雲寺》。又，《石門文
　　　　字禪》卷二四，《送一上人序》亦有對此事的相關記載。

眾，也無病痛呻吟阿耶。卒死丹方傳與人，禾山鼓向別處打。」〔註80〕

以上我們列舉的幾位皆為臨濟宗黃龍派的高僧。張商英作為黃龍派的嗣法弟子，自然少不了對本派的護持。羅凌甚至認為，黃龍派興起於北宋中期，其發展態勢與張商英的積極外護有直接關聯〔註81〕。雖然我們認為一個門派的興起與發展並不能完全歸結為某個人的努力，但「人能弘道，非道宏人」〔註82〕，黃龍派能興起於北宋中後期，實與張商英對黃龍派諸僧的護持有著密不可分的聯繫。

（5）圓悟克勤

張商英的佛界交往不僅僅限於黃龍派。羅凌在其書中羅列的與張商英有聯繫的 56 位僧人中，除去 29 位黃龍派弟子外，另有雲門宗 8 人，臨濟宗楊岐派 3 人，曹洞宗 1 人，律宗 1 人，淨土宗 4 人〔註83〕。可以說，張商英作為北宋著名佛教外護，其佛界交遊範圍是非常之廣的。下面，我們再列舉一下與其有密切關係的楊岐派的圓悟克勤、大慧宗杲師徒以及雲門宗的玉泉承皓禪師。張商英於此三人，也堪稱外護。

圓悟克勤（1063～1135），字無著，彭州駱氏子，為楊岐宗五祖法演禪師的法嗣。他雖小張商英 20 歲，但與張商英一樣，同為南嶽下十四世。圓悟克勤對宋代禪宗最大的貢獻當是其著作《碧巖集》的推出。該書評唱雪竇重顯的《頌古百則》，開創出評唱這種新的文字禪體裁，並將宋代佛教之文字禪推向了巔峰。南宋之時，後世之參學者尤重此書，一些僧人往往以背誦《碧巖集》中語句以代替自己的修悟。有鑒於此，圓悟克勤之弟子大慧宗杲甚至火燒《碧巖集》以阻止後人模仿而不知己參。這也從一個側面印證了圓悟克勤及其《碧巖集》在宋代禪宗史上的地位。

張商英與圓悟克勤的相識較晚，已是在其罷相貶居荊南之後〔註84〕。政

〔註80〕（宋）祖琇撰：《僧寶正續傳》卷一，《兜率照禪師》。
〔註81〕參見羅凌著《無盡居士張商英研究》，華中師範大學出版社，2007 年，第 59 頁。
〔註82〕《論語‧衛靈公第十五》，《十三經》。
〔註83〕參見除去上述諸派僧人外，還有宗門不詳的僧人 10 名。
〔註84〕據羅凌考證，張商英貶居荊南宜都，頤養天年是在政和三年（1113）後，參見羅凌著：《無盡居士張商英研究》，華中師範大學出版社，2007 年，第 304 頁。而至政和六年（1116），張商英復觀文殿學士之職，參見（宋）杜大珪編《名臣碑傳琬琰之集》下卷一六，《張少保商英傳》。故圓悟克勤以及下文提到的大慧宗杲、智度覺等僧人拜謁他於荊南，應該都是在政和三年至政和六年之間。

和（1111～1118）年間，圓悟克勤出川遊峽南，時張商英正好寓居荊南，於是克勤艤舟謁之。當時張商英在佛教界已聲望甚高，以道學自居，對禪僧少見推許。克勤見過張商英後，便與其談論華嚴旨要：

> 華嚴現量境界，理事全眞，初無假法。所以即一而萬，了萬爲一。一復一，萬復萬，浩然莫窮。心佛眾生，一二無差別。卷舒自在，無礙圓融。此雖極則，終是無風匝匝之波。

圓悟克勤以精彩的開場白牢牢吸引住張商英，令其「不覺促榻」，然後進一步問他，卷舒自在、無礙圓融的華嚴境界與祖師西來意，爲同爲別。張商英答相同。圓悟克勤卻否定道：「且得沒交涉。」張商英聞此面露慍色，而圓悟克勤卻解釋道：

> 不見雲門道，山河大地，無絲毫過患，猶是轉句。值得不見一色，始是半提。更須知有向上全提時節。彼德山、臨濟，豈非全提乎？

圓悟克勤的這番解釋又得到了張商英的首肯。第二天，兩人又就「事法界」、「理法界」、「理事無礙法界」、「事事無礙法界」的含義作進一步討論。圓悟克勤問，至理事無礙法界時，可說禪否。張商英認爲此時正好說禪。圓悟克勤卻又笑著否定了張商英的理解：

> 不然。正是法界量裏在。蓋法界量未滅，若到事事無礙法界，法界量滅，始好說禪。如何是佛？乾屎橛。如何是佛？麻三斤。是故眞淨偈曰：「事事無礙，如意自在。手把豬頭，口誦淨戒。趁出淫坊，未還酒債。十字街頭，解開布袋。」

圓悟克勤告訴張商英，即便是理事無礙法界，法界量依然未滅，只有到了事事無礙法界，法界量已滅，才好說禪。並隨後舉出「麻三斤」、「乾屎橛」等禪門公案以及寶峰克文的偈來證明己說。圓悟克勤的辯才無礙於此時此處彰顯無遺。張商英深爲圓悟克勤的解釋所折服，由衷感歎道：「美哉之論，豈易得聞乎？」〔註85〕《僧寶正續傳》於此稱張商英「翻然悟曰：『固嘗疑雪竇大冶精金之語，今方知渠無摸索處。』」並稱讚圓悟克勤爲「方袍管夷吾」〔註86〕。儘管年幼張商英20歲，儘管當時的張商英已名滿叢林，但圓悟克勤以自己的博學禪悟深深折服了對方。

〔註85〕以上所引皆來自（宋）普濟著《五燈會元》卷一九，《昭覺克勤禪師》。
〔註86〕（宋）祖琇撰：《僧寶正續傳》卷四。

　　此後，張商英與圓悟克勤保持了長期的聯繫。在張商英的舉薦下，圓悟克勤漸漸名冠叢林。宣和（1119～1125）中他奉召住持京城天寧寺時，已於生命末年的張商英還極力推薦新秀大慧宗杲前往其處參學，由此可見張商英對圓悟克勤修為的推崇。

（6）大慧宗杲

　　宋代禪宗界還有一位聲名卓著的大德與張商英過從甚密，他就是圓悟克勤的弟子大慧宗杲（1089～1163）。大慧宗杲是宣州寧國人，俗姓奚。十三歲時，因用硯臺誤傷老師而棄學。十七歲出家，先於景德寺苦讀兩年，後參學於曹洞宗僧人。20 歲時，他投於泐潭寶峰寺湛堂文準（1061～1115）門下，成為黃龍派嗣法弟子。文準逝世後，他在張商英的推薦下，投至京城天寧寺圓悟克勤門下，並於隨後名滿京城，欽宗賜號「佛日大師」。南宋初年，他輾轉於江浙廣閩等地，重振宗風，同時提出「看話禪」的修行方式。晚年，宋孝宗賜其「大慧禪師」號，逝世後，又被追諡「普覺」。大慧宗杲是兩宋之交著名禪僧，門下士大夫參學者甚眾。今存《大慧書》中收錄有大慧宗杲和上至宰相下至知縣等四十名士大夫（其中一名是士大夫階層的女性）的往來書信 60 篇〔註87〕。但這遠不是宗杲與士大夫往來的所有書信，比如張商英與宗杲的往來書信其中並未收錄。

　　政和六年（1116），大慧宗杲初次入荊南拜訪張商英，為其師湛堂文準求塔銘〔註88〕。宗杲此次前往，是非常鄭重的，也是做了充分準備的：「師因湛堂和尚示寂，請覺範（惠洪）狀其行實，又得龍安照禪師（兜率惠照）書為紹介。特往荊南謁無盡居士求塔銘。」〔註89〕之所以如此謹慎，是因為「無盡門庭高，少許可」。然而初次相見，張商英竟「與師一言相契，下榻延之。名師庵曰妙喜」〔註90〕。究竟宗杲是如何承顏接辭，討得張商英的歡喜？《大慧普覺禪師宗門武庫》中曾詳細記載了兩人當時的機鋒對答：

> 初見無盡，無盡立而問曰：「公祇恁麼著草鞋遠來？」對曰：「某數千里行乞來見相公。」又問年多少。對曰：「二十四。」又問：「水牯牛年多少。」對曰：「兩個。」又問：「什麼處學得這虛頭來。」對曰：「今日親見相公。」無盡笑曰：「且坐吃茶。」才坐又問遠來

〔註87〕參見（宋）宗杲撰《大慧書》，中州古籍出版社，2008 年。
〔註88〕參見（宋）祖詠編《大慧普覺禪師年譜》。
〔註89〕（宋）道謙編：《大慧普覺禪師宗門武庫》。
〔註90〕（宋）普濟撰：《五燈會元》卷一九，《徑山宗杲禪師》。

有何事。遂起趨前：「泐潭和尚云寂茶毗，眼睛牙齒數珠不壞，得舍利無數。山中耆宿皆欲得相公大手筆作塔銘激勵後學。得得遠來冒瀆鈞聽。」無盡曰：「被罪在此，不曾爲人作文字。今有一問問公。若道得即做塔銘，道不得即與錢五貫，裹足卻歸兜率參禪去。」遂曰：「請相公問。」無盡曰：「聞準老眼睛不壞是否？」答曰：「是。」無盡曰：「我不問這個眼睛。」曰：「相公問什麼眼睛？」無盡曰：「金剛眼睛。」曰：「若是金剛眼睛，在相公筆頭上。」無盡曰：「如此則老夫爲他點出光明，令他照天照地去也。」師乃趨階云：「先師多幸。謝相公塔銘。」無盡唯唯而笑。〔註91〕

如此機鋒妙語，難怪深得張商英的賞識。後來當宗杲再次拜訪張商英時，張商英將其推薦與時在京城天寧寺作住持的圓悟克勤。不過，宗杲的過人之處絕非僅是承顏接辭。事實上，儘管他年幼張商英40餘歲，但其早年的禪悟已不在張商英之下。宣和二年（1120），在張商英去世的前一年，兩人還曾有一次談話。在這次談話上，已近80歲的張商英還在虛心向不足30歲的大慧宗杲請求爲其勘悟：

公一日謂大慧曰：「余閱雪竇《拈古》，至百丈再參馬祖因緣，曰大冶精金，應無變色。投卷歎曰：『審如是，豈得有臨濟今日耶？』遂作一頌曰：『馬師一喝大雄峰，深入髑髏三日聾。黃檗聞之驚吐舌，江西從此立宗風。』後平禪師致書云：『去夏讀臨濟宗派，乃知居士得大機大用，且求頌本。』余作頌寄之曰：『吐舌耳聾師已曉，搥胸只得哭蒼天。盤山會裏翻筋斗，到此方知普化顛。』諸方往往以余聰明博記，少知余者。師自江西法窟來，必辨優劣，試爲老夫言之。」大慧曰：「居士見處，與眞淨死心合。」公曰：「何謂也？」大慧舉眞淨頌曰：「『客情步步隨人轉，有大威光不能現。突然一喝雙耳聾，那吒眼開黃檗面。』死心拈曰：『雲巖要問雪竇，既是大冶精金，應無變色。爲甚麼卻三日耳聾？諸人要知麼？從前汗馬無人識，只要重論蓋代功。』」公拊几曰：「不因公語，爭見眞淨死心用處。若非二大老，難顯雪竇馬師爾。」〔註92〕

〔註91〕（宋）道謙編：《大慧普覺禪師宗門武庫》。另，《嘉泰普燈錄》卷二三，《丞相張商英居士》中所載於此類似。

〔註92〕（宋）普濟撰：《五燈會元》卷一八，《丞相張商英居士》。

宣和二年，大慧宗杲尚未投至圓悟克勤門下，其禪學修爲還有待提高。但此時此處，張商英卻對宗杲自歎弗如，「諸方往往以余聰明博記，少知余者。師自江西法窟來，必辨優劣，試爲老夫言之」。晚年的張商英能對年輕的宗杲如此敬仰，足見宗杲非同常人的佛學修爲。

（7）玉泉承皓

玉泉承皓（1011～1091），四川眉州人，俗姓王，是雲門宗僧人。慶曆二年（1042）他投至北塔思席禪師門下，「發明心要，得遊戲如風大自在三昧」。承皓禪風灑脫，不拘俗例。他曾製赤犢鼻，上書歷代祖師名，並將其穿在身上。他逢人即說：「惟有文殊普賢，猶較些子，且書於帶上。」自是諸方以「皓布禪」稱呼他。熙寧間（1068～1077）承皓至襄陽，爲谷隱首座。其後元豐二年（1079）張商英奉使京西南路，聞其名而見之。張商英此時雖尚未深信佛教，但顯然早已聽說承皓大名，對其很感興趣。他先問承皓師承何人，承皓對曰：「復州北塔廣和尚。」張商英又問其師有何言句示人。承皓對曰：「只爲伊不肯與人說破。」張商英「善其言」，推薦他入住郢州大陽〔註93〕。承浩至大陽，未幾，張商英致書云：「某久渴教誨，恨以職事所拘，不得親炙。」這本是張商英的一些客套話，但承浩見其書，乃云：「吾非死人也。」復攜拄杖往荊渚見張商英。其眞率如此。幾個月後，張商英和荊南官員又將承皓迎至當陽玉泉景德禪院。承皓開堂升座之日，眾官畢集。承浩顧視大眾曰：「君不見。」良久，又云：「君不見。」張商英操蜀音答：「和尚見。」承浩應聲曰：「但得相公見便了。」即下座〔註94〕。在玉泉寺期間，他將寺院內的法堂、方丈、寢堂、鐘樓、慈氏閣、關廟等建築皆維修一新，並請張商英爲這些建築一一作記。張商英亦義不容辭，滿足其要求。從中可見玉泉承皓與張商英的交往多年來未曾間斷。

元祐六年（1091），當張商英出任江南西路轉運副使之時，玉泉承皓遣使至江西告張商英：「老病且死。得百丈肅爲代可矣。」張商英將此意轉告元肅，但元肅並不願往。不久張商英因職位的變遷離開江西，未能參加玉泉承皓的後事。直到紹聖二年（1095）張商英知洪州時，才有僧德鴻自玉泉趕來告知承皓的後事情況，並向張商英求其塔銘：

〔註93〕（宋）釋曉瑩撰《羅湖野錄》卷一。另，《佛祖歷代通載》卷一九亦有類似記載。

〔註94〕（宋）道行編：《雪堂拾遺錄》，《卍續藏經》第 83 冊，No.1560。

> 師之死，鴻適歸闕中。自闕聞訃，奔詣玉泉，師已葬於斗山下。
>
> 鴻營塔於始就緒，念先師神交道契，莫如公者，故間關數千里，詣
>
> 公求文，銘師之塔。〔註95〕

從元豐二年到紹聖二年，張商英的政治生涯經歷了大起大伏，其佛教信仰也已發生了巨變。然而近二十年間，叢林依然不忘他與玉泉承皓的友誼，是足以見兩人多年來的「神交道契」。

二、張商英護法的原因

如前文所述，張商英因親近佛家而甘爲佛門之外護。然而考之張商英護法之原因，似乎並不僅限於此。筆者以爲，張商英之所以積極護法，除去上述原因外，還與他身兼宋代官員宗教職能、以護法來積累從政資本以及對宋徽宗的毀佛政策作出反應有著密切的聯繫。

1、宋代官員的宗教職能

宋代官員具有的宗教職能是導致張商英護法的一個客觀原因。在宋代，僧官、住持的選拔任命等教內事務往往聽命於俗官。換句話說，一名官員（尤其是地方官員）有職責對轄內僧官及寺院住持進行管轄，對他們的承替發揮決定作用。張商英爲官一方時，屢次舉薦高僧出任住持以及興崇寺院，除去他護法的積極性外，其官員的宗教職責也是一個不可忽視的原因。此外，宋代的官員往往具有治民和事神兩種職能。張商英在處理民政的同時，侍奉好神靈亦是他的份內之事。所以說，張商英的官員身份在一定程度上決定了他要護法。

宋代的僧尼隸屬於俗官的管轄。一般認爲，從宋初到元豐官制改革前，僧尼隸屬於功德使；元豐改制後，僧尼又隸屬於鴻臚寺。這期間，僧尼度牒的發放權在祠部〔註96〕。雖然朝廷在東西二京分別設有左右街僧錄司這樣的

〔註95〕（元）念常集：《佛祖歷代通載》卷一九。

〔註96〕 日本學者高雄義堅以及中國學者劉向東均對此做過研究，並得出上述結果。不同的是，高雄義堅認爲宋眞宗時代至元豐改制前，僧尼實質上隸屬於開封府而非功德使，功德使只是暫掛其名。參見（日）高雄義堅著《宋代佛教史の研究》，第35、41頁。此書不及見，轉引自劉長東著《宋代佛教政策論稿》，第56、57頁。劉向東則認爲，從宋初至元豐改制前，僧尼一直隸屬於功德使，只是兼功德使的人在太祖、太宗時代爲任開封府尹的親王。眞宗即位後，兼功德使的親王是權知開封府事，功德使一直在主管僧尼事，其權力並未發生轉移。參見劉長東著《宋代佛教政策論稿》，巴蜀書社，2005年，第57～63頁。

中央僧官機構來管理寺院僧尼的帳籍、僧官的補授等事務，但事實上這種僧官機構也隸屬於功德使等俗官機構的管轄。宋代大多數僧官只是榮譽頭銜，並無實際權力，而從中央至地方僧官的選任、住持的承替往往聽命於俗官。游彪認爲，宋代中央及地方僧司、僧官的權力幾乎被世俗官僚瓜分殆盡，是由宋代宗教政策、集權體制等多種因素造成的。這種體制是宋代集權政治的需要，是統治者控制寺院、僧尼的重要策略〔註 97〕。以地方僧官與地方官府的關係爲例，宋代各州都設有僧正司，這些地方僧官的任命由本地官府負主要責任：

> （大中祥符）八年七月，詔今後諸州軍監僧、道正有闕，委知州、通判於見管僧、道內，從上選擇，若是上名人不任勾當，即以次揀選有名行、經業及無過犯爲眾所推堪任勾當者，申轉運司，體量詣實，令本州軍差補勾當，訖奏，候及五週年，依先降指揮施行。
>
> 〔註 98〕

由上可知，地方僧官的選拔通常由知州、通判這樣的官員負責。他們從所轄區內選拔合適的人選，然後申報轉運司，轉運司再上報朝廷的功德使或鴻臚寺等部門，朝廷通過審查後會頒發相應的任命書，於是候選僧尼才能任職。若被選之僧不堪其任，當地官員可以撤換，另行薦舉，但這同樣要一級級上報，待上司批准後再試用五年方可正式任命。與之相類的是各寺院住持的選拔，宋代寺院住持的選拔權基本上在各地知州、通判、轉運司的手上：

> 諸十方寺觀住持僧道缺，州委僧道正司集十方寺觀主首選舉有年、行、學業、眾所推服僧道賜第保明申州，州申察定差，無即官選他處爲眾所推服人，非顯有罪犯及事故不得替易……〔註 99〕

知州、通判、轉運司等或者親自選拔中意的僧侶爲住持，或者由當地士紳、諸禪院僧侶推薦後，再由他們任命。不管何種形式，這些地方長官對寺院住持的選拔都是負著主要責任的。張商英爲官多在地方，其中不少官職有管轄地方僧官、住持的權限。考之張商英一生，元豐間（1078～1085）奉使京西南路；元祐間（1086～1094）提點河東刑獄，之後連使河北、江西、淮南、江左等地；紹聖五年（1098）任江淮荊浙等路發運使；元符三年（1100）任

〔註 97〕 游彪著：《宋代寺院經濟史稿》，河北大學出版社，2003 年，第 14 頁。

〔註 98〕 （清）徐松輯：《宋會要輯稿》道釋一之十一。

〔註 99〕 （宋）謝深甫撰：《慶元條法事類》卷五○，《道釋門‧住持》。

河北都轉運使兼專功提河事。在他為官一方時，多有舉薦高僧出任名山住持及興崇佛寺、處理叢林糾紛等護法行為，除去他佛教外護的身份，其官員本身的宗教職責亦是我們不可忽略的重要原因。此外，少數佛教聖地如五臺山，天台山等宗教名山還單獨設有山門僧司、山門都僧正等機構。即便是山門僧司、山門都僧正這樣的較高設置也單純接受本地官府的橫向領導，只對本地官府負責。如元祐年間張商英提點河北刑獄時，三次進入五臺山，就受到五臺山僧正省奇的熱情接待。在他第一次下山前，五臺山十寺主僧及其徒眾還共同懇請張商英出面保障五臺山的權益，多為他們爭取一些經濟利益〔註 100〕。從而可見處理當時五臺山佛教事務也是張商英的份內工作。既如此，治理好這樣的宗教名山也就成了他的份內之事。

除了對教內事務的領導外，宋代官員往往還兼具治民與事神的雙重責任。皮慶生指出，在傳統中國社會，地方官員同時具有治民、事神兩種職能，這不僅是地方官員自身的觀念，也是民眾對官員們的期待。他還專門舉出周行己《代郭守修城隍廟文》和袁甫《江東謁諸廟祝文》為例，前者記載了地方官員郭某修繕完畢城隍廟後，稱自己此舉乃是「吏之職」，後者則聲稱「國之所恃者民，民之所恃者神，事神治民，吏之職也」〔註 101〕。張商英雖在己文中從未說過侍奉神明是自己為官的本職工作，但他多次勸導民眾廢淫祠而建佛寺，通過種種手段興崇佛寺，這種實際行為其實都可以理解為他在履行其事神之職。

2、積累從政資本

前文已述，張商英從政期間有著強烈的上進心和權力欲，然而其仕途生涯之多舛也是不爭的事實。其外孫何𫘦作家傳曰：「為熙寧御使則逐於熙寧，為元祐定臣則逐於元祐，為紹聖諫官則逐於紹聖，為崇寧大臣則逐於崇寧，為大觀宰相則逐於政和。」〔註 102〕尤其是在波譎雲詭的北宋黨爭中，張商英屢次沉淪於仕途生涯的谷底。為了東山再起，除了積極投身於激烈的政治鬥爭外，他還以為佛教護法來提高其在僧俗兩界中的人望，進而不斷積累從政資本。如在受到保守黨攻擊的元祐年間，張商英貶官各地，不得進入中央。

〔註 100〕參見張商英撰《續清涼傳》卷上，《大正藏》第 51 冊，No.2100。

〔註 101〕參見皮慶生著《宋代民眾祠神信仰研究》，上海古籍出版社，2008 年，第 24 頁注釋 2。

〔註 102〕（宋）洪邁撰：《容齋隨筆》卷一六。

這段政治上的灰暗時期，恰是他護法的一段高峰期。今存於《全宋文》的有較明確時間的 19 篇張商英撰寫的寺院文記、高僧塔銘中，就有 9 篇作於元祐年間〔註 103〕。也是在這期間，他登上五臺山，受到五臺山僧眾的熱情擁護，並自此自詡爲文殊菩薩之眷屬。而在他仕途得意時，天下衲子爭奔其門下，稱其禪爲「相公禪」，張商英也樂意受之。張商英爲佛教護法，並非單純的因爲深信佛教，他護法的政治意圖也是較爲明顯的，這一點，我們應該有清醒的認識。下面，我們就著重分析一下他自詡爲文殊眷屬並苦心證明的步驟及以「相公禪」號召天下叢林的情況。

張商英元祐二年（1087）提點河東刑獄，自元祐三年六月至元祐四年六月三登五臺山，通過他所看到的或召喚到的神異現象來證明文殊現象確爲眞實存在，五臺山乃爲文殊菩薩之道場，並以此寫下了《續清涼傳》。儘管張商英於文中說自己寫作的目的是「商英直以見聞，述成記傳，庶流通於沙界，或誘掖於信心。使知我清涼寶山，眷屬萬人之常在；金色世界，天龍八部之同居」〔註 104〕。但事實上，此書似乎更是在證明張商英非同凡人的身份：他確是文殊菩薩之眷屬，並非泛泛之輩，並且身負護祐佛法、弘揚文殊法門之重擔。我們試以該書中所載的他第一次登上五臺山的所見所聞來證明之：

1. 「商英元祐丁卯（二年）二月夢遊五臺山金剛窟，平生耳目所不接，想慮所不到，覺而異之。時爲開封府推官，以告同舍林邵材中，材中戲曰：『天覺其帥並閫乎。』後五月，商英除河東提點刑獄公事，材中曰：『前夢已驗，勉矣行焉。』人生事事預定，何可逃也！八月至部，十一月即詣金剛窟，驗所見者，皆與夢合。」元祐初年在保守派的打擊排斥下，張商英由開封府推官貶爲提點河東刑獄，本是預料中事，但張商英以夢境皆合現實爲由，暗示一股冥冥中的力量在召喚自己來到五臺山，這爲後文的文殊顯聖埋下了伏筆。

2. 「既抵金閣，日將夕，山林漠然無寸靄。僧正省奇來謁，即三門見之，坐未定，南臺之側有白雲綿密，如敷白氈。省奇曰：『此祥雲也，不易得。』集眾僧禮誦，願早見光相。商英易公裳，燃香再拜。一拜未起，已見金橋及金色相輪，輪內深紺青色。」元祐三年（1088）6 月 27 日至 7 月 6 日，張商英初登五臺山，前後九日，幾乎天天見到不可思議之神異現象。此爲他初次

〔註 103〕 參見本文第二章第三節「《全宋文》中張商英撰寫的寺院文記、塔銘一覽表」。
〔註 104〕 （宋）張商英撰：《續清涼傳》卷下，《大正藏》第 51 冊，No.2100。

識見五臺山祥雲、金橋及金色相輪，其中後兩者還是在他拜請下出現的，其法力、因緣顯然已在山僧之上。

3.「癸卯，至眞容院，止於清輝閣……知客鞏曰：『此處亦有聖燈，舊有浙僧請之，飛現欄杆之上。』商英遂稽首敬禱。酉後，龍山見黃金寶階。戌初，北山有大火炬。鞏言：『聖燈也。』瞻拜之次，又現一燈。良久，東臺、龍山、羅睺殿左右各現一燈，浴室之後現大光二，如掣電。金界、南溪上現二燈。」6 月 28 日，張商英在眞容院稽首敬禱，又憑己之力求得黃金寶階、聖燈等神異現象。

4.「又睹燈光忽大忽小，忽赤忽白，忽黃忽碧，忽分忽合，照耀林木，即默省曰：『此三昧火也，俗謂之燈耳。』乃跪啓曰：『聖境殊勝，非我見聞，凡夫識界，有所限隔。若非人間燈者，願至我前。』如是十請，溪上之燈忽如紅日浴海，騰空而上，放大光明，漸至閣前。其光收斂，如大青喙銜圓火珠。商英遍體森颯，若沃冰雪。即啓曰：『疑心已斷。』言已，復歸本處，光滿溪上。」這還是 6 月 28 日晚張商英之所見，神奇的是，溪上之燈能隨他所願而來回。也因爲自己能感召聖燈，所以張商英不由不「疑心已斷」。

5.「晚，休於中臺……臺側有古佛殿，商英令掃灑，攜家屬祈禮……北陟數步。中臺之頂已有祥雲，五色紛鬱。俄而西北隅開朗，布碧琉璃世界，現萬菩薩隊仗，寶樓寶殿，寶山寶林，寶幢寶蓋，寶臺寶座，天王羅漢，師子香象，森羅布護，不可名狀。又於眞容殿上見紫芝寶蓋，曲柄悠揚，文殊師利菩薩騎師子，復有七八尊者，升降遊戲，左右俯仰。臺主戲曰：『本臺行者十九年未嘗見一光一相，願假福力，呼而視之。』既呼行者，則從兵潛有隨至竊窺者矣。」7 月 1 日晚張商英一家於中臺古佛殿掃灑祈禮，而後五色祥雲降臨，文殊菩薩及其仗隊對張商英現出眞容。連在五臺山生活了十九年的臺主都未曾一睹的文殊尊容，不想在張商英到至第四天就爲其顯現，難怪臺主發如上感慨。臺主欲假張商英福力，將文殊仗隊呼來視之。張商英呼其行者，果有文殊神兵靠近竊窺。則張商英前世今生竟爲何人，已不辯自明。

6.「日漸暝，北臺山畔有紅炬起……瞻禮之次，又現金燈二，隔谷現銀燈一，如爛銀色……於是再拜，敬請願現我前，先西後東，一一如請。末後西下一燈，於紺碧輪中放大光明而來；東西二燈，一時俱至。自北臺至中臺十里，指顧之間，在百步內。遠則光芒，近則收攝，猶如白玉琢大寶碗，內貯火珠，明潤一色。拜起之際，復歸本所。於時臺上之人，生希有想，殷勤

再請，連珠復至。夜漏將分，寒凍徹骨，拜辭下山，東燈即沒，二燈漸暗。商英曰：『業已奉辭，瞻仰之心，何時暫釋？』發是語已，於一紺輪中，三燈齊現，如東方心宿；紺輪之外，紅焰滿山。」文殊菩薩消失後，至 7 月 2 日淩晨，在張商英的瞻禮之下，諸金燈、銀燈紛至沓來，並如張之所願，來去自如。臺上眾人，皆借張商英之神通得以一睹神異。

7. 「是夕大風，達丙午，昏霾亦然。商英抗聲曰：『昨夜中臺所見，殊勝如此，今日當往西臺，菩薩豈違我哉？』行至香山，則慶雲已罩臺頂。沈幣已，所見如初，止無琉璃世界耳。」7 月 2 日的天氣並不理想，在張商英的抗議下，轉好如初。因為文殊菩薩不違張商英，那麼似乎老天也不好為難張商英。

8. 「商英自以累日所求，無不響應，因大言曰：『為二君請五色祥雲。』即起更衣，再拜默禱，俄而西南隅天色鮮廓，慶雲絪縕，紫氣盤繞。商英曰：『紫氣之下，必有聖賢，請二君虔肅，當見靈跡。』良久，宮殿樓閣、諸菩薩眾化現出沒。商英又啓言願現隊仗，使二人者一見。言訖，欻然布列，二君但嗟歎而已。」很顯然，有了前幾次成功的經驗後，張商英對自己召喚祥雲甚至諸菩薩的神通甚為自信。他為同僚們請來了祥雲及菩薩隊仗，儼然諸神也聽命於他。

9. 「其夕復止清輝閣，念言：翌日且出山，寶燈其為我復現。抽扃啓扉，則金界、南溪上，已見大炬；浴室後二燈，東西相貫，起於松梢，合為一燈，光明照耀，苒苒由東麓而南行，泊於林盡溪磧之上，放大白光，非雲非霧。良久，光中見兩寶燈，一燈南飛，與金界溪上四燈會集，而羅睺足跡殿及龍山之側，兩燈一時同見。商英即發願言：『我若於過去世是文殊師利眷屬者，願益見希奇之相。』言訖，兩燈揮躍交舞數四。商英睹是事已，發大誓願：『期盡此形，學無邊佛法，所有邪淫殺生妄語倒見及諸惡念永滅不生。一念若差，願在在處處菩薩鑒護。』於是南北兩燈，黃光白焰，前昂後軃，騰空至前。爾時中夜，各複本處。」這是 7 月 4 日張商英目睹的一切，較之以往，似乎也不足為奇。然而這一天對張商英而言卻是極重要的一天。因為如張商英所願，菩薩以希奇之相「證明」了張商英於過去世乃為其眷屬，並且隨後「感受」到了張商英所發的大誓願。在做了數日的鋪墊之後，張商英終於直接「證明」了他就是文殊菩薩的眷屬，自己今生也將受到文殊菩薩的眷顧。稍後兩日，他又接連看到文殊菩薩的真容，更證實了其與文殊菩薩非同尋常的因緣。

10.「日已夕，寺前慶雲見，紫潤成蕊，問同曰：『此寺頗有靈跡否？何因何緣現此瑞氣？』同曰：『聞皇祐中嘗有聖燈。』商英曰：『審有之，必如我請。』問其方，曰南嶺。昏夜敬請，嶺中果見銀燈一，嶺崦見金燈二，但比之眞容院所見少差耳。」7月5日，在已經證實了自己就是文殊眷屬的情況下，張商英當然堅信凡山中有聖燈的地方必如其所請而顯現。果如其所言，聖燈又為他而現，而山僧作為目擊者又證實了張商英所言不虛。

11.「岩崖百仞，嵯峨壁立，率妻拏東向望崖再拜敬請，逡巡，兩金燈現於赤崖間，呼主僧用而視之。夜漏初下，從兵未寢，聞舉家歡呼，人人皆仰首見之，喧嘩盈庭，凡七現而隱。虔請累刻。崖面如漆。用曰：『聖境獨為公現，豈與吏卒共邪？幸少需之。』人定，用來白曰：『左右睡矣，可再請也。』商英更衣俯伏，虔於初請，忽於崖左見等身白光，菩薩立於光中。如是三現。商英得未曾有，即發大誓願如前。又唱言曰：『我若於往昔眞是菩薩中眷屬者，更乞現殊異之相。』言訖，兩大金燈照耀崖石。商英又唱曰：『若菩薩以像季之法付囑商英護持者，願愈更示現。』言訖，放兩道光如閃電，一大金燈耀於崖前，流至松杪。」這是張商英在五臺山的最後一晚，夜漏初下，金燈現於赤崖間，兵卒見此聖境不禁喧囂盈庭，而聖燈就此消失，張商英虔誠請求也無濟於事。還是隨從僧人善解「聖意」：聖境獨為公現，豈與吏卒共邪？於是待左右睡去，張商英又理所當然地請來了菩薩。張商英請菩薩顯現殊異之像來再次證實自己確實是菩薩的眷屬，菩薩又如其所願顯現希有聖境。最後，十寺主僧及其徒眾告訴張商英：「今公與我師有大因緣，見是希有之像，公當為文若記，以傳信於天下後世之人，以承菩薩所以付囑之意。」〔註105〕至此，張商英的文殊菩薩眷屬的證明過程大功告成。

從元祐三年六月至元祐四年六月，張商英三登五臺山，每次均見到大量的文殊聖境。限於篇幅，本文不再一一列舉。張商英如此不惜筆墨地去描寫這些聖境，於其說是在宣揚文殊法門，倒不如講是在宣揚他與文殊菩薩的關係。

其實，不僅在五臺山上，在其他的場合，他也不斷暗示著自己與文殊菩薩的不同尋常的關係。比如張商英生平對李長者（李通玄）推崇備至，元祐年間曾發起重修位於壽陽方山的李長者的造論所昭化院。此後的崇寧元年（1102）、政和八年（1118），他還先後為昭化院寫過《唐李長者行跡》和《昭

〔註105〕以上所引均自（宋）張商英撰《續清涼傳》卷上，《大正藏》第 51 冊，No.2100。

化寺李長者龕記》〔註106〕。雖在現存記載中我們不曾看出這位李長者與張商
英有太多的關係，但細考李長者之生平，就能夠發現這其中也暗藏著玄機。
關於李長者的生平，張商英在文中多有敘述，試引之：

> 長者名通玄，或曰唐宗子，又曰滄州人，莫得而詳，殆文殊普
> 賢之幻有也。以開元七年，隱於方山土龕，造論。十八年三月二十
> 八日卒，疊石葬於山北。至清泰中，村民撥石，得連珠金骨扣之如
> 簧。以天福三年再造石塔，葬於山之東七里，今在盂縣境上。說者
> 以伏虎負經，神龍化泉，晝則天女給侍，夜則齒光代燭。示寂之日，
> 飛走悲鳴，白氣貫天。〔註107〕

雖然文中多有誇大之辭，但李通玄實有其人。其著作今尚有多部存於《大正
藏》，比如《新華嚴經論》（40卷）、《大方廣佛嚴經中卷卷大意略敘》（1卷）、
《略釋新華嚴經修行次第決疑論》（4卷）〔註108〕。除去李通玄的佛學成就，
還有一點值得我們注意，那就是他「殆文殊普賢之幻有也」。《清涼山志》卷
四《菩薩顯應》中，有《李長者見聖授道傳》，文中敘述唐代李通玄遊五臺山
時，遇文殊菩薩所化之神僧。該僧對李通玄授之華嚴大意，隨後李通玄於方
山隱居造論，著成後來的《新華嚴經論》等多部華嚴論著〔註109〕。按此說，
則李通玄佛學成就亦要歸結於文殊菩薩之指點，他亦為文殊菩薩之眷屬。張
商英既自詡為文殊菩薩之眷屬，自然格外重視李長者，抓住各種機會攀附他。
早在元祐三年張商英提點河東刑獄時，他「訪方山，瞻李長者像。至則荒茅
蔽嶺，數十里前後無人煙，有古破殿屋三間，長者堂三間……予於破竹經架
中得長者修行《決疑論》四卷，《十元六相論》一卷，《十二緣生論》一卷，
梵夾如新，從此遂頓悟《華嚴》宗旨」。張商英是否真於此處頓悟《華嚴》宗
旨我們不得而知，但他提倡重修李通玄的道場，並由此讓當地百姓和朝中重
臣將張商英與李通玄聯繫在一起卻是事實：

> 邑人以予知其長者也，相與勸勉，擇集賢嶺下改建今昭化院。
> 〔註110〕

〔註106〕 參見《全宋文》卷二二三一至卷二二三三。
〔註107〕 （宋）張商英撰：《太原府壽陽方山李長者造論所昭化院記》，《全宋文》卷二
二三一。
〔註108〕 參見《大正藏》第36冊。
〔註109〕 （明）釋鎮澄著：《清涼山志》卷四。
〔註110〕 （宋）張商英撰：《昭化寺李長者龕記》，《全宋文》卷二二三二。

太師曾公子宣聞其事，謂商英曰：「子盡發明長者之意而記之，
使學《華嚴》者益生大信，而知所宗，則長者放光以累子也不虛矣。」
〔註111〕

張商英讚揚李長者的結果，便是世人將二人牢牢聯繫在一起。北宋何薳撰《春
渚紀聞》曾記述了張商英的一則軼聞，從中可以看出時人對張商英與李長者
二人之間的緊密聯繫已頗為認可，甚至盛傳張商英即為李長者的後身：

張無盡丞相為河東大漕日，於上黨訪得李長者古墳，為加修治，
且發土以驗之，掘地數尺，得一大磐石，石面平瑩，無它銘款，獨
鑴「天覺」二字。故人傳無盡為長者後身。〔註112〕

通過《續清涼傳》及對李長者的攀附，張商英成功地變成了文殊菩薩的眷屬。
那麼，張商英一直推崇的文殊菩薩在佛界中有何重要地位，佛經中又是如何
描述他的呢？文殊師利，意譯妙德、妙吉祥。文殊是妙之意，師利是吉祥之
意。他與普賢菩薩為釋迦牟尼佛的左右脅侍。《佛說放缽經》中釋迦牟尼曾說：
「今我得佛，有三十二相八十種好，威神尊貴度脫十方一切眾生者，皆文殊
師利之恩。本是我師前，過去無央數諸佛皆是文殊師利弟子。當來者亦是其
威神恩力所致。譬如世間小兒有父母，文殊者，佛道中父母也。」〔註113〕釋
迦牟尼為何如此推崇文殊？因為佛經中有文殊為釋迦如來九代之祖的說法。
《法華經・序品》言，往昔日月燈明佛未出家時有八子，聞父出家成道，皆
隨之出家。當時有一菩薩，名妙光，佛對他講《法華經》。佛入滅後八子皆以
妙光為師。妙光教化八子，使之次第成佛，其中最後一名成佛者名燃燈。燃
燈佛後來成為釋迦牟尼佛之師，而妙光即文殊師利菩薩。如此，則文殊菩薩
乃是釋家如來九代之祖也〔註114〕。既然文殊是佛祖的九代之祖，那麼，張商
英若為文殊菩薩之眷屬，其身份自然不同常人，而深信佛法的僧人和民眾對
其推崇過甚，甚至將之奉為神明也就不足為奇。又，張商英在其著作《續清
涼傳》中一再大力宣揚文殊法門，奉此法門的人又會有何成就？《金剛頂經
瑜伽文殊師利菩薩法》指出，修持文殊法門之人獲得的主要功德為：罪孽消
滅，獲無盡辯才。所求世間、出世間等，悉得成就。離諸苦惱，五無間等一

〔註111〕　（宋）張商英撰：《太原府壽陽方山李長者造論所昭化院記》，《全宋文》卷二
　　　　　二三一。
〔註112〕　（宋）何薳撰：《春渚紀聞》，《宋元筆記小說大觀》，第2363頁。
〔註113〕　失譯：《佛說放缽經》，《大正藏》第15冊，No.629。
〔註114〕　（後秦）鳩摩羅什譯：《妙法蓮華經》卷一，《序品》。

切罪孽，永盡無餘。證悟一切諸三昧門，獲大聞持，成阿耨多羅三藐三菩提。若有眾生但聞文殊師利名者，除卻十二億劫生死重罪；若禮拜供養者，生生之處恒生諸佛家，爲文殊師利威神所護〔註115〕。由此推之，則張商英的文殊眷屬之身份，實際上助其初次完成了由人到神的轉變，這也爲他今後在佛教界的崇高聲望打下了堅實的基礎。

張商英一味在佛界中美化甚至神化自己，其用意何在？本文第一章已述，宋代的士大夫也好，民眾也好，對佛教均抱有好感。宋儒喜好佛教，是因爲儒門淡薄，收拾不住，皆歸釋氏；是因爲佛教在精神領域、學術思想領域、文學領域中對他們有著強烈吸引力。宋代民眾更是崇佛溺佛，無論是結社念佛、崇佛敬經，還是瘋狂的自焚，都說明民間崇佛之風較之前代有過之而無不及。由此可見，宋代的社會結構，無論上層還是下層，都癡迷於佛教。在這樣一個崇佛的國度，一個於佛界有大威望的人物又怎麼可能不被社會所重視？張商英很早就注意到這點，於是借著不斷地護法來獲取僧俗兩界的人望，從而爲自己的政治生涯增加聲名的砝碼。尤其是到了他仕宦生涯的後期，不少僧俗追隨他，並奉其禪爲「相公禪」，而張商英也樂意受之，甚至主動爲一些長老開堂授法：

> 其後天覺浸顯，諸老宿略已盡。後來庸流傳南（黃龍慧南）學者，乃復奔走推天覺，稱「相公禪」。天覺亦當之不辭。近歲有爲長老開堂承嗣天覺者，前此蓋未有。勢利之移人，雖此曹，亦然也。
> 〔註116〕

到底張商英的佛學修養有沒有達到爲諸長老開堂授法的地步？羅凌對此表示了懷疑，並明確指出張商英的禪悟水平並不高，「固然張商英在禪林有其赫赫威名，但名聲無法爲其禪學修養作有力的注腳，二者不是一個層面的概念」。「所謂天下共稱的『相公禪』，在禪學上並沒有太大的實際意義」〔註117〕。其實，張商英本人對此未必沒有清醒的認識。與張商英同時代的富弼（1004～1083）清醒認識到俗人與僧人在佛學修爲上有著不小差距：

> 大抵俗人與僧人，性識紐□□□差別。其事蹟甚有不同處。且

〔註115〕（唐）不空譯：《金剛頂經瑜伽文殊師利菩薩法》，《大正藏》第 20 冊，No.1171。

〔註116〕（宋）葉夢得撰：《避暑錄話》，《宋元筆記小說大觀》，第 2627 頁。

〔註117〕羅凌著：《無盡居士張商英研究》，華中師範大學出版社，2007 年，第 90、91 頁。又，關於張商英的禪悟水平，羅凌也於第三章第二節作了專門評論，以爲張商英的禪悟水平只能說是較高，但還有較大缺陷。參見該書第 75～92 頁。

僧人自小出家，早已看經日久，聞見皆是佛事，及剃髮後結伴行腳，
要到處便到。參禪問道之外，群眾見聞博約，又復言說眼目薰蒸，
忽遇一明眼人，才撥著，立便有個見處。卻將前後凡所見聞，自行
證據，豈不明白暢快者哉！吾輩俗士，自幼少爲世事浸漬，及長大，
娶妻養子，經營衣食，奔走仕宦。黃卷赤軸，往往未曾入手，雖乘
閒閱玩，只是資談柄而已，何曾徹空其理？且士農工商，各爲業以
纏縛，那知有叢林法席？假使欲雲參問，何由去得？何處有結伴遊
山，參禪問道，及眾博約乎？一明眼人，偶然因事遭際，且無一味
工夫，所問能有多少？所得能有幾何？復無所問所見，自作證據，
更不廣行探討，深如鑽仰，才得一言半句，殊未明曉，便乃目視雲
漢，鼻孔遼天，自謂我已超佛越祖，千聖齊立下風，佛經禪冊，都
不一顧，以避葛藤之誚。弼之愚見，深恐也然也。〔註118〕

富弼這段話，入情入理，身爲官僚的士大夫們，往往爲俗事糾纏，哪有太多
功夫鑽研佛理。即便如蘇軾這樣的博而通禪者，也往往受教於名禪，更何況
張商英。張商英對此應該也有著較清醒的認識，但他還是不顧一些人的批評，
接受了「相公禪」的稱謂，並爲長老開堂嗣法。對此，我們只能解釋爲，這
是張商英爲了在佛教界弘揚自己的聲望而做的不合時宜的舉動。

　　隨著張商英在佛教界聲望的與日俱增，其在僧眾、民眾、士大夫間的威
望已難以撼動。「（張商英）於時爲元首，則黎民所宗仰；與法爲外護，則釋
子所依賴。」〔註119〕這也是朝廷任用張商英時不容忽視的因素。如大觀四
年（1110），徽宗拜張商英爲相，史書記載其爲相原因是「徽宗以人望相之」
〔註120〕。又如政和元年（1111），在蔡京黨人的攻擊下，張商英爲相僅一年而
罷，與之相關人員多被貶斥，其好友郭天信甚至被斥死。張商英先是鞠於開
封府，後以觀文殿大學士知河南府，旋貶崇信軍節度副使，衡州安置。然而
由於他在僧俗兩界的人望，連徽宗、蔡京等也不得不謹慎處理此事：

　　　　（政和二年詔曰）商英昨以頗僻之學，虞險之論，鼓惑眾聽，

　　呼吸群邪，天下之士汨於流俗者，咸仰之爲宗。〔註121〕

〔註118〕　（元）熙仲集：《歷朝釋氏資鑑》卷十，《卍續藏經》第 76 冊，No.1517。按，
　　　　　此段話僅見《歷朝釋氏資鑑》，並不見於富弼文集，雖存疑，但當爲宋人言論。
〔註119〕　（宋）張商英撰：《續清涼傳》卷下，《大正藏》第 51 冊，No.2100。
〔註120〕　（元）脫脫等撰：《宋史》卷三五一，《張商英傳》。
〔註121〕　（宋）徐自明撰，王瑞來校補：《宋宰輔編年錄校補》卷一一。

　　未幾，太學諸生誦商英之冤，京懼，乃乞令自便。繼復還故官

職。〔註122〕

張商英人望之重，是同時代官僚士大夫們所難以具備的。甚至當他於宣和三
年去世時，其好友陳瓘還歎傷久之，以爲朝廷自此絕人望矣：

　　宣和元年十二月（疑誤，當爲宣和三年一月）壬午，觀文殿大

　　學士張商英卒，時陳瓘寓山陽，方與賓舊會食，聞之，遽止酒而起，

　　歎傷久之。客有以爲疑者，瓘曰：「張固非粹德，且復才疏，然時人

　　歸嚮之，今其云亡，絕人望矣。近觀天時，人事必有變革，正恐雖

　　有盛德者，未必孚上下之聽，殆難濟也。」〔註123〕

雖然這種人望有多少是由於護法而積累起來的，我們不好統計，但張商英以
護法來獲取人望，進而逐步積累起大量從政資本的事實應是客觀存在的。借
護法來從政，這應該是張商英護法的一個重要原因。

3、對宋徽宗毀佛政策的反應

　　在張商英諸多護法著作中，最具有代表性的一部當屬《護法論》。此論著
於何時，未有詳細記載，一般認爲是在張商英晚年。之所以如此認爲，是因
爲當今學者較一致地認爲這部著作是對宋徽宗毀佛行爲的直接反應〔註124〕。

〔註122〕　（元）脫脫等撰：《宋史》卷三五一，《張商英傳》。

〔註123〕　（宋）徐自明撰，王瑞來校補：《宋宰輔編年錄校補》卷一一。

〔註124〕　日本學者安藤智信、臺灣學者黃啓江等人皆認爲《護法論》的寫作時間是
　　　　　在宣和元年（1119）朝廷廢釋氏之後，此時距離他罷相已有八年之久。黃
　　　　　啓江還認爲，「張商英既對經教、叢林如此熱心，宣和元年，徽宗廢釋氏
　　　　　時，他可能已有發憤著書護法之意」。參見黃啓江《張商英護法的歷史意
　　　　　義》，《中華佛學學報》1996年第9期。羅凌則以爲《護法論》的撰著時間
　　　　　是在大觀四年（1110）至宣和三年（1121），即張商英去世前。他也認爲，
　　　　　「《護法論》的寫作背景，大致與徽宗改僧爲道有一定關係。其目的相當
　　　　　明確，是爲護持佛教的發展而作……而以爲《護法論》的主旨應該是在當
　　　　　時改佛爲道背景下對排佛輿論的結算，從而達到護祐佛法的目的」。參見
　　　　　羅凌著《無盡居士張商英研究》，華中師範大學出版社，2007年，第126
　　　　　～128頁。迄今爲止筆者所見，唯一提出明確撰寫時間的是在任繼愈主編
　　　　　的《佛教大辭典》，其612頁「《護法論》」一條的解釋。該條解釋是：「佛
　　　　　教論著。宋大觀四年（1110）張商英撰。不分章節。該書從佛教的立場，
　　　　　譴釋歐陽修、韓愈、程顥等儒家學者及社會其他人士對佛教的批評。見載
　　　　　於明《南藏》、《北藏》和清《龍藏》。」參見任繼愈主編《佛教大辭典》，
　　　　　江蘇古籍出版社，2002年，第612頁。任繼愈給出的具體時間依據何在，
　　　　　筆者不得而知，且撰成時間是在張商英爲相前，與當前學者所認爲的應是
　　　　　在他去相之後的說法矛盾，故存疑。

宋徽宗在位期間崇道抑佛，筆者在第一章已有論述，此不贅述，但需要特別
指出的是，宋徽宗早期崇道只是以求子嗣、練習修養爲主，並未深溺其中，
他對佛教還是抱有好感的，《嘉泰普燈錄》稱其「踐阼之初，留神禪奧，詔芙
蓉道楷禪師住持法雲，以問宗要。二年，佛國禪師惟白奏所集宗門續燈錄三
十卷，上賜其序」〔註125〕。在宋徽宗執政的初期，他留神佛教中事，多次過
問，並爲佛教著文。如他贊《法華經》云：「諸佛靈文足可誇，蓮經七軸玉無
瑕。歷代王孫曾供養，累朝天子獻香華。頂戴盡消窮劫罪，皈依必感福河沙。
一句了然超佛性，何須門外說三車。」〔註126〕宋徽宗在此詩中顯示出他較高
的佛學修養。又如，《嘉泰普燈錄》還記載了宋徽宗曾製頌三首讚揚嘉州道邊
樹內神僧的故事：

> 政和三年夏四月，嘉州道傍有大樹，風雷所摧。一僧晏坐樹內，
> 髭髮被體，指爪繞身。本州以事具奏，獲旨令，迎至京師供養。時
> 西天總持以金磬出其定，乃問：「何代僧。」曰：「我東林遠法師之
> 弟也，因遊峨眉，不記時代。遠無恙否。」持曰：「遠法師晉人也，
> 去世七百年矣。」遂不復語。持曰：「師欲何歸？」曰：「陳留縣。」
> 即復入定。帝命繪其像，頒行天下，並製三頌。一曰：「七百年前老
> 古錐，定中消息許誰知。爭如隻履西歸去，生死徒勞木作皮。」二
> 曰：「藏山於澤亦藏身，天下無藏道可親。寄語莊周休擬議，樹中不
> 是負趨人。」三曰：「有情身不是無情，彼此人人定裏身。會得菩提
> 本無樹，不須辛苦問盧能。」〔註127〕

此事雖屬神異之事，但據此大致可知政和三年之前，距張商英去相不久，宋
徽宗對佛教可能尙有好感。再如，宋徽宗曾效法先帝作御製佛牙贊：

> 崇寧三年重午，有旨取佛牙入內。舍利隔水晶匣，落如雨點。
> 上贊曰：「大士釋迦文，虛空等一塵。有求皆赴感，無刹不分身。玉
> 瑩千輪皎，金剛百鍊新。我今恭敬禮，溥願濟群倫。」〔註128〕

據張商英《護法論》中記載，宋徽宗還曾親口將此事告訴他：「皇帝知余好佛，
而嘗爲余親言其事。」〔註129〕考之宋徽宗之前，宋太宗、宋眞宗和宋仁宗皆

〔註125〕　（宋）正受編：《嘉泰普燈錄》卷二二，《卍續藏經》第79冊，No.1559。
〔註126〕　（元）熙仲集：《歷朝釋氏資鑑》卷一〇。
〔註127〕　（宋）正受編：《嘉泰普燈錄》卷二二。
〔註128〕　（元）熙仲集：《歷朝釋氏資鑑》卷一〇。
〔註129〕　（宋）張商英撰：《護法論》。又，《歷朝釋氏資鑒》卷一〇亦有類似記載。

作有御製佛牙贊，如太宗御製曰：「功成積劫印文端，不是南山得恐難。眼睹數重金色潤，手擎一片玉光寒。煉時百火精神透，藏處千年瑩探完。定果薰修真秘密，正心莫作等閒看。」真宗御製曰：「西方大聖號迦文，接物垂慈世所尊。常願進修增妙果，庶期饒益在黎元。」仁宗御製曰：「三皇掩質皆歸土，五帝潛形已化塵。夫子域中誇是聖，老君世上亦言真。埋軀秖見空遺冢，何處將身示後人。唯有吾師金骨在，曾經百鍊色長新。」〔註130〕以上諸例，說明宋徽宗早期的宗教態度至少是對佛教不排斥的，而這也與宋開國以來諸帝對佛教的一貫政策是一脈相承的。

然而到了政和三年，在王仔昔、林靈素等道士的慫恿下，宋徽宗逐漸溺於道教，崇道抑佛。他不僅暗示臣下冊封自己為教主道君皇帝，還在林靈素的慫恿下破天荒地改佛為道，造成了佛教界的緊張局勢。從大觀元年以後的一系列詔令中，我們可以清晰地看到宋徽宗是如何一步步抑佛、毀佛的：

1. 大觀元年（1107）「二月己未（初二），詔令道士序位在僧上，女冠在尼上」〔註131〕。

2. 大觀四年（1110）正月「辛酉（二十二日），詔士庶拜僧者，論以大不恭」〔註132〕。

3. 大觀四年「五月壬寅（初四），停僧牒三年」〔註133〕。

4. 政和二年（1112）正月癸未（二十五日），詔：「釋教修設水陸及祈禳道場，輒將道教神位相參者，僧尼以違制論；主者知而不舉，與同罪。著為令。」〔註134〕

5. 政和七年（1117）七月丁亥朔（初一），令：「僧徒如有歸心道門，願改作披戴為道士者，許赴輔正亭陳訴，立賜度牒、紫衣。」〔註135〕

6. 重和元年（1118）四月「辛巳（二十九日），道錄院上看詳釋經六千餘卷，內詆謗道、儒二教惡談毀詞，分為九卷，乞取索焚棄，仍存此本，永作證驗；又，林靈素上《釋經詆誣道教議》一卷，乞頒降施行；並從之。」〔註136〕

〔註130〕（宋）志磐撰：《佛祖統紀》卷四五。

〔註131〕（清）畢沅編：《續資治通鑒》卷九○，宋徽宗大觀元年二月己未。

〔註132〕（元）脫脫等撰：《宋史》卷二○，《徽宗本紀》。

〔註133〕（元）脫脫等撰：《宋史》卷二○，《徽宗本紀》。

〔註134〕（清）畢沅編：《續資治通鑒》卷九一，宋徽宗政和二年正月癸未。

〔註135〕（清）畢沅編：《續資治通鑒》卷九二，宋徽宗政和七年秋七月丁亥朔。

〔註136〕（清）畢沅編：《續資治通鑒》卷九三，宋徽宗重和元年四月辛巳。

7. 重和元年八月辛未（二十一日），「……禁士庶婦女輒入僧寺，詔令吏部申明行下」〔註137〕。

8. 宣和元年（1119）正月「乙卯（初八），詔：『佛改號大覺金仙，餘爲仙人、大士。僧爲德士，易服飾，稱姓氏。寺爲宮，院爲觀。』改女冠爲女道，尼爲女德」〔註138〕。

僧史學者往往哀徽宗之轉變，將其宗教態度的轉變甚至將北宋敗亡的原因皆歸於道士林靈素等人的慫恿：

> 宋之有國，列聖相承，欽崇三寶，明良會遇，廣闢福田。七傳而至祐陵（宋徽宗）。敦友愛之情，貫儒釋之理，命禪教而互相舉揚，以資冥福，普及含識，可謂明矣。奈何中林靈素之感毒氣深入，改天下寺院，爲神霄宮；稱國內僧尼，爲德士。夷佛凌僧，將有魏唐之舉。賴是天日昭回，靈素事敗。上乃自飾，重責其過，徒義修愿歟。嗚呼！靖康之亂，實由林靈素之徒，私於快已，黷亂朝綱，卒致社稷風塵，鑾輿播越，生民墮於塗炭。非遠福而求禍也。悲夫！
> 〔註139〕

此論雖不乏僧人的護法偏激之情，但對宋徽宗受林靈素蠱惑而崇道抑佛之事的評價還是較爲允平。雖然從歷史的角度看，宋徽宗抑佛，並不僅僅因爲上述理由，應該還有一些深層次原因〔註140〕。但不管怎樣，宋徽宗在位期間宗教態度的轉變應是客觀的事實。正因爲有了這樣的轉變，北宋末年佛教的命運成爲堪憂之事，而身爲當時大護法的張商英自然對此不會坐而不視，其最直接的反應便是晚年《護法論》的面世。雖然張商英在該文中不會直斥徽宗，但在他嚴厲批評韓愈、歐陽修、二程等大儒的語氣中，我們也可以依稀看出他對宋徽宗的影射。如黃啓江指出，歐陽修闢佛，完全否定佛教的正面價值，宋徽宗原好佛法，後聽林靈素之議而抑佛，其抑佛之詔與歐陽修之排佛論如出一轍〔註141〕。按照此論，則張商英批駁歐陽修之語即有反對徽宗抑佛之詔

〔註137〕（清）畢沅編：《續資治通鑑》卷九三，宋徽宗重和元年八月辛未。

〔註138〕（元）脫脫等撰：《宋史》卷二二，《徽宗本紀》。

〔註139〕（元）熙仲集：《歷朝釋氏資鑑》卷一〇。

〔註140〕劉長東認爲，北宋末年金人的南侵壓力是導致宋徽宗改佛爲道的原因之一，因爲佛教乃「金狄之教」。參見劉長東著《宋代佛教政策論稿》，巴蜀書社，2005年，第68、69頁。從現存史料來看，此論有一定依據。筆者在第三章第一節之「駁斥佛法乃夷狄之法說」還會專門論述此事，此處暫略。

〔註141〕黃啓江：《張商英護法的歷史意義》，《中華佛學學報》1996年第9期。

的含義，且我們在其文中也可以發現多處張商英暗含的針對徽宗反佛政策的
警告與抗議：

> 天下人非之，而吾欲正之。正如孟子所謂「一薛居州獨如宋王
> 何？」余豈有他哉，但欲以公滅私，使一切人，以難得之身，知有
> 無上菩提，各識自家寶藏，狂情自歇，而勝淨明心，不從人得也。
> 吾何畏彼哉！

> 上世雖有三武之君，以徇邪惡下臣之請，銳意剪除，既廢之後，
> 隨而愈興。猶霜風之肅物也，亦暫時矣。如冬後有春之譬，欲盡殲
> 草木者，能使冬後無春則可矣；苟知冬後有春，則何苦自當其惡而
> 彰彼爲善也，於已何益哉？

> 佛法雖亡，於我何益。佛法雖存，於我何損。功名財祿，本繫
> 乎命，非由謗佛而得。榮貴則達，亦在乎時，非由斥佛而致。一時
> 之間，操不善心，妄爲口禍，非唯無益，當如後患何？智者慎之，
> 狂者縱之。六道報應勝劣，所以分也。余非佞也，願偕諸有志者，
> 背塵合覺同底於道，不亦盡善盡美乎。〔註142〕

總之，我們大體可以認定，《護法論》是張商英晚年去相後針對宋徽宗抑佛政
策而作。如果再聯繫到他在宣和元年（1119）朝廷改佛爲道之後依然與叢林保
持著密切聯繫並堅持護法的作爲，那麼我們應當可以肯定張商英的一部分護
法行爲，確實是對宋徽宗毀佛政策的反應。

三、張商英的護法活動

　　以上我們大體瞭解了張商英的佛教因緣。從首觸佛教到深信佛乘，從嗣
法兜率從悅到廣泛交遊叢林中的高僧大德，隨著張商英對佛界的日漸瞭解及
對佛教的日益崇信，他的佛教外護身份也逐漸凸顯出來。事實上，從他首觸
佛教起，他的護法活動便已經開始，並於隨後伴隨其一生。本節所討論的護
法活動，主要指護法者以文字、語言、行動來保護、防護、擁護佛法。筆者
將張商英的護法活動具體分爲以下四類：一是舉薦高僧與提拔新秀；二是興
崇寺院；三是調解叢林糾紛；四是廢淫祠、置佛寺。

1、舉薦高僧與提拔新秀

　　在宋代，寺因僧興、因僧廢的事實數不勝數。一些寺院往往因高僧的住

〔註142〕（宋）張商英撰：《護法論》，《大正藏》第 52 冊，No.2114。

持而吸引到眾多的香客及大護法，從而興旺發達；而有一些寺院卻因住持的
領導無方，日漸蕭條〔註143〕。可見，寺院的興衰與否和其住持的能力是有著
直接聯繫的。張商英的護法活動之一，便是舉薦高僧大德出任各名剎的住持。
這些高僧治理一方名山，多能興盛其梵剎。由此推之，則張商英知人善任、
護持佛教之功不可小視。筆者略爲爬疏了一下史料，發現受到張商英舉薦的
高僧有近10人，以下我們一一詳述。

　　兜率惠照禪師，前文已述，是張商英之昆仲，兩人友誼甚篤。早在張商
英問道於兜率從悅時，兩人已結識。後兜率逝世，張商英力主惠照繼其法席。
惠照卻以得法晚於張商英爲由拒絕繼任：

　　　　師（惠照）曰：「先師有末後句，運使（張商英）得之，照未嘗
　　得。豈可嗣法邪？」

張商英顯然對此不滿，他勸惠照：「汝尋常滿口道得，卻會不得。」按，當年
兜率從悅見石霜素侍者，得石霜末後句，後以書告於惠照曰：「曩參未善，猶
有末後句在。」惠照回道：「參禪只要心安樂，了得心安萬事休。況是禪心猶
假立，誰論末後與當頭。」惠照能以高妙的見解勸誡其師，這就是張商英所
謂「汝尋常滿口道得」。張商英的這番話，讓惠照幡然醒悟，於是遂開從悅法
門。事實證明，張商英的選擇是明智的。惠照繼從悅法席後，大振師門，兜
率山煥然一新：

　　　　師性方嚴有操守，居兜率二十有七年，仿像天宮内院，作新一
　　剎，冠絕人世。安眾不過四十，遇缺員則補之。供饌珍麗，率眾力
　　道，彌謹無盡。每以古佛稱之。

甚至連兜率惠照自己也說到：

　　　　龍安山上，道路縱橫。兜率宮中，樓閣重疊。雖非天上，不是
　　人間。〔註144〕

　　疏山了常（生卒年不詳），同爲兜率從悅之法嗣、張商英之昆仲。兩人相
識，應該也是在張商英問道於兜率時。元祐六年（1091）冬十一月，張商英
過臨川時，聞撫州永安禪院主僧過世，便令兜率疏山了常繼之。疏山了常果
然不負眾望，當年升座說法時即獲得成功。臨川人陳宗愈聞法感慨：「諦觀師
誨，前此未聞，當有淨侶雲集，而僧侶狹陋，何以待之？願出家資百萬，爲

〔註143〕參見游彪著《宋代寺院經濟史稿》，河北大學出版社，2003年，第42、43頁。
〔註144〕以上所引皆來自祖琇撰《僧寶正續傳》卷一，《兜率照禪師》。

眾更造。」於是捐其家資，維修寺廟。第二年，僧堂成。了常請張商英爲之
作記，商英允之，其記文略曰：

> 汝比丘，此堂既成，坐臥經行，惟汝之適。汝能於此帶刀而眠，
> 離諸夢想，則百丈即汝，汝即百丈；若不然者，昏沉睡眠，毒蛇伏
> 心，暗冥無知，畫入幽壤……戒之勉之，吾說不虛。〔註145〕

張商英於其文中反覆告誡眾比丘要常精進，莫腐化。我們從中也可以看出他
對疏山了常寄以厚望。

　　黃龍元肅（生卒年不詳），黃龍慧南之嗣法弟子，與東林常總、寶峰克文、
黃龍祖心皆爲昆仲。元肅早年住持百丈，張商英贊之曰「恢復大智規模」。元
祐六年，當當陽玉泉景德禪院的承皓長老病危時，張商英就曾轉達承浩之意，
請元肅住持玉泉。但元肅不願往。紹聖四年（1097），江西大饑，朝廷遣張商
英前往視察。張商英在洪州時，恰黃龍主僧求去。當是時，黃龍山的狀況每
況愈下，「南（黃龍慧南）歿後，祖心嗣之。心退居晦堂，更三代住持，殆名
具而實亡」。張商英認爲，能繼黃龍者，非元肅不可。「乃持疏山中，檄遣縣
令佐敦請」。元肅三辭，但最終還是在張商英的熱情邀請下出任黃龍住持。到
任後不久，元肅招知事僧崇祐道：「堂宇圮墮，佛事不嚴若是，豈洪守（張商
英）所以囑予之意哉？」於是在元肅主持下，在不到兩年時間內，寺院先後
建佛牙大閣、東西方丈、堂庫廚僚、石橋水亭等設施二百餘間。雖往事過千
年，我們依稀可以想見當時規模之宏闊。當時廣漢的沙門允平讚歎道：

> 初開此山，清河張氏超慧（指永安禪院初創者唐朝晦機禪師）
> 也；再興吳（吾）院者，清河張公（張商英）也。以法考之，豈非
> 願力、時節而外護，以濟吾事耶？〔註146〕

允平的話，大體上還是客觀反映出張商英舉薦黃龍元肅而重興黃龍的外護之
功。

　　玉泉承皓。前文已述，元豐二年（1079）四月，張商英奉使京西南路時，
聽說承皓之名，於是至谷隱相見。兩人在寒暄了幾句之後，張商英便請承皓
住持了郢州大陽。谷隱因之大喜曰：「我山中首座出世。」〔註147〕然而承皓至
郢州，竟先入寺院，而後才參州郡官員。當地官員斥其不知禮數，承皓回答：
「某山林人，誰知你郡縣禮數！」於是不顧而還。張商英又復致書郢州郡守，

〔註145〕（宋）張商英撰：《撫州永安禪院僧堂記》，《全宋文》卷二二三一。
〔註146〕（宋）張商英撰：《黃龍崇恩禪院記》，《全宋文》卷二二三二。
〔註147〕（元）念常集：《佛祖歷代通載》卷一九。

解釋道：「皓，有道之士，不可以事禮責，當再加禮請之。」〔註148〕官員如其言，又把承皓接至大陽。承皓在大陽住持了數月之後，張商英又請其住當陽玉泉景德禪院〔註149〕。據張商英所撰《荊門玉泉皓長老塔銘》中稱，承皓至玉泉寺後，嚴肅僧紀，杜絕了僧人錦衣玉食的奢侈生活：

> 一日，師從廚前過，見造晚面，問曰：「有客過耶？」對曰：「眾僧造藥石。」師呼知事稱之曰：「吾昔參禪，爲人汲水舂米。今見成米麵蒸炊造作，與供諸佛菩薩羅漢無異，飽吃了並不留心參學，百般想念五味馨香。假作驢腸膳生羊骨鱉膿，喂飼八萬四千戶蟲，開眼隨境攝，合眼隨夢轉，不知主祿判官掠剩大王。隨從汝抄箚消鑿祿料簿，教汝受苦有日在。」〔註150〕

而後，他又將寺院內的法堂、方丈、寢堂、鐘樓、慈氏閣、關廟等建築皆修葺一新，並請張商英爲之作記：

> 玉泉寺宇廣大弊漏，前後主者以營葺爲艱，師曰：「吾與山有緣，與僧無緣。修今世寺，待後世僧耳。」悉壞法堂、方丈、寢堂、鐘樓、慈氏閣、關廟而鼎新之，皆求予記其本末。〔註151〕

玉泉承皓雖爲雲門宗僧人，但張商英對其舉薦可謂盡心盡力，而承皓也不負張商英之望，所到之處，皆堪其任。

黃龍惟清（1040～1117）又號靈源叟，是黃龍祖心之法嗣，南嶽下十三世。僧史傳中說他早年參黃龍祖心，以侍者之名而聞名叢林。元祐六年（1091），張商英漕江西時，聞其名，欽慕之，「是時靈源寓興化，公檄分寧邑官同諸山，勸請出世於豫章觀音，其命嚴甚」〔註152〕。雖然以行政命令強迫惟清住持豫章觀音寺的手段值得商榷，但張商英愛才惜才之心人所共見。不得已，惟清只好親自出山投偈給張商英以辭免，其偈曰：

〔註148〕　（宋）道行編：《雪堂拾遺錄》。

〔註149〕　《雪堂拾遺錄》稱張商英請承皓住持玉泉寺，而《佛祖歷代通載》卷十九張商英所撰《荊門玉泉皓長老塔銘》中稱是當地官員李審言、孫景修將承皓迎至玉泉。筆者傾向於認爲承皓之至玉泉，張商英當與其中發揮了作用，但當時李審言知荊南，孫景修爲轉運使，兩人舉薦玉泉承皓的權力更大。故張商英與其中可能只起到輔助作用。

〔註150〕　（元）念常集：《佛祖歷代通載》卷一九。

〔註151〕　（元）念常集：《佛祖歷代通載》卷一九。

〔註152〕　（宋）釋曉瑩撰：《羅湖野錄》卷一。又，該書記載「元祐七年，無盡居士張公漕江西……」，此誤，前文已講，張商英漕江西並得法兜率從悅的時間是元祐六年。

> 無地無針徹骨貧，利生深愧乏餘珍。塵中大施門難啓，乞與青
> 山養病身。

時憂居里閈的黃庭堅聽聞此事，頗爲欽佩靈源叟之爲人，寫書信寄與他道：

> 承觀音虛席，上司（指張商英）甚有意於清兄。清兄確欲不行
> 亦甚好。蟠桃三千年一熟，莫做褪花杏子摘卻。此事黃龍興化亦當
> 作助道之緣，共出一臂，莫送人上樹拔卻梯也。〔註153〕

雖然張商英並未啓用黃龍惟清，但他禮優大德、重視名禪之行爲還是爲當世做出榜樣。釋曉瑩贊張商英迎請惟清之事曰：「江西法道盛於元祐間，蓋彈壓叢林者眼高耳，況遴選之禮優異如此。」〔註154〕江西法道能有當時之盛，張商英功不可沒焉。

清涼惠洪。張商英稱其爲「天下之英物，聖宋之異人」。清涼惠洪的一生，與張商英緊密相連。張商英不僅幫其解除牢獄之災，而且也數次邀其住持名山。從今存史料來看，張商英至少邀惠洪前往住持崇寧寺和峽州天寧寺。但生性灑脫的惠洪也許並不願住持名山，所以都婉言拒絕了：

> 某青山白雲之人，其蹤跡不願上王公貴人之齒牙，縱浪大化飽
> 飯足矣。不虞閣下過顧千里惠書，以崇寧見要挽至人天之上，使授
> 佛之職責，以重振西祖已墜之風。其以閣下所責甚重，某之材力甚
> 薄，不敢輒冒寵命，作偈辭免。意閣下必憐其誠，從其所欲。〔註155〕

圓悟克勤，是兩宋之交楊岐派的著名禪僧，張商英至晚年尤對其稱讚有加。政和（1111～1118）年間，圓悟克勤出川遊峽南謁賦開於荊南的張商英，與張商英探討華嚴旨要及其四法界，得到張商英的大力讚賞，稱其爲「方袍管夷吾」〔註156〕。之後，張商英「於是以師禮留居碧岩」，令圓悟克勤出任醴州夾山靈泉院方丈〔註157〕。靈泉院自夾山善會（806～881）開山以來，於其山門懸一匾額，日「碧岩」，於是後人往往以碧岩稱之。但圓悟克勤此番出任住持緣由，《僧寶正續傳》卷四所載卻是「澧州刺史請住夾山」〔註158〕。其實，

〔註153〕（宋）釋曉瑩撰：《羅湖野錄》卷一。
〔註154〕（宋）釋曉瑩撰：《羅湖野錄》卷一。
〔註155〕（宋）釋覺範撰：《石門文字禪》卷二九，《答張天覺退傳慶書》。又，卷二九
　　　　還有《上張無盡居士退崇寧書》；卷一二有《無盡居士以峽州天寧見邀作此辭
　　　　免六首》。
〔註156〕見本文第二章第三節相關記載。
〔註157〕（宋）普濟著：《五燈會元》卷一九，《昭覺克勤禪師》。
〔註158〕（宋）祖琇撰：《僧寶正續傳》卷四。

依筆者所見，兩處記載皆正確。當時的張商英已從宰相高位上下來，賦閒在家，並無權力推薦或任命圓悟克勤出任醴州夾山靈泉院住持。倒是醴州地方官方有此權力。所以，此處極有可能是張商英在認可圓悟克勤才學之後，即向醴州長官推薦之。當地長官考慮到張商英的人望及剛從尚書右僕射的高位退居下來的身份，於是有了所謂「澧州刺史請住夾山」的記載。圓悟克勤住持靈泉院期間，應張商英之請，著文評述北宋雲門宗僧人雪竇重顯的《頌古百則》，後經多處遷徙、歷前後二十年，成《碧巖集》〔註159〕。

佛照惠杲（生卒年不詳），寶峰克文法嗣，從師承關係上來講，是兜率從悅之昆仲。此僧與張商英初次相逢應同清涼惠洪一樣，是在紹聖三年（1096）張商英專門于歸宗拜訪寶峰克文時〔註160〕。後張商英召請惠杲住持京城天寧寺。今存於《石門文字禪》卷二八的《請杲老住天寧》即為惠洪代張商英所作的邀惠杲住持東京天寧寺的文書〔註161〕。雖然我們不得而知惠杲是否欣然前往，但考慮到張商英對高僧大德的禮重態度及對黃龍派的外護之用心，其舉薦佛照惠杲的熱誠是毋庸置疑的。

除了舉薦高僧住持名刹之外，張商英還十分留意叢林後生們的狀況，遇到可畏後生必全力提拔，以使之有補於宗門。其實，我們前文所述的清涼惠洪、圓悟克勤等一大批年少於張商英的名禪，莫不得助於張商英。從這個意義上說，張商英既舉薦其住持名刹，就是對他們的著力提拔。而另外一些剛剛出人頭地的新秀，可能因為其尚年幼，不足以管理一方名山，故張商英又舉薦他們再參名禪，以便今後有大發展。這其中最顯著的兩個例子，就是智度覺和大慧宗杲。

智度覺（生卒年不詳），又名覺華嚴，潭州人，幼聰慧，書過目成誦。智

〔註159〕據魏道儒考證，圓悟克勤的《碧巖集》乃是他在昭覺、靈泉、道林三地歷整整20年寫就，此集雖以其早年所住碧巖為名，但形成卻不限於此地。且《碧巖集》的出現也不是因張商英的邀請而作。參見 杜繼文、魏道儒著《中國禪宗通史》，江蘇人民出版社，2007年，第443、444頁。筆者部分同意此說，但書中既然說「師（圓悟克勤）住醴州夾山靈泉禪院評唱雪竇顯和尚頌古語要」（《碧巖集》卷一），且著作20年，仍以「碧巖」為其集名，可知此集創作的重要時間實在圓悟克勤住夾山期間。
〔註160〕《五燈會元》卷一七記載：「（惠杲）後依真淨，因讀祖偈曰：『心同虛空界，示等虛空法。證得虛空時，無是無非法。』豁然大悟。每謂人曰：『我於紹聖三年十一月二十一日，悟得方寸禪。』出住歸宗。詔居淨因。」從中可以推測出張商英於紹聖三年于歸宗拜訪寶峰克文時，惠杲是在其身旁的。
〔註161〕（宋）釋覺範撰：《石門文字禪》卷二八，《請杲老住天寧》。

度覺出家後因悟入華嚴境界，在成都爲眾講解《華嚴經》，剖發微旨，無出
其右。自是人稱其爲覺華嚴。智度覺在對《華嚴經》有所領悟後，不滿足
於現狀，又把注意力轉向禪宗。當時，晚年的張商英正寓居荊南，雖不再
居於廟堂之上，但卻名滿叢林，於僧俗兩界皆有人望。於是一如圓悟克勤、
大慧宗杲一樣，智度覺也出峽謁張商英。張商英與智度覺在此次相見中都
談到了什麼，史無確載，但無疑他也如同前人一樣，獲得了張商英的認同
與好感。張商英對他講：「若向上一著，非蔣山老（指圓悟克勤）孰能指南。」
於是寫信與圓悟克勤舉薦智度覺，其文略曰：「覺華嚴，乃吾鄉大講主。前
遇龍潭爲伊直截指示，決成法器，有補宗門矣。」智度覺在張商英的推薦
下，很快去了蔣山投奔圓悟克勤，後苦參五年，因閱浮山遠禪師《削執論》
而得悟。釋曉瑩於《羅湖野錄》中列舉了智度覺之後的一些成就，並給與
高度讚揚：

> 其得樂說之辨，以扶宗振教爲己任，非馳騁於駕詞而已。至於
> 宗門統要機緣，無不明之以頌。古今名僧行實，無不著之以傳。雖
> 博而寡要，勞而少功。既藏於蜀山，豈不壯叢林寂寞之傳耶。〔註162〕

智度覺果然如張商英所望，「決成法器，有補宗門矣」。然而考其成就，張商
英伯樂之功又怎能忽略？

張商英最爲後人津津樂道的是他對大慧宗杲的推薦。前文已述，宗杲於
政和六年（1116）初次入荊南拜謁張商英，並爲其師湛堂文準求塔銘。機鋒對
答之後，張商英對其大爲滿意。宗杲得先師之銘文，歸寶峰完成後事之後，
又復見張商英。兩人於是又有另一番談話：

> （宗杲）從容問曰：「居士謂我禪何如？」公曰：「子禪逸格矣。」
> 師曰：「宗杲實未自肯在。」公曰：「行見川勤可也。」於是佩服其
> 言。〔註163〕

很顯然，這一次，痛失其師的宗杲希望張商英能爲其介紹一位可與參訪的名
禪。而張商英毫不猶豫地道出了圓悟克勤的名字。只是此後宗杲並未直接投
奔圓悟克勤，他先是放浪襄漢，再依大陽微禪師，習曹洞宗旨，而後遊東都。
宣和二年（1120）二月，宗杲第三次拜謁張商英於荊南。此次兩人交遊時間甚
長，「八個月從遊甚樂」。當年十月，張商英再次囑咐宗杲必前往京師參於圓

〔註162〕（宋）釋曉瑩撰：《羅湖野錄》卷三。
〔註163〕（宋）祖琇撰：《僧寶正續傳》卷四。

悟克勤門下，並準備了資財供其上路〔註164〕。但直到宣和六年（1124），張商英過世三年之後，在宗杲聽到圓悟克勤禪師奉旨住持天寧寺時，他才覺得時機已成熟，可以遵從張商英的建議前往參學：

> 尋宣和六年，圓悟禪師被旨，都下天寧。師自慶曰：「天賜我得見此老，不孤湛堂張公指南之意。」遂造天寧。〔註165〕

宣和七年（1125），他於京師天寧寺見到了圓悟克勤，克勤試以公案，見其果如張商英所語，堪爲大法器，於是令居擇木堂（擇木堂乃朝中士大夫止息處），指導士大夫們參禪。後圓悟克勤又贈與《臨濟正宗記》，令掌記室，分坐訓徒。「叢林浩然歸重，名振京師」〔註166〕。一年後，呂好問奏欽宗賜之紫衣及佛日大師之號。大慧宗杲終成兩宋之際聲名最爲卓著之禪師，不僅在兩宋禪宗史，既使在整個中國禪宗史上，其禪學都應據有一席之地。然而，應該指出的是，若沒有張商英在其早年對其的提攜，大慧宗杲能否眞如後來那樣名揚天下也未可知。黃啓江以爲，大慧之發跡，是得利於張商英之助〔註167〕。筆者深以爲然。

2、興崇佛寺

作爲一名朝廷官員和在家居士，張商英對佛教最直接的護持莫過於光大山門、資助寺院、維護寺院的切身利益。筆者通過對相關史料的疏扒，總結出張商英興崇梵刹的行爲主要有四：一是新建寺院；二是捐助、維修佛寺；三是爲寺院發展爭取朝廷的政策支持，以重振寺院經濟；四是撰寫文記及塔銘以光大山門〔註168〕。下面我們就以上四點逐一評說。

〔註164〕（宋）祖詠編：《大慧普覺禪師年譜》，第796頁。

〔註165〕（宋）祖琇撰：《僧寶正續傳》卷四。

〔註166〕（宋）普濟著：《五燈會元》卷一九，《徑山宗杲禪師》。

〔註167〕黃啓江：《張商英護法的歷史意義》，《中華佛學學報》1996年第9期。

〔註168〕羅凌在其專著《無盡居士張商英研究》中還列舉了張商英設立功德墳寺和捨宅爲寺的內容。北宋的高官貴戚雖有設立功德墳寺之風，但我們至今尚未發現有張商英設立功德墳寺的史料。筆者以爲，在未發現新的證明材料之前，本著有一份材料說一分話的爲史原則，我們暫不能認爲張商英有設立功德墳寺的活動。至於張商英捨宅爲寺的說法，一直有流傳。李豫川比羅凌稍早一些時候曾撰文《北宋丞相張商英與九蓮山觀音寺》說，今踞成都市區46公里的新津縣永興鎮九蓮山觀音寺，就是北宋時期張商英的故宅。現寺內尚立有「少保張商英故里」古碑。該寺1956年被列爲四川省重點文物保護單位，2002年被列爲全國重點文物保護單位。此寺大概是在張商英故宅的基礎上建立起來的，但據李豫川考證，此故宅是在張商英去世後才由其家人捨宅爲寺，南宋孝宗時期始大興土木擴建，此後屢毀屢建，今存建築主要爲明清時期所建。參見李豫川《北宋丞相張商英與九蓮山觀音寺》，《浙江佛教》2005年第1期。

　　首先是創建新的寺院。官員及士大夫以個人名義或政府名義爲佛門創建寺院的行爲由來已久。東晉時，江州刺史桓伊爲慧遠建立東林寺〔註169〕。「在慧遠的主持下，它成爲中國南方著名的佛教中心，並在慧遠死後幾個世紀內繼續扮演了重要的角色。」〔註170〕南北朝時，劉宋初年范泰曾建祇洹寺。此寺建成後，成爲當時許多來華高僧的駐錫之地，是劉宋初期一個重要的弘法中心〔註171〕。宋代這樣的事例也有很多，如李崇矩「信奉釋氏，飯僧至七十萬，造像建寺尤多」〔註172〕；石守信「專務聚斂，積財鉅萬，尤信奉釋氏，在西京建崇德寺」〔註173〕；韓崇斌「信奉釋氏，在安陽六七年，課民採木爲寺」〔註174〕。這些官員，以個人或政府的名義建立起一座座寺院；而所建成的這些寺院，也因爲修建者崇高的社會地位及卓越的社會活動能力而得以迅速發展。張商英作爲「北宋佛教最得力的外護居士」〔註175〕當然也少不了新建一些寺院。可惜的是，由於年代的久遠和史料的流失，我們今天能見到的有關張商英創建寺院的記載已不多。雖然自北宋中期後，寺院的新建受到嚴格限制，但張商英還是新建了部分寺院。據羅淩考釋，張商英曾新建了故鄉江津的大佛寺以及山西祁縣的潤濟侯廟：

　　　　縣西十里有古石羊驛，其地亦名石門，對江壁上鑴大佛，有大

　　佛寺，故相張無盡所創，亦名無盡庵。〔註176〕

　　　　潤濟侯廟，在東南麓臺山頂，宋宰相張商英建。〔註177〕

　　其次是捐助、維修佛寺。相對於創建新寺，更多的士大夫還是選擇資助、維修寺院以爲自己及兒孫積功德。因爲在宋代，寺院的創建受到政府各方面的限制，而以己之私財捐助寺院則純屬個人行爲，基本上不受任何政策的限制。官僚士大夫們的資助與寺院的興衰往往是緊密相連的。歐陽修曾舉洛陽寺

〔註169〕　（梁）釋慧皎撰：《高僧傳》卷六，《慧遠傳》。
〔註170〕　（荷）許理和著，李四龍、裴勇等譯：《佛教征服中國》，江蘇人民出版社，
　　　　　2003年，第257頁。
〔註171〕　（梁）釋慧皎撰：《高僧傳》卷七，《慧義傳》。
〔註172〕　（元）脫脫等撰：《宋史》卷二五七，《李崇矩傳》。
〔註173〕　（元）脫脫等撰：《宋史》卷二五〇，《石守信傳》。
〔註174〕　（元）脫脫等撰：《宋史》卷二五〇，《韓崇斌傳》。
〔註175〕　羅淩著：《無盡居士張商英研究》，華中師範大學出版社，2007年，第1頁。
〔註176〕　（明）曹學佺撰：《蜀中廣記》卷十七，「江津縣」，文淵閣《四庫全書》本。
〔註177〕　（清）儲大文等編：《山西通志》卷一六四，「祁縣」，文淵閣《四庫全書》本。
　　　　　以上兩條羅淩已揭，見羅淩著《無盡居士張商英研究》，華中師範大學出版社，
　　　　　2007年，第113頁。

院古今盛衰的鮮明對比，來說明達官顯貴的施捨對寺院的興衰起著重要作用：

> 河南自古天子之都，王公戚里、富商大姓，處其地喜於事佛者，
> 往往割脂田、沐邑、貨布之贏，奉祠宇爲莊嚴。故浮圖氏之居與侯
> 家主第之樓臺屋瓦，高下望於洛水之南北，若弈棋然。及汴建廟社，
> 稱京師，河南空而不都，貴人、大廢散，浮圖之奉養亦衰。歲壞月
> 勝，其居多不克完，與夫遊臺、釣池並爲榛蕪者，十有八九。〔註178〕

正因爲如此，所以歷史上凡佛教興盛之時，必有上層之鉅資捐助。東晉時，權臣何充「性好釋典，崇修佛寺，供給沙門以百數，靡費巨億而不吝也」〔註179〕；何充之弟何準「唯誦佛經，修營塔廟而已」〔註180〕。梁武帝時，中書令徐勉將自己部分田園捨與宣武寺，而另一官員謝舉亦捨己之宅院與寺院〔註181〕。

　　相比較而言，宋代的佛教不如魏晉南北朝以及隋唐時期興旺，權貴施捨寺院也不如前人出手闊綽。況且北宋長期積弱不振，內憂外患不停，而事佛勞財傷民，故自宋初以來，士大夫反佛之聲便未嘗停歇〔註182〕。在這種情況下，即使是身爲著名佛教外護且身居高位的張商英對寺院的資助也是有限的。很多時候，他是以自己朝廷官員的身份在發起重修、維護或參與維修寺院。如元祐三年張商英提點河東刑獄時，出按壽陽縣，並訪縣東三十五里的方山昭化院。當時張商英看到的情形是：「至則荒茅蔽嶺，數十里前後無人煙，有古破殿屋三間，長者堂三間，村僧一名丐食於縣，未嘗在山。」或許是當地人看到了張商英的不滿，於是「邑人以予（張商英）知其長者也，相與勸勉，擇集賢嶺下改建今昭化院」。三十年後（政和八年，公元1118年），該寺住持宗悟致書張商英求記文時還說道：「方山非昔方山也，松柏林木，高大盛茂，不植而生，皆應古記……相公開基，始悟亡先師，願得相公隻字，以爲法門之光。」〔註183〕其實，張商英於此並未有什麼資助活動，只是給了促使

〔註178〕（宋）歐陽修撰：《歐陽修全集·居士外集》卷一三，《河南府重修淨垢院記》。

〔註179〕（唐）房玄齡、褚遂良等撰：《晉書》卷七七，《何充傳》。

〔註180〕（唐）房玄齡、褚遂良等撰：《晉書》卷九三，《何準傳》。

〔註181〕以上兩事分見《梁書》卷二五，《徐勉傳》及《南史》卷二〇，《謝弘微傳》之附傳。

〔註182〕魏道儒認爲，宋王朝始終處在嚴重的內憂外患的壓力下，不少士人提出變法圖強的主張，而抑制佛教恰是圖強的手段之一，如王安石之變法中，排佛抑佛即是內容之一。參見杜繼文、魏道儒著《中國禪宗通史》，江蘇人民出版社，2007年，第428頁。

〔註183〕張商英撰：《昭化寺李長者龕記》，《全宋文》卷二二三二。

當地人重修此寺的契機而已。又如元祐四年（1089）六月三日，張商英途徑定襄縣時，前往拜謁打地和尚塔，看到塔院破陋不堪，而對當地父老說：「古佛也，緣在若境，胡不少莊嚴之？」當地人對曰：「懷是心久矣，官以告我，我之願也。」在張商英的建議下，「於是富者輸財，壯者輸力，巧者輸工，發於歡心，出於新敬，而嚮之□□頹剝，化為宏敞煥麗」〔註184〕。在張商英的發起倡議下，打地和尚塔院很快煥然一新。還有如前文所述的黃龍元肅禪師，在張商英的舉薦下出任黃龍住持之後，曾對知事僧說：「堂宇圮墮，佛事不嚴若是，豈洪守（張商英）所以囑予之意哉？」於是在黃龍元肅主持下，在不到兩年時間內，寺院先後建佛牙大閣、東西方丈等設施二百餘間。雖然沙門允平對張商英說「初開此山，清河張氏超慧也；再興吳（吾）院者，清河張公（張商英）也」〔註185〕，但實事求是地講，張商英並未直接參與寺院的維修，充其量我們只可以看作是寺院在借張商英的影響得到了維護、重修的機會。

當然，我們不能就此否認張商英對捐修寺院的熱情。事實上，從另一些材料中我們也可以看出他直接出面幫助寺院的積極性。這其中最明顯的例子是他對五臺山諸寺的全力護持。還是在元祐三年（1088）六月初登五臺山時，張商英途經羅睺足跡殿，「見其屋宇摧弊，念欲他日完之。其夜足跡殿所現燈，尤異，即以錢三萬，付僧正省奇修建」。這是現存文獻所載的張商英首次對寺院出資維修，其所出之錢應出於己。同年八月，張商英所著《續清涼傳》上卷完成，即將所書及疏文送至真容院。僧正省奇集僧眾八十餘人，於菩薩殿內讀疏訖，殿內忽現金燈四十餘遍。張商英「思有以歸奉者，即自塑泥像」。至元祐四年（1089）夏六月，張商英第三次登五臺山求雨時，連帶安奉了羅睺菩薩聖像。這是張商英為五臺山寺院捐贈菩薩塑像。在按部五臺山期間，他還曾與汾州西河宰李傑同謁無業禪師塔，看到無業禪師塔已殘破不堪，兩人「惜其摧腐，相與修完」〔註186〕。這是他為寺院捐資修塔。

但是張商英對五臺山諸寺的貢獻還遠不止於此。作為一名朝廷官員，他的特殊身份往往使他能夠在朝中為佛教之發展疾呼，這其中，就包括爭取朝廷對佛寺的政策支持。元祐三年，在他第一次下山之前，五臺山十等主僧及其徒眾曾請求張商英作五臺山的佛教外護，維護五臺山寺院的利益：

〔註184〕張商英撰：《定襄縣新修打地和尚塔院記》，《全宋文》卷二二三一。
〔註185〕張商英撰：《黃龍崇恩禪院記》，《全宋文》卷二二三二。
〔註186〕以上所引皆自（宋）張商英撰《續清涼傳》，《大正藏》第51冊，No.2100。

　　於是十等主僧及其徒眾，確請曰：「謹按華嚴經云，東北方有處，名清涼山。從昔已來，諸菩薩眾，於中止住。現有菩薩，名文殊師利，與其眷屬諸菩薩眾一萬人俱，常為說法。即我山中眾聖遊止。不知過去幾千劫矣。自漢明帝後魏北齊隋唐，至於五代已前，歷朝興建，有侈無陋。我太宗皇帝，既平劉氏，即下有司，蠲放臺山寺院租稅。厥後四朝，亦罔不先志之承。比因邊倅議括曠土，故我聖境山林為土丘。所有開畬斬伐，發露龍神之窟宅。我等寺宇，十殘八九。僧眾乞丐，散之四方。則我師文殊之教，不久磨滅。今公於我師，有大因緣，見是希有之相。公當為文若記，以傳信於天下後世之人，以承菩薩所以付囑之意。

張商英因在五臺山親睹文殊稀有之象，而對佛教生大信念，於是答應諸僧的請求，不僅書成《續清涼傳》，而且幾次三番上疏朝廷，請求朝廷能夠還寺院良田，以重興五臺山諸寺：

　　勘會五臺山十寺，舊管四十二莊。太宗皇帝平晉之後，悉蠲租賦，以示崇奉。比因邊臣謾昧朝延，其地為山荒。遂摽奪其良田三百餘頃，招置弓箭手一百餘戶。因此逐寺，詞訟不息。僧徒分散，寺宇隳摧。臣累見狀，乞給還，終未蒙省察。臣竊以六合之外，蓋有不可致詰之事。彼化人者，豈規以土田得失為成與虧？但昔人施之為福田，後人取之養鄉兵，於理疑若未安。欲乞下本路勘會，如臣所見所陳，別無不實，即乞檢會。累奏早賜施行。

通過張商英不懈的努力，朝廷終於恩准了其請求。紫府真容院松溪老人文琬在《續清涼傳·後序》中描繪了在張商英努力爭取下，五臺山佛寺的經濟得以重振，梵剎得以重光的一派繁盛景象：

　　昔宋朝丞相無盡居士天覺，夢遊紫府，既至無殊，見不思議之境界，睹無窮數之神光。具奏，帝聞重加修葺。莊產土田，倍加先帝。山門榮耀，緇侶汪洋。自此洪岩巨壑，峭壁荒溪，古之伽藍，無不周備。可謂名高百代，道光千載。朝臣奉信，競趣寶方。續傳流通，至今無替。〔註187〕

文琬之詞或許有誇大之嫌，但五臺山佛寺經張商英護持之後強於之前，似乎也是不爭的事實。以此考之，北宋後期五臺山諸佛寺能夠重振山門，與張商

〔註187〕（宋）張商英撰：《續清涼傳》，《大正藏》第 51 冊，No.2100。

英爲其在朝中奔走疾呼有著直接的聯繫。張商英僅此一項，就是同時代佛教外護們遠不能及的。

最後，張商英爲寺院撰寫文記以及已故高僧塔銘也是他崇興梵剎的一項重要努力。在古代，文人士大夫爲寺院撰寫碑文、爲高僧撰寫銘文的行爲並不罕見，既便是一些反佛之士，如韓愈、歐陽修等，在這方面也有大量作品留世。張商英一生中爲佛寺撰寫的文記及塔銘，至今流傳下來的多達數十篇，其中有爲佛堂等撰寫的碑文，亦有爲寺院已故高僧撰寫的銘文。雖然與同時代的著名文人蘇軾、黃庭堅、秦觀等相比，其文采或略輸一等，但其護法之心或在他人之上。作爲北宋後期的著名護法，張商英所作的這些文記刻石爲碑，藏於深山古剎，必爲寺院增色不少。故張商英此舉可以看作是他光大山門的重要手段。而僧人們也早已意識到張商英的記文對他們寺院發展的深遠影響，故常常求記於張商英。載於《全宋文》中的寺僧求記文及銘文於張商英之事不勝枚舉。如政和八年昭化寺住持宗悟致書張商英求字時言：「相公開基，始悟亡先師，願得相公隻字，以爲法門之光。」〔註188〕又如東林沙門彌恩等請求張商英爲該寺善法堂記文時說：「我此善法堂，蓋嘗走四方，求士大夫紀錄營建，昭示來世。終無一人能承當者，何以故？此堂雄麗，難形摹故；我師說法，難湊泊故。今居士適至，是我山中天龍、藥叉、人、非人等三歲守護，以待居士也。居士其捨諸？」〔註189〕洪州寶峰禪院住持福深禪師三次求記於張商英，張商英三辭之，「而（福深）請益堅」〔註190〕。黃龍崇恩禪院遣人求張商英記文時告使者曰：「持是說求張公記其本末，此非小因小緣」〔註191〕潞州紫岩禪院大悲像殊勝莊嚴，「礱巨石以待記者四十年矣」。聞張商英前來，主僧合掌請求張商英爲之留下記文：「善哉，眞得佛意！謁官之文，以破俗疑。」〔註192〕更有前文所提到的玉泉承皓長老，「悉壞法堂方丈寢堂鐘樓慈氏閣關廟而鼎新之，皆求予（張商英）記其本末」。待其死後，門人德鴻又求銘文於張商英〔註193〕。僧人們如此三番五次煩勞張商英，張商英也不厭其煩，樂於爲山門外護。有時，一些與張商英私交甚好的禪僧去世後，

〔註188〕　（宋）張商英撰：《昭化寺李長者龕記》，《全宋文》卷二二三二。
〔註189〕　（宋）張商英撰：《東林善法堂記》，《全宋文》卷二二三一。
〔註190〕　（宋）張商英撰：《洪州寶峰禪院選佛堂記》，《全宋文》卷二二三二。
〔註191〕　（宋）張商英撰：《黃龍崇恩禪院記》，《全宋文》卷二二三二。
〔註192〕　（宋）張商英撰：《潞州紫岩禪院千手千眼大悲殿記》，《全宋文》卷二二三二。
〔註193〕　（宋）張商英撰：《荊門玉泉皓長老塔銘》，《全宋文》卷二二三四。

張商英還要主動爲其撰寫銘文。如兜率惠照去世後，已是風燭殘年的張商英爲之撰寫銘文並遣人送之兜率〔註194〕。又如他爲其師兜率從悅親撰銘文，其文略曰：「……蓋其道行，實爲叢林所宗向，有光佛祖，有助化風。思有以發揮之，爲特請於朝，蒙恩追諡眞寂大師。嗚呼！余惟與師神交道契，故不敢忘外護之志。雖其死生契濶之異而蒙被天子之殊恩，則幸亦共之。仰惟覺靈，祇此榮福。」〔註195〕崇師之餘，尚不忘外護之志。其實，對兜率山中眾僧而言，這篇銘文就是最好的護法工具了。

表 2.1 　《全宋文》中張商英撰寫的寺院文記、塔銘一覽表〔註196〕

名　　稱	撰寫時間	所屬寺院
《普通寺記》	熙寧初	成都普通寺
《重建當陽武廟記》	元豐四年（1081）	當陽武廟
《元祐初建三郎廟記》	元祐初	當陽三郎廟
《太原府壽陽方山李長者造論所昭化院記》	元祐三年（1088）	壽陽方山昭化院
《定襄縣新修打地和尚塔院記》	元祐五年（1090）二月	定襄縣打地和尚塔院
《雲居山眞如禪院三塔銘》	元祐五年	南康雲居山眞如禪院
《東林善法堂記》	元祐六年（1091）四月	廬山東林禪寺
《神運殿記》	元祐年間（存疑）	廬山東林禪寺
《仰山廟記》	元祐七年（1092）九月	袁州仰山廟
《撫州永安禪院僧堂記》	元祐七年十二月	撫州臨川永安禪院
《潞州紫岩禪院千手千眼大悲殿記》	元祐年間（存疑）	潞州上黨紫岩寺
《撫州永安禪寺法堂記》	紹聖二年（1095）	撫州臨川永安禪院
《荊門玉泉皓長老塔銘》	紹聖二年	當陽玉泉景德禪院
《黃龍崇恩禪院記》	紹聖六年（1099）	洪州黃龍崇恩禪院
《隨州大洪山靈峰禪寺記》	崇寧元年（1102）正月	隨州大洪山靈峰禪寺
《唐李長者行跡》	崇寧元年七月	壽陽方山昭化院
《洪州寶峰禪院選佛堂記》	崇寧年間	洪州寶峰禪院

〔註194〕參見（宋）釋覺範撰《石門文字禪》卷二四，《送一上人序》。

〔註195〕（宋）釋曉瑩撰：《羅湖野錄》卷二。

〔註196〕表中所列材料皆來自曾棗莊、劉琳主編《全宋文》卷二二三一至卷二二三四。其中《神運殿記》、《潞州紫岩禪院千手千眼大悲殿記》的撰寫時間爲筆者推算，尚不能肯定，故存疑。

《祭眞寂大師文》	政和元年（1111）二月	洪州分寧兜率寺
《昭化寺李長者龕記》	政和八年（1118）十一月	壽陽方山昭化院
《盱眙龜山水陸院記》	不詳	盱眙龜山水陸院
《善洪西回錄》	不詳	隨州大洪山靈峰禪寺（存疑）
《江陵萬壽寺金佛贊》	不詳	江陵萬壽寺
《蒙軒記》	不詳	成都白馬寺

3、調解叢林糾紛

在佛教的發展過程中，總會有方方面面的困難，其中不少屬於佛教內部的矛盾，我們姑且將這種來自內部的矛盾稱之爲叢林糾紛。在張商英的佛教生涯中，他就處理了不少這樣的叢林糾紛。筆者大致歸納了一下，張商英調解的叢林糾紛可以分爲兩類，一類是信眾與寺院間的糾紛，一類是革律爲禪時所引發的禪徒、律徒之間的糾紛。張商英通過自己的努力，化解了叢林間不少的矛盾，爲佛教的健康發展提供了良好的環境，因而我們也可將之行爲視爲一種護法活動。

寺院的信眾，我們通常稱之爲檀越，本是寺院發展的有力支持者，但有時信眾與寺院之間也會發生一些誤解甚至嚴重的矛盾。張商英之昆仲、撫州永安禪寺住持兜率了常就遇到了這種情況。元祐六年，張商英舉薦其昆仲兜率了常出任撫州永安禪寺住持。兜率了常升座說法，時座下臨川人陳宗愈一歷耳根，生大欣慰，發願捐其家資百萬，爲永安禪寺修建僧堂、法堂。然而工程尚未完工，陳宗愈死，其二子訴於了常曰：「吾先子之未奉佛也，安且強；既奉佛也，病且亡。佛之因果可信耶？其不可信耶？」了常處理不了這樣的投訴，只好請教於張商英：「吾野叟也，不足以譬子子弟成父之志，而卒吾堂。吾先師有得法上首無盡居士，深入不二，辨才無礙，隨順根性，善演音。法堂成，當爲子持書求誨，決子之疑。」紹聖元年（1094）春，了常遣僧明鑒至山陽請教張商英，但恰巧當時張商英要回京任職，未曾顧及此事。陳宗愈二子很有可能並未就此罷休，之後反而鬧得愈演愈烈，仍要求了常給他們一個說法。不勝其煩的了常於第二年又遣僧明鑒前往京城求救於張商英：

> 明鑒雨淚悲泣，殷勤三請：「大悲居士，佛法外護付與王臣。今此眾生流浪苦海，貪怖死生迷惑因果。惟願居士作大醫王，施與法藥。

從明鑑雨淚悲泣的哭訴中，我們不難想見當時陳氏二子與永安禪寺發生的糾紛已有多麼嚴重。住持了常處理不了這樣的糾紛，只有把希望完全放在了同門張商英的身上，希望能借他朝廷高官的身份來化解此事。張商英受理了這場糾紛，他對明鑑說道：

> 善哉！善哉！汝乃能不遠千里，爲陳氏子咨請如來無上祕密，甚深法要。諦聽吾說，持以告之……汝財能捨，即能捨愛；汝愛能捨，即能捨身；汝身能捨，即能捨意；汝意能捨，即能捨法；汝能捨法，即能捨心；汝心能捨，即能契道。昔迦葉尊者行化，有貧嫗以瓦破器中潘汁施之，尊者飲訖，踴身虛空，現十八變。貧嫗瞻仰心大歡喜。尊者謂曰：「汝之所施，得福無量，若人若天，輪王帝釋，四果聖人，及佛菩提，汝意所願，無不獲者。」嫗曰：「止求生天。」尊者曰：「如汝所欲。」過後七日命終，生忉利天，受勝妙樂。又罽賓國王在佛會聽法，出眾言曰：「大聖出世，千劫難逢，今欲發心造立精舍，願佛開許。」佛云：「隨爾所作。」罽賓持一枝竹，插於佛前，曰：「建立精籃竟。」佛云：「如是如是。以是精籃，含容法界；以是供養，福越河沙。」（明）鑑來，爲吾持此二說，歸語檀越，善自擇之：汝父所建堂室廊廡，比一器潘得福甚多，生天受樂，決定無疑。……

不管張商英的話能否真正說服陳氏二子，他的話語權無疑是遠遠重於寺院住持及普通百姓的，永安禪寺足以用這番話作爲向方寶劍化解當地檀越與他們的糾紛。故當張商英授以明鑑這番話後，「於是明鑑踴躍信受，歸告其人，筆集緒言，刻以爲記」〔註197〕，雖然我們不知後文，但相信在張商英的這番話「刻以爲記」之後，陳氏二子與永安禪寺的這場糾紛也就消失了。

相比於處理檀越與寺院之間的糾紛，更令張商英頭痛的恐怕還是在他面對革律爲禪時律徒與禪徒之間鬧糾紛的時候。不過，在講張商英化解此類矛盾之前，我們還是有必要先搞清楚宋代甲乙寺制、十方寺制的概念以及宋代自神宗時掀起的革律爲禪之風。

宋代寺院有甲乙與十方之分。這兩種寺院在宗派上、住持承續上、居食方式上、財產所有上甚至剃度制度上都有明顯的區分。簡單來講，甲乙制寺

〔註197〕以上所引皆自（宋）張商英撰《撫州永安禪院新建法堂記》，《緇門警訓》卷一〇，《大正藏》第 48 冊，No.2023。

往往是律寺，十方制寺是禪寺。甲乙制寺的傳承往往依靠自己所度弟子，十方制寺往往請諸方名禪來住持。在居食方式上，「崇扃闃然，鐘唱鼓和，圓頂大袖，塗人如歸，環食劍處，不問疏親者，謂之十方；人闈一戶，室居而家食，更相爲子弟者，謂之甲乙」〔註198〕。在寺院財產所有權上，甲乙制寺是財產私有，十方制寺是財產公有。甚至在對弟子的剃度上，兩種制寺也有區別。甲乙制寺住持和其他僧侶皆可剃度徒弟，十方制寺中能剃度弟子者，唯有住持一人。其實，甲乙制寺和十方制寺的出現並非只在宋朝。據劉長東的考證，甲乙寺制可以上推六朝，十方寺制唐代實際上已經出現〔註199〕。然而歷史上大規模的甲乙制寺改爲十方制寺（即革律爲禪）情況的出現，卻是在宋代，尤其是宋神宗時代。神宗時期在佛教界掀起革律爲禪之風，應該不是出於偶然，這恐怕與當時熙豐變法所追求的加強中央集權的目的有某種吻合。事實上，在宋仁宗時期，甲乙制寺與十方制寺的數量之比還十分懸殊，「天下伽藍，以夏臘繼承，自相統率者（指甲乙制寺），蓋萬數焉；由郡縣之令，選於州鄉，以領其徒者（指十方制寺），且千數」〔註200〕。經過宋神宗之後諸帝的改革，至南宋寧宗時期，甲乙寺的比例已由占絕大多數而變爲不足半數〔註201〕。南宋李正民曾總結道：「聖朝襲前代舊章，爲佛教外護，廣設度門，崇信般若。凡大伽藍，闢律爲禪者多矣，且著令云，應甲乙寺宇其待眾有罪，聽改作十方住持，所以澄汰冗流，肅清海眾者也。」〔註202〕自北宋中後期起，朝廷之所以對十方制寺青睞有加，鼓勵寺院由甲乙改十方，大力革律爲禪，一個主要原因是因爲相對於甲乙制寺，朝廷更易插手和監控十方制

〔註198〕（宋）陳舜俞撰：《福嚴禪院記》，《至元嘉禾志》卷二六，《宋元方志叢刊》第 5 冊，第 4612 頁。

〔註199〕以上兩種制寺的區分參見劉長東著《宋代佛教政策論稿》，巴蜀書社，2005年，第 178〜185 頁；關於兩種制寺出現時間的考證，參見該書第 189〜203頁、216〜220 頁。

〔註200〕余靖撰：《武溪集》卷九，《韶州南華寺慈濟大師壽塔銘》，文淵閣《四庫全書》本。

〔註201〕劉長東援引了日本學者高雄義堅的統計結果，高雄義堅統計了寧宗時期台州、明州的甲乙制寺和十方制寺的數量及比例，指出當時兩地的十方制寺已占半數以上，並由此推算南宋境內寺院格局大致亦如此。參見（日）高雄義堅著《宋代佛教史の研究》，京都：百花苑，昭和五十年（1975），第 67 頁。此書不及見，轉引自劉長東著《宋代佛教政策論稿》，巴蜀書社，2005 年，第 242 頁。

〔註202〕（宋）李正民撰：《法喜寺改十方記》，《至元嘉禾志》卷二三，《宋元方志叢刊》第 5 冊，第 4589 頁。

寺〔註203〕。朝廷擴大了十方制寺在全國寺院中的比例，也就相應擴大了朝廷對全國寺院的監控力度。這也顯示出宋朝欲通過革律為禪的運動，從而加強其對佛教事務的干預，將佛教事務牢牢控制在國家政權之下，這也與熙豐變法以來宋朝追求的中央集權目的是一致的。

　　但是朝廷的革律為禪，往往易激起律徒的激烈反抗，而且有時事態會嚴重到訟於官府，由官府出面調停。如熙寧五年（1072），明州定海縣妙勝院欲革律為禪，已延請淡交作住持，但原律徒不肯罷休，「訟於州，願復得故處，州以訊於縣，縣力爭之而後已」〔註204〕。又如蘇軾於杭州為官期間，曾主持過寺院的革律為禪，也曾面對過改律寺為禪寺時受到律徒反對的事件，在蘇軾的壓力下，此事方才最終平息：

> 　　徑山長老維琳，行峻而通，文麗而清。始，徑山祖師有約，後世止以甲乙住持。於謂以適事之宜而廢祖師之約，當於山門選用有德，乃以琳嗣事。眾初有不悅之人，然終不能勝悅者之多且公也，今則大定亦。〔註205〕

在這樣的歷史背景下，張商英作為著名的佛教外護及朝廷官員，也不可避免地要面對革律為禪時的禪律相爭。今存的我們能見到的他處理禪律糾紛的史料僅有一條，即作於崇寧元年的《隨州大洪山靈峰寺十方禪院記》〔註206〕。據該文記載，元祐二年（1087）九月，詔隨州大洪山靈峰寺革律為禪，但直到紹聖元年（1094），始請移洛陽少林寺長老報恩來任住持。這期間發生了什麼，史無確載，極有可能是因為靈峰寺律徒的抗爭而使地方政府長期無法實施革律為禪的政策。報恩至該寺後，欲除舊布新，革律為禪，果然也遭到該寺律徒的強烈反對。報恩無奈，恰巧此時張商英謫為該地郡守，報恩便求助於張商英。張商英於是召集靈峰寺的禪徒、律徒而調解道：

> 　　律以甲乙，禪以十方。而所謂甲乙者，甲從何來？乙從何立？

〔註203〕據《慶元條法事類》相關記載可以看出，在住持的承替上，宋朝政府對甲乙制寺插手不深，對十方制寺則有較大監控空間。劉長東於此已有詳細分析，筆者此處不再贅述。詳見劉長東著《宋代佛教政策論稿》，巴蜀書社，2005年，第248～256頁。

〔註204〕（宋）鄭伷撰：《妙勝院十方記》，《乾道四明圖經》卷一〇，《宋元方志叢刊》第5冊，第4949頁。

〔註205〕（宋）蘇軾撰：《東坡志林》卷二，《付僧惠誠遊吳中代書十二》。

〔註206〕（明）如巹續集：《緇門警訊》卷一〇。另，《全宋文》卷二二三二亦有收錄，只是名為《隨州大洪山靈峰禪寺記》。

而必曰：「我慈忍之子孫也，今取人於十方，則忍之後絕矣。」乙在子孫，甲在慈忍；乙在慈忍，甲在馬祖；乙在馬祖，甲在南嶽；乙在南嶽，甲在曹溪。推而上之，甲乙乃在乎菩提達磨，西天四七。所謂甲乙者，果安在哉？又而所謂十方者，十從何生？方從何起？世間之法，以一生二，一二爲三，二三爲六，三三爲九。九者，究也，復歸爲一。一九爲十，十義乃成，不應突然無一有十。而所謂方者，上爲方耶？下爲方耶？東爲方耶？西爲方耶？南爲方耶？北爲方耶？以上爲方，則諸天所居，非而境界；以下爲方，則風輪所持，非而居止；以東爲方，則毗提訶人，面如半月；以北爲方，則鬱單越人，壽命久長；以西爲方，則瞿耶尼洲，滄波浩渺；以南爲方，則閻浮提洲，象馬殊國。然則甲乙無定，十方無依，競律競禪，奚是奚非？」

張商英對甲乙和十方的解釋是頗爲有趣的，而且這段話中間還告訴我們一個信息，那就是靈峰寺的前身本就是禪寺，所以何來甲乙律寺〔註207〕？但是靈峰寺的律徒們並未就此罷休，他們還是在張商英面前據理力爭：

> 律之徒曰：「世尊嘗居給孤獨園竹林精舍。必知（如）太守言，世尊非耶？」

張商英回斥道：「汝豈不聞以大圓覺爲我伽藍，身心安居，平等性智。此非我說，乃是佛說。」不管律徒服與不服，張商英的命令是強硬的，不容更改，「於是律之徒默然而去」〔註208〕。張商英此次主持革律爲禪之事，從調解禪徒、律徒糾紛的過程來說，似乎並不完美，他最後給律徒的解釋顯然並不能真正

〔註207〕該文前面曾敘及開山祖師唐代慈忍大師本師從馬祖，秘傳心要，是爲名禪。故張商英後面推出該寺甲乙律徒本是禪徒，不該有今日禪律之爭。又，劉長東關於此處的解釋是：「據此寺的沿革，以及張商英解紛之辭歷數該寺之祖而僅及禪門，可知從善信（慈忍）創寺後，該寺一直由善信的法嗣子孫在承續住持，並未改屬過律宗。雖然如此，但是因其住持承續實行的是甲乙徒弟制，而非延請諸方明德的十方制，所以張商英按其住持制的性質，將實行甲乙制時的該禪寺及寺僧稱爲『律』寺和『律之徒』，待其改爲十方制後方稱爲禪寺，其『革律爲禪』的措辭非指其宗派歸屬有變化，而僅指住持制度有更張。在宋代文獻中出現頻率較高的『革律爲禪』的措辭，應有部分當作如是觀。」參見劉長東著《宋代佛教政策論稿》，巴蜀書社，2005年，第188頁。劉氏此論，言之鑿鑿，筆者亦同意此說。但關於此說，就目前筆者所見，也僅此一處，尚不能肯定爲定論。

〔註208〕（宋）張商英撰：《隨州大洪山靈峰寺十方禪院記》，《緇門警訊》卷一〇。

使律徒信服，但從結果上來講，他的調解應該說是成功的。他終結了靈峰寺長達數年的禪律之爭，使該寺順利轉化爲十方禪寺。

4、廢淫祠、置佛寺

在張商英諸多護法活動中，其中有一項活動是較爲特別的，那就是廢淫祠、置佛寺。淫祠與佛寺，兩者本不相干，前者是非法的，後者是合法的，但在中國古代社會，二者又往往有著千絲萬縷的聯繫。從本質上來講，淫祠也好，佛寺也好，都可以看作是人民宗教信仰的場所。況且，有些淫祠從表面上看，幾乎與佛寺一模一樣〔註209〕。在宋代，某些地方或許佛教佔據著人們的精神領域，某些地方或許淫祀佔據著人們的精神領域，而淫祠的分佈還是較爲廣泛的。張商英在毀淫祠的同時，也不忘建立佛寺來及時引導人們的精神信仰，使民眾能走上正規的宗教信仰之路。這不能不說是張商英獨特的護法行爲。

何爲淫祠，宋代官方判定淫祠的標準又是什麼？陝西師範大學歷史系賈二強教授認爲，所謂淫祀，是一種祭祀活動，但卻是在國家正式承認的祭祀活動之外〔註210〕。那麼，我們也可以這樣說，所謂淫祠，就是舉行國家並不承認的、非法的祭祀活動的場所。關於淫祠（或淫祀）的判定標準，不同的時代給出的標準可能是不一樣的。先秦時期，《禮記·曲禮下》規定：「天子祭天地，祭四方，祭山川，祭五祀，歲遍。諸侯方祀，祭山川，祭五祀，歲遍。大夫祭五祀，歲遍。士祭其先。凡祭，有其廢之，莫敢舉也；有其舉之，莫敢廢也。非其所祭而祭之，名曰淫祀。淫祀無福。」〔註211〕由此可知，先秦時期所謂淫祀，便是非其所祭而祭之之祀。另，《漢書·郊祀志》亦記載了上至天子下至庶人的祭祀範圍，除此範圍之外亦皆爲淫祀：「天子祭天下名山、大川，懷柔百神，咸秩無文。五嶽視三公，四瀆視諸侯。而諸侯祭其疆內名山、大川，大夫祭門、戶、井、灶、中霤五祀，士、庶人祖考而已。各

〔註209〕本文第一章第四節曾講到唐宋時期的摩尼教往往假冒佛教來傳播，宋代一些摩尼寺院的外觀酷似佛寺，使人難辨真偽。摩尼教在宋代爲邪教，其寺院亦可看作淫祠；另有五通神、仰山神之信仰，與佛教關係亦極密切。據皮慶生考證，兩種神祠多設在寺中，前者本廟誕會又稱佛誕會，後者與潙仰宗有很大關聯。參見皮慶生著《宋代民眾祠神信仰研究》，上海古籍出版社，2008年，第253頁。

〔註210〕賈二強著：《唐宋民間信仰》，福建人民出版社，2002年，第158頁。

〔註211〕《禮記·曲禮下第二》，《十三經》。

有典禮，而淫祀有禁。」〔註212〕《禮記》和《漢書》的這套標準可以說是中國古代社會判定淫祠（淫祀）的較權威的標準。這套標準也再次證明，當時對淫祠的判定，並不取決於祀奉對象的美醜善惡，而主要取決於是否在規定的範圍內。而到了宋代，這種判定標準發生了一定的改變。據皮慶生的考證，在宋代，判定一種神祠是正還是淫主要是看它是否靈驗，如祠神能興風雨、祐黎民者，則朝廷判其爲正祠，其祠神甚至納入祀典：

> 諸祠廟。自開寶、皇祐以來，凡天下名在地志，功及生民，宮觀陵廟，名山大川能興雲雨者，並加崇飾，增入祀典。熙寧復詔應祠廟祈禱靈驗，而未有爵號，並以名聞。
>
> ……
>
> 其新立廟：若何承矩、李允則守雄州，曹瑋帥秦州，李繼和節度鎮戎軍，則以有功一方者也。韓琦在中山，范仲淹在慶州，孫晃在海州，則以政有威惠者也。王承偉築祁州河堤，工部員外郎張夏築錢塘江岸，則以爲人除患者也。封州曹覲、德慶府趙師旦、邕州蘇緘、恩州通判董元亨、指揮使馬遂，則死於亂賊者也。其王韶於熙河，李憲於蘭州，劉滬於水洛城，郭成於懷慶軍，折御卿於嵐州，作坊使王吉於麟州神堂砦，各以功業建廟。寇準死雷州，人憐其忠，而趙普祠中山、韓琦祠相州，則以鄉里，皆載祀典焉。其他州縣嶽瀆、城隍、仙佛、山神、龍神、水泉江河之神及諸小祠，皆由禱祈感應……〔註213〕

宋朝在繼承了歷史的判定標準的同時，更加注意祠神本身的內涵。或許，這也從一個側面反映出宋代民眾信仰影響力的日漸擴大。

歷史上的很多淫祠危害到民眾生活及國家安全，故歷朝歷代對淫祠的打擊都是較爲堅決的。漢末魏初曹操、曹丕父子先後廢除淫祠，這也是史料所載的最早由封建中央王朝下令廢淫祠的詔令，史稱「世之淫祀由此遂絕」〔註214〕。唐代的狄仁傑、李德裕均廢除過淫祠一千餘所〔註215〕。特別是狄仁傑，在擔

〔註212〕（漢）班固撰：《漢書》卷二五，《郊祀志上》。

〔註213〕（元）脫脫等撰：《宋史》卷一〇五，《禮志八》。參見皮慶生著《宋代民眾祠神信仰研究》，上海古籍出版社，2008年，第276～282頁。

〔註214〕（晉）陳壽撰：《三國志》卷一，《魏書·武帝紀》。另，曹丕的廢淫祠詔令見於《三國志》卷二，《魏書·文帝紀》。

〔註215〕（唐）杜佑撰：《通典》卷五五。

任江南安撫使時，大規模清理廢除了江南的淫祠一千七百所，使江南淫祠幾遭斷絕〔註216〕。宋代的程頤為此感慨道：「唐狄仁傑廢江浙間淫祠千七百所，所存惟吳大伯、伍子胥二廟爾。今人做不得，以謂時不同，是誠不然，只是無狄仁傑耳。」〔註217〕其實程頤的今不如昔的感慨發地有點早了，在他之後不久，張商英一樣做到了毀廢淫祠一千多所的壯舉。政和元年（1111）正月九日，在張商英執政的第二年的年初，朝廷正式下令毀開封地區的淫祠一千餘所：

> 開封府毀神祠一千三十八區，遷其本像入寺觀及本廟，如真武像遷醴泉下觀，土地像遷城隍廟之類，五通、石將軍、妲己三廟以淫祠廢，仍禁軍民擅立大小祠廟。〔註218〕

宋朝政府對淫祠的打擊一向是非常嚴厲的，從太祖到徽宗，歷代皇帝都一再下詔毀廢淫祠〔註219〕。但從目前掌握的史料看，數張商英執政期間朝廷毀廢的淫祠數量最多，且打擊地區是在首都開封，故影響也應最大。

廢淫祠，是張商英短暫的為相期間的一項重要政績，但梳理其一生的史料，我們卻發現，張商英廢淫祠的行為絕非僅此一回，事實上，在他為官一方時，就有兩次將淫祠轉為佛寺的活動。第一次發生在元祐三年九月，當時的張商英出按壽陽，聞縣東三十五里有方山昭化院，是唐代李長者（李通玄）造論之所，於是齋戒後前往，但到後卻發現昭化院摔破不堪。他詢問當地主僧該院破敗的原因，主僧道出了當地人不信佛而信淫祀的習俗是致使該寺破敗的主因：

> 長者坐亡於此山久矣，神之所遊，緣之所赴，年穀常熟，物不疵癘。此方之人乃相與腥膻乎方山之鬼，莫吾長者之敬，院以此貧。

〔註216〕（後晉）劉昫等撰：《舊唐書》卷八九，《狄仁傑傳》。

〔註217〕（宋）朱熹編：《二程遺書》卷二二，文淵閣《四庫全書》本。

〔註218〕（清）徐松輯：《宋會要輯稿》禮二十之十四、十五。又，《九朝編年備要》卷二八亦有類似記載，參見（宋）陳均撰《九朝編年備要》卷二八，文淵閣《四庫全書》本。

〔註219〕皮慶生曾統計了兩宋關於正祀、淫祀的詔令與行為的大量史料，從中我們可以發現有大量的殺人祭、信巫不信醫、男女不當集會、斂財害命甚至危及地方及國家安全的祠神信仰行為。這種淫祠當然是政府嚴打不息的。參見皮慶生著《宋代民眾祠神信仰研究》，上海古籍出版社，2008年，附錄六，《兩宋關於正祀、淫祀的詔令與行為一覽表》，第354～376頁。

張商英聽後很快下令廢淫祠，置李長者像，爲民祈福。在張商英的號召下，當地人重新信奉佛教，併發心莊嚴佛寺：

> 吾惟古之使者，毀淫祀，或多至數千所，即移縣廢鬼祠，置長者像，爲民祈福。十月七日治地基，八日白圓光現於山南，於是父老叩頭悲淚曰：「不知長者之福吾土也，請並院新之。」施心雲起，不唱而和……〔註220〕

張商英用行政手段直接廢止了當地淫祠，建立起佛寺，且從事後效果來看是非常理想的。但事實上，要想改變一地百姓的精神信仰往往不是簡單的行政命令就可以解決好的。有時，官員不得不借助其他的手段來達到廢淫祠的目的，如張商英在袁州時，就曾借助於法術來改變當地人的仰山神信仰。仰山神信仰發源於袁州宜春縣（今江西宜春），皮慶生從文獻中勾稽出仰山行祠13座，分佈在當時的袁州、吉州、江州、撫州、臨安、鎮江、潭州、全州、道州、汀州、南雄州以及靜江府〔註221〕。雖數量不多，其分佈範圍卻甚廣。據張商英所撰《仰山廟記》記載，仰山有二神，姓蕭氏，本爲龍神。唐末潙仰宗僧人惠寂行至仰山時，收服二神。從此仰山神與佛教之潙仰宗建立起密切聯繫。但到宋時，仰山神重爲「邪巫老祝」所控制，又淪爲淫祠：

> 惠寂老歸死與東山，其事獨傳與其徒，而其徒不能宏其事，繼之以亂離，因之以廢壞，邪巫老祝，假託禍福，以瞽流俗，而神亡以明。〔註222〕

元祐六年（1091），張商英漕江西時，接到上面革淫祀的通知。此時恰逢著名禪師佛印了元（1032～1098）居仰山，因此他請來佛印了元，與之商討如何廢淫祠、置佛寺。佛印了元對張商英說道：「淫祀不可遽革，釋乎？巫乎？一聽於神。」佛印主張用占卜之術來決定是否改淫爲釋，而占卜結果自然是神「選擇」釋教，於是當地百姓重對佛教崇信不已：

〔註220〕（宋）張商英撰：《太原府壽陽方山李長者造論所昭化院記》，《全宋文》卷二二三一。

〔註221〕皮慶生著：《宋代民眾祠神信仰研究》，上海古籍出版社，2008年，第236～241頁。

〔註222〕（宋）張商英撰：《仰山廟記》，《全宋文》卷二二三一。又，該文還曾敘述了徐鉉（916—991）在金陵時，有仰山宜春二少年往謁之事，二少年敘及來金陵的原因時說：「僕家於宜春之南三十里。方春農事興，國人用羊豕腥膻，姑至此避之。」二少年即是仰山二神，由此可知當時的仰山信仰充斥著淫祀。

　　禱而卜之，神以釋告，於是國人改囂悍調服。流膏割鮮，化爲
　伊蒲賽之饌；淫歌踏舞，化爲清磬梵竺之音。〔註223〕

打擊不法淫祠，是宋代地方官員的職能之一。張商英在履行廢淫祠的職責的
同時，靈活處理此事，與佛印了元禪師通力合作，略施法術，於是在打擊淫
祀的同時又建立起正祀，將廢淫祠與置佛寺有機地結合在一起。這也成爲張
商英護法的獨到之處。

〔註223〕（宋）張商英撰：《仰山廟記》，《全宋文》卷二二三一。

第三章　張商英的護法思想

　　張商英的護法思想，散見於其傳世的各種著作文記之中，其中以《護法論》最爲集中。故而本章所闡釋的張商英護法思想，主要依憑文獻爲《護法論》。今收錄於《大正藏》第 52 冊的《護法論》，全文一萬餘字。張商英於文中不僅廣破韓愈、歐陽修、二程等人的排佛言論，而且針對時人對佛教的批評及佛教存在的一些問題，都有所回應。本章擬從他駁斥各種排佛之說、對三教進行調和以及對佛教現狀的反思與擔憂三個方面梳理張商英在《護法論》中的護法思想，同時簡要回顧一下歷史上的相關思想的演變發展，以使我們更清晰地認識到張商英護法思想的先進性與不足。

一、駁斥各種排佛之說

　　《護法論》中，張商英不僅廣破韓愈、歐陽修等人的排佛言論，而且對時人對佛教的指責、批評也一一作出反駁。筆者略作梳理，概括出張商英對反佛言論的六條駁斥，它們分別是否認佛法乃夷狄之法說，回應老子化胡說，反駁戒肉迂腐說，評析梁武帝奉佛亡國說，破析僧人不耕而食說，駁斥沙門不孝說。張商英的這些言論，或有閃光之處，可爲一家之言；或者沿襲前人舊說，爲陳詞濫調。筆者在歸納前人護法思想的基礎上，力求站在歷史的高度對此六條駁斥之說作出客觀的評述。

1、否認佛法乃夷狄之法說

　　中國人的夷夏觀由來已久。相對於周邊文明，華夏文明源遠流長，所以中原人在很早的時候便產生了文化優越感。《史記‧趙世家》載公子成對趙武靈王言：「臣聞中國者，蓋聰明徇智之所居也，萬物財用之所聚也，賢聖之所

教也，仁義之所施也，詩書禮樂之所用也，異敏技能之所試也，遠方之所觀赴也，蠻夷之所義行也。今王捨此而襲遠方之服，變古之教，易古人道，逆人之心，而怫學者，離中國，故臣願王圖之也。」〔註1〕說明早在戰國時中原人已有了明顯的文化優越感和夷夏觀。面對四夷文明，古代的一些先哲主張以夏變夷。如孔子說言：「故遠人不服，則修文德以來之。既來之，則安之。」〔註2〕孟子則直言：「吾聞用夏變夷者，未聞變於夷者也。」〔註3〕不過更多的時候，尤其是當中原文明受到周邊少數民族威脅時，中原人還是對周邊文明抱有鄙夷態度，嚴防夷夏之變。佛教自西域傳來，是一種外來宗教，無論是其思維、語言還是行為模式，都迴異於華夏文化，故後人往往將其視為夷狄之教，一些排佛者更是以此來作為其排佛的理由：

> 案釋氏源流本中國所斥，投之荒裔以禦魑魅者也。乃至舜時，竄橋機於三危，《左傳》「允（音捐）姓之姦居於瓜州」是也。杜預以允姓陰戎之別祖，與三苗俱放於三危。《漢書‧西域傳》：塞種本允姓之戎，世居燉煌，為月氏迫逐，遂住葱嶺南奔。又謂懸度賢豆，身毒天毒。仍訛轉以塞種為釋種，其實一也。允姓與三苗比居，教跡和洽。其釋種不行忠孝仁義，貪詐甚者，號之為佛。佛者戾也。或名為勃，勃者亂也。而陛下以中華之盛胄，方尊姚石羌胡之軌躅，竊不取一也。〔註4〕

這是南朝荀濟勸諫梁武帝身為華夏之盛胄，不要尊夷狄之佛教。這種論點雖然不是荀濟最先提出，但具有一定代表性。歷史上，以夷夏論排佛，成為中國人排斥佛教的重要藉口之一。針對這種夷夏論，佛教的擁護者也據理力爭。總的說來，雙方爭論的焦點主要在以下四個方面：

一是關於華夷人性同異問題。排佛者認為，佛教出自夷狄，夷狄之人人面獸心，佛教之徒也概莫能外：

> 又案釋迦出戎，剖脅而誕，摩耶遂殂，事符梟鏡。年長爭立，內不自安。背父叛君，逆節彌甚。達多投石，難陀引弓。變革常道，自餓形骸，安能濟物？聚合凶徒，易衣削髮。設言虛詐，不足承稟。九十六道，此道最貪。協彼淫愚，眾多崇信。至如琉璃誅釋，瞿曇

〔註1〕（漢）司馬遷撰：《史記》卷四三，《趙世家》。
〔註2〕《論語‧季氏第十六》，《十三經》。
〔註3〕《孟子‧滕文公章句上》，《十三經》。
〔註4〕（唐）釋道宣撰：《廣弘明集》卷七。

路左視之。在生親尚不存，既歿疏何能救？斯即不行忠孝。〔註5〕

這裡，荀濟舉出達多投石、難陀引弓以害釋迦牟尼的典故，說明佛徒之殘忍；又舉出琉璃王滅釋迦族而佛陀路旁視之典故，說明佛陀亦不行忠孝。針對此，佛教徒們指出人性之善惡，不是天生不變的。華夏有桀紂一樣的凶徒，天竺也有羅睺羅一樣的善人。用善惡的標準來衡量夷夏的觀點是站不住腳的：

> 請問，中夏之性與西戎之人，爲夏性純善戎人根惡。如令根惡，
> 則於理可破，使其純善，則於義可興，故知有惡可破，未離於善，
> 有善可興，未免於惡。然則善惡參流，深淺互別，故羅雲慈惠，非
> 假東光。桀跖凶虐，豈鍾西氣？何獨高華之風，鄙戎之法耶？〔註6〕

二是關於佛教習俗與中華禮制的矛盾問題。佛教出自天竺，又經西域而來，其習俗違於漢地風俗。由此產生的矛盾成爲一些排佛者攻擊的把柄。早在漢魏之際，有人就對牟子指出沙門之俗不合中原禮制：

> 黃帝垂衣裳，制服飾，箕子陳《洪範》，貌爲五事首；孔子作《孝
> 經》，服爲三德始。又曰：「正其衣冠，尊其瞻視。原憲雖貧，不離
> 華冠。子路遇難，不忘結纓。今沙門剃頭髮，披赤布，見人無跪起
> 之禮儀，無盤旋之容止。何其違貌服之制，乖搢紳之飾也。

針對此，牟子辯解說：「老子云：『上德不德，是以有德。下德不失德，是以無德。三皇之時，食肉衣皮，巢居穴處，以崇質樸。豈復須章甫之冠、曲裘之飾哉？然其人稱有德而敦厖允信而無爲。沙門之行有似之矣。」〔註7〕牟子以儒家所頌揚的三皇時代來爲佛教之俗作辯護。既然三皇時代「食肉衣皮，巢居穴處」，是「以崇質樸」，那麼與當時習俗類似的沙門之俗就不該受到指責。今人不該只看到沙門有違世俗之習，而應更深層次關注其道德精神追求。牟子從儒家典籍中需求依據，並要求世人重本體而不應重表象的論點，成爲後代護法者效法的範本。

三是關於佛陀是否爲聖人的爭論。排佛者以爲，既然佛陀身爲夷人，生在蠻夷，就不應受到華夏的敬奉。這是典型的以出身來論英雄的觀點。此論較易反駁，護法者往往會舉出孟子的言論辯之：

> 孟子曰：「舜生於諸馮，遷於負夏，卒於鳴條，東夷之人也。文

〔註5〕（唐）釋道宣撰：《廣弘明集》卷七。

〔註6〕（梁）釋僧祐撰：《弘明集》卷七。

〔註7〕參見（梁）釋僧祐撰《弘明集》卷一，《牟子理惑論》。

王生於岐周，卒於畢郢，西夷之人也。地之相去也，千有餘里；世之相後也，千有餘歲。得志行乎中國，若合符節。先聖後聖，其揆一也。」〔註8〕

孟子所列舉的舜、周文王皆出身夷族，若以出身論之，這些儒家聖人皆不應奉之，但這樣的結論是不能成立的，況且說這話的孟子本身也被尊爲「亞聖」。佛教徒舉此例來反駁那些標榜爲華夏代表的排佛者，恰是以子之矛攻子之盾。

四是關於天竺到底是否爲四夷之地的討論。中國古人的地理觀念中，中原無疑是位於天下之中的。佛教來自西方，自然是來自偏遠蠻荒之地。佛教徒要批駁此論，就必須要推翻中原人長久以來的地理觀念。漢魏之際牟子言：「傳曰『北辰之星在天之中，在人之北』，以此觀之，漢人未必爲天中也。」牟子還最先提出「（佛陀）所以生天竺者，天地之中，處其中和也」的地理觀點〔註9〕。南朝謝鎮之更明確指出了天竺是娑婆世界的中心：

故知天竺者，居娑婆之正域，處淳善之嘉會，故能感通於至聖，土中於三千。聖應旣彼，聲被則此。〔註10〕

大體說來，後世的夷夏之爭無外乎以上四點。唐宋時期排佛者如韓愈、石介、余靖等人仍以此四點斥佛法乃夷狄之法。宋徽宗改佛爲道時，尚有「憫中華被金狄之教」〔註11〕語句。而北宋仁宗時名僧契嵩護法時，亦不出此窠臼：

今曰：「佛，西方聖人也，其法宜夷而不宜中國。」斯亦先儒未之思也。聖人者，蓋大有道者之稱也，豈有大有道而不得曰聖人。亦安有聖人之道而所至不可行乎？苟以其人所出於夷而然也，若舜東夷之人，文王西夷之人，而其道相接紹行於中國。可夷其人而拒其道乎？況佛之所出非夷也。〔註12〕

張商英身爲宋代的大護法，針對韓愈、石介乃至宋徽宗的夷夏論，他在《護法論》中又是作何回應呢？張商英在《護法論》中借批駁韓愈的夷夏論而展開自己的辯駁：

韓愈曰：「佛者，夷狄之一法耳，自後漢時流入中國，上古未曾有也……」陋哉，愈之自欺也！愈豈不聞孟子曰：「舜生於諸馮，

〔註8〕《孟子‧離婁章句下》，《十三經》。
〔註9〕參見（梁）釋僧祐撰《弘明集》卷一，《牟子理惑論》。
〔註10〕（梁）釋僧祐撰：《弘明集》卷六。
〔註11〕（明）陳邦瞻編：《宋史紀事本末》卷五一，《道教之崇》。
〔註12〕（宋）契嵩撰：《鐔津文集》卷一，《原教》。

遷於負夏，卒於鳴條，東夷之人也。文王生於岐周，卒於畢郢，
西夷之人也。」舜與文王，皆聖人也，爲法於天下後世，安可夷
其人、廢其法乎？況佛以淨飯國王，爲南贍部洲之中，而非夷也。
若以上古未嘗有而不可行，則蚩尤、瞽瞍生於上古，周公、仲尼
生於後世，豈可捨衰周之聖賢，而取上古之凶頑哉？而又上古野
處穴居，茹毛飲血，而上棟下宇、鑽燧改火之法起於後世者，皆
不足用也。〔註13〕

若仔細分析上文，我們可以發現張商英至少回應了有關夷夏論的三個問題。
第一，是關於聖人標準的爭論，即不能以出身論英雄。「愈豈不聞孟子曰：『舜
生於諸馮，遷於負夏，卒於鳴條，東夷之人也。文王生於岐周，卒於畢郢，
西夷之人也。』舜與文王，皆聖人也，爲法於天下後世，安可夷其人、廢其
法乎？」張商英於此既回應了孟子的觀點，又提出了自己的反問。第二，是
對天竺地理觀念的糾正，即天竺乃是世界中心，非可以夷視之。「況佛以淨飯
國王，爲南贍部洲之中，而非夷也。」第三，是對佛法（包括其習制）是否
適用於中國的爭論。「若以上古未嘗有而不可行，則蚩尤、瞽瞍生於上古，周
公、仲尼生於後世，豈可捨衰周之聖賢，而取上古之凶頑哉？而又上古野處
穴居，茹毛飲血，而上棟下宇、鑽燧改火之法起於後世者，皆不足用也。」
張商英認爲，不能因爲佛法上古未傳入中國，而否認其適用價值。中國上古
亦有凶頑，後世亦有賢能，今之中國當然要尊賢能之法而棄凶頑之法。並且，
一些適用於上古的習俗，如野處穴居，茹毛飲血，於後世並不適用。所以佛
法雖傳入較晚，還是適用於現在中國的。筆者以爲，張商英對夷夏論的回應
可以說站在了宋代護法者的前列，他不僅總結了前人的成功經驗，而且以發
展的觀點看待問題，分析問題。因此，他對此問題的回答較有說服力。張商
英對佛法乃夷狄之法的駁斥，是比較成功的。

2、回應老子化胡說

　　老子化胡說的起源應是在兩漢時期，而且與道教相關。恰如許理和所言，
「這個說法緣起於公元 2 世紀後半葉的道教圈子」〔註14〕。這個說法的大概
內容是老子西出函谷關後入西域化爲佛陀，創立佛教。其依據應該是根據《史

〔註13〕　（宋）張商英撰：《護法論》，《大正藏》第 52 冊，No.2114。
〔註14〕　（荷）許理和著，李四龍、裴勇等譯：《佛教征服中國》，江蘇人民出版社，
　　　　2003 年，第 375 頁。

記・老子韓非列傳》的相關記載：

> 老子修道德，其學以自隱無名爲務。居周久之，見周之衰，乃
> 遂去。至關，關令尹喜曰：「子將隱矣，彊爲我著書。」於是老子乃
> 著書上下篇，言道德之意五千餘言而去，莫知其所終。〔註15〕

這個故事中雖沒有直言老子化胡，但西出函谷關莫知所終的記載卻給後人留下了想像的餘地。東漢時，襄楷在一份給桓帝的上疏中第一次提到了老子化胡說：

> 又聞宮中立黃、老、浮屠之祠。此道清虛，貴尚無爲，好生惡
> 殺，省欲去奢。今陛下嗜欲不去，殺罰過理，既乖其道，豈獲其祚
> 哉！或言老子入夷狄爲浮屠。〔註16〕

爲何東漢時期開始出現老子化胡的故事？湯用彤認爲，這與佛教初傳入中國時需假借本土宗教即道教的力量有關。「但外族之神，何以能爲中華所信奉，而以之與固有道術並重？則吾疑此因有化胡之說爲之解釋，以爲中外之學術本出一源，殊途同歸，實無根本之差異，而可兼奉並祠也。」〔註17〕

而魏晉以後關於道士王浮撰《化胡經》的記載愈傳愈廣，其版本也日益多樣。最早提出這一說法的是《出三藏記集》，其卷十五《法祖傳》載曰：

> 又見祭酒王浮，一云道士基公，次被鎖械，求祖懺悔。昔祖平
> 素之日，與浮每爭邪正，浮屢屈，既意不自忍，乃作《老子化胡經》
> 以誣謗佛法，殊有所歸，故死方思悔。〔註18〕

據荷蘭學者許理和考證，歷史上王浮的《化胡經》大概產生於公元三世紀末、四世紀初。〔註19〕雖然王浮《化胡經》今本不存，但從一些相關文獻中對它的引用，我們大致還是可以窺見其大概。李小榮就通過對唐法琳的《辨正論》、唐神清的《北山錄》、北周甄鸞的《笑道論》以及相關道典中對《化胡經》的記載的梳理，而大體得出王浮《化胡經》的主要內容〔註20〕。老子化胡說在魏晉南北朝時重新興起不是偶然的，它一方面是當時佛、道二教衝突的體現，

〔註15〕（漢）司馬遷撰：《史記》卷六三，《老子韓非列傳》。

〔註16〕（劉宋）范曄撰：《後漢書》卷三〇下，《郎顗襄楷列傳》。

〔註17〕湯用彤著：《漢魏兩晉南北朝佛教史》，北京大學出版社，1997年，第42頁。

〔註18〕（梁）釋僧祐撰：《出三藏記集》，第560頁。

〔註19〕（荷）許理和著，李四龍、裴勇等譯：《佛教征服中國》，江蘇人民出版社，2003年，第380頁。

〔註20〕參見李小榮著《〈弘明集〉〈廣弘明集〉述論稿》，巴蜀書社，2005年，第107
～141頁。

一方面也是當時少數民族入主中原，民族矛盾激化的產物〔註21〕。

　　佛教當然不會對此坐而不視。一些護法者開始做出回應，大體來講，是從兩方面來對抗化胡說。其一，是指出化胡說本身存在的荒謬。如南朝僧人慧通指出老子所作只有五千言，其餘託老子所作之道經，皆爲僞經：

　　　　斯蓋吾子夷夏之談，以爲得理，其乖甚焉，見論引道經益有昧。

　　如昔老氏著述，文只五千，其餘淆雜並淫謬之說也。而別稱道經，

　　從何而出？既非老氏所創，寧爲眞典？庶更三思，倘祛其惑。〔註22〕

唐高宗時，僧人釋靜泰明確告訴唐高宗《化胡經》乃是道士王浮僞造，不足爲信：

　　　　顯慶五年（660）八月十八日，敕召僧靜泰、道士李榮在洛宮中。

　　帝問僧曰：「老子化胡經述化胡事，其事如何，可備詳其由緒」……

　　靜泰奏言：「老子二篇，莊生內外，或以虛無爲主，或以自然爲宗。

　　固與佛教有殊，然是一家恬素。降茲以外制自下愚，靈寶創起，張

　　陵吳時始盛。上清肇端，葛氏齊代方行。亦有鮑靜，謬作三皇被誅，

　　具明晉史。大唐貞觀之際，下詔普焚此化胡經者。泰據晉代雜錄及

　　裴子野《高僧傳》，皆云：道士王浮與沙門帛祖對論每屈，浮遂取《漢

　　書・西域傳》，擬爲《化胡經》。《搜神記》、《幽明錄》等亦云王浮造

　　僞之過。〔註23〕

更有北周甄鸞，將道典中的各種化胡說羅列一起，以顯示出各種說法的自相矛盾之處，則化胡說之荒謬自然凸顯〔註24〕。

　　其二，是同樣引佛教之僞經對抗道教之僞說。「在相當早的時候，可能就在《化胡經》編撰之後不久，佛教徒已試圖用對方的方式來調和道教徒的這些『污蔑性言論』。」〔註25〕這是一種以僞抗僞的方式。爲了對抗道教徒拋出

〔註21〕許理和認爲，從公元四世紀初期開始，強烈的民族主義、種族主義和排外情緒在化胡爭論中扮演了重要的角色。而佛教在農村人口中及上層社會中的迅速傳播也勢必會激化佛、道二教的衝突。參見許理和著，李四龍、裴勇等譯《佛教征服中國》，江蘇人民出版社，2003年，第390〜392頁。

〔註22〕（梁）釋僧祐撰：《弘明集》卷七。

〔註23〕（唐）道宣撰：《集古今佛道論衡》卷丁，《大正藏》第52冊，No.2104。

〔註24〕參見李小榮著《〈弘明集〉〈廣弘明集〉述論稿》，巴蜀書社，2005年，第345、346頁。

〔註25〕許理和著，李四龍、裴勇等譯：《佛教征服中國》，江蘇人民出版社，2003年，第392頁。

的老子化胡說，佛教徒也先後拋出「月光童子東行說」、「三聖東行說」、「寶應聲菩薩、寶吉祥菩薩化爲伏羲、女媧說」〔註 26〕。這些說法的目的只有一個，那就是把佛教中人物說成是中土聖人的老師，從而擺脫自己「夷」的身份，爭得正統地位。

隨著北宋以來三教合一趨勢的不斷加強，佛教已滲透到人們的日常生活。以至李四龍指出：「宋元明清的佛教與中國民間社會血肉相連，我們難以想像沒有佛教的宋元明清社會生活史應該怎樣敘述，它對中國人民的生活影響之深、之巨達到了使人忘記佛教本來面目的地步，佛教成了中國人民生活中自發的有機部分……時至今日仍有相當數量的中國人根本不知道佛教原先是印度的宗教。」〔註 27〕在這樣的背景下，歷史上的老子化胡說似乎已沒有重提的價值，但張商英在《護法論》中仍對老子化胡說進行了反駁。之所以如此，我想，大概與北宋末年所面臨的外族威脅有很大關係。一如在魏晉南北朝時，人們重提化胡說一樣，北宋末年與南宋末年，面對外敵入侵的加劇，人們也極可能重提化胡說。南宋末年的宋理宗就在著述中「考證」出老子化胡確有其事。宋理宗在位期間，南宋正面臨著蒙元持續的進攻，他大力宣揚老子化胡說，很有可能是在強調南宋政權的正統性以及中華文明的優越性〔註 28〕。雖然在北宋滅亡前，我們未曾見到宋徽宗或徽宗時期的人有重提老子化胡說之記載，但可以想見，在外族威脅持續臨近時，中國人的民族意識及排外意識會有一定的加強，所有有關夷夏論及化胡說的說法難免會被人利用，這也是張商英在《護法論》中重駁化胡說的歷史背景〔註 29〕。

《護法論》中有關化胡說的駁斥並不長，現摘抄如下：

> 晉惠帝時，王浮僞作《化胡經》，蓋不知佛生於周昭王二十四年，
> 滅於穆王五十二年，歷恭、懿、孝、夷、厲、宣、幽、平、桓、莊、

〔註 26〕 許理和、李小榮對佛教徒拋出的這些說法都有較詳盡的梳理，筆者此不贅述。參見許理和著，李四龍、裴勇等譯《佛教征服中國》，江蘇人民出版社，2003年，第 393～403 頁；李小榮著《〈弘明集〉〈廣弘明集〉述論稿》，巴蜀書社，2005 年，第 211～234 頁。

〔註 27〕 李四龍著：《中國佛教與民間社會》，大象出版社，2009 年，第 3 頁。

〔註 28〕 參見參見李小榮著《〈弘明集〉〈廣弘明集〉述論稿》，巴蜀書社，2005 年，第 236 頁。

〔註 29〕 前文已述，宋徽宗在改佛爲道時曾重提夷夏論，指出佛教乃「金狄之教」。正如宋理宗論證老子化胡說一樣，他們都是在國家面臨外族強大壓力下重提此說，旨在振國威，蔑外敵。

僖、惠、襄、頃、匡、定一十六王，滅後二百四十二年，至定王三
年方生老子。過流沙時，佛法遐被五天竺及諸鄰國，著聞天下，已
三百餘年矣，何待老子化胡哉？〔註30〕

從中可見，張商英採用的是前人的第一種駁法，即指出化胡說本身存在的
荒謬。他首先指出世傳《化胡經》乃王浮僞造，非自老子。然後又詳細列
出釋迦牟尼的生卒年，指出他和老子並非一個時代之人。如此，則化胡說
不攻自破。那麼，張商英於此給出的釋迦牟尼生卒年是否準確呢？其實，
張商英給出的釋迦牟尼生卒年在今天看來也是不正確的。然而，我們認爲，
每一個時代之人都有他認識的局限性，即便在當時看來無懈可擊的證據，
也許經過後世的考證也不堪一擊。張商英給出的釋迦牟尼生卒年雖於今日
看來是荒謬的，但在宋時，這卻是僧史家們所公認的正確年代。考之張商英
之前的《景德傳燈錄》與之後的《五燈會元》，兩書皆認爲釋迦牟尼生於周昭
王二十四年甲寅歲四月八日，滅於穆王五十二年壬申歲二月十五日〔註31〕。
因而，我們認爲張商英的這段論證是有一定說服力的。雖然他沒有全面回
應老子化胡說的各種問題，但他以事實爲依據，一針見血地指出了化胡說
之荒謬。

3、反駁戒肉迂腐說

戒肉，是中土佛教徒需遵守的基本戒律之一。佛教所講戒肉，其根源當
在戒殺。故如何認識戒肉這一問題，實質上是要我們弄清楚佛徒該不該去遵
守殺戒。中國佛教戒殺戒肉之俗由來已久，已成爲盡人皆知的事實。早在後
秦時，鳩摩羅什所譯《大智度論》中就無數次提起殺生所造惡業，以及持戒
的重要性：

諸餘罪中殺罪最重，諸功德中不殺第一，世間中惜命爲第一，何
以知之？一切世人甘受刑罰刑殘考掠以護壽命，復次若有人受戒心
生，從今日不殺一切眾生，是於無量眾生中，已以所愛重物施與，所
得功德亦復無量。如佛說有五大施，何等五？一者不殺生是爲最大
施，不盜、不邪淫、不妄語、不飲酒亦復如是。復次行慈三昧其福無
量，水火不害刀兵不傷，一切惡毒所不能中，以五大施故所得如是。

〔註30〕 （宋）張商英撰：《護法論》，《大正藏》第 52 冊，No.2114。
〔註31〕 參見（宋）道原撰《景德傳燈錄》卷一，《大正藏》第 51 冊，No.2076。以及
　　　　（宋）普濟著《五燈會元》卷一。

復次三世十方中尊佛爲第一，如佛語難提迦優婆塞。殺生有十罪……

復次持戒之人，常得今世人所敬養心樂不悔，衣食無乏，死得

生天後得佛道。持戒之人無事不得。破戒之人一切皆失。〔註32〕

釋迦牟尼在世時，就制定了一系列佛教戒律，要求弟子們遵守。當他入滅後，佛教徒們更是以戒爲師。之所以如此，是因爲戒律的制定，本質是爲了維護僧侶的純潔的以及僧人與社會的和諧共處。這大概是釋迦牟尼當初制定戒律的本願。然而這些戒律並非一成不變的，事實上，隨著佛教的擴展，佛教戒律或與當地社會的風俗法律產生一定的矛盾。如何處理這一矛盾，是堅守當初的戒律，還是入鄉隨俗？釋迦牟尼在世時就已經給出了答案，他要求弟子們應因地制宜，以開放、變通的原則來持戒，而不是墨守成規：

雖是我所制，而於余方不以爲清淨者，皆不應用；雖非我所制，

而於余方必行者，皆不得不行。〔註33〕

不以戒自高，不下他戒，亦不憶想分別此戒；是名諸聖所持戒

行。無漏、不繫、不受三界，遠離一切諸依止法。〔註34〕

由此可見，所謂的佛教戒律，也不是一定要固守不變的，佛陀也是以變通的原則來制戒、持戒。南京大學哲學系教授王月清因此總結道，佛教爲了維護衆生利益，是允許破戒的，如大乘瑜伽菩薩戒本認爲僧侶在某些情況下是可以犯戒的：見人劫財害命或要殺比丘，這種人僧侶是可以殺的；見人盜竊寺中財物，僧侶應奪回；在家居士隨機接引世人，可以飲酒食肉甚至行淫；爲解除衆生痛苦，可以說妄語〔註35〕。因此，佛教所謂的戒殺或戒肉也並非不可破。事實上，早期流傳於中國的小乘佛教也並沒有禁食肉之戒，當時的漢地佛教信徒也是食肉的。這也可以看出印度佛教傳入中國之後，還是在努力調和、適應著它與中國傳統文化的差異。然而，到了南北朝時，情況開始發生轉變，大乘佛教北傳入中國，而由曇無讖爲代表的譯經僧也將大乘戒律引入中國〔註36〕。由於大乘戒律重戒心而非行爲，與漢人明心見性而又不離世

〔註32〕 （後秦）鳩摩羅什譯：《大智度論》卷一三，《大正藏》第29冊，No.1509。

〔註33〕 （劉宋）佛陀什共竺道生等譯：《彌沙塞部和醯五分律》卷二二，《五分律第三分之八食法》，《大正藏》第22冊，No.1421。

〔註34〕 （唐）菩提流志譯：《大寶積經》卷一一一，《大正藏》第11冊，No.0310。

〔註35〕 參見王月清著《中國佛教倫理研究》，南京大學出版社，1999年，第84頁。

〔註36〕 關於曇無讖的簡介及譯經事業，參見（梁）慧皎撰《高僧傳》卷二，以及王月清著《中國佛教倫理研究》（南京大學出版社，1999年），第84～86頁。筆者於此不再贅述。

俗之樂的旨趣頗爲吻合，因而很快風行於中國。南朝的梁武帝、陳文帝，隋朝的隋文帝、隋煬帝諸帝皆受過大乘菩薩戒，至於公卿以下受戒者更是不可勝數。其中梁武帝在位時，作《斷酒肉文》，一改以往漢地僧侶可食酒肉之習，主張沙門自今以後斷食酒肉，並以之爲戒：

> 今佛弟子酣酒嗜肉，不畏罪因，不畏苦果，即是不信因，不信果，與無施無報者復何以異？此事與外道見同，而有不及外道。是何外道，各信其師。師所言是，弟子言是；師所言非，弟子言非。《涅槃經》言：「迦葉，我今日制諸弟子，不得食一切肉，而今出家人猶自啖肉。戒律言，飲酒犯波夜提。猶自飲酒無所疑難。」此事違於師教，一不及外道。
>
> ……
>
> 今日大德僧尼，今日義學僧尼，今日寺官，宜自警戒嚴淨徒眾。若其懈怠不遵佛教，猶是梁國編戶一民，弟子今日力能治制。若猶不依佛法，是諸僧官宜依法問。京師頃年講《大涅槃經》，法輪相續便是不斷，至於聽受動有千計。今日重令法雲法師爲諸僧尼講《四相品》、《四中少分》。諸僧尼常聽《涅槃經》，爲當（曾聞，此說爲當不聞。若已曾聞不應違背，若未曾聞今宜憶持）佛經中究竟說。斷一切肉乃至自死者，亦不許食。何況非自死者。諸僧尼出家名佛弟子，云何今日不從師教？[註37]

很顯然，梁武帝以行政命令的方式強制境內僧尼禁食酒肉，並依據一些大乘經文將之定爲佛門戒律，使之萬世遵從。不僅如此，他還從佛教的因果報應理論入手來解釋食肉的惡果，大肆宣揚食肉所造成的三世、六道之罪孽，以警醒世人常持此戒，才能遠離苦海，進而福報無邊：

> 諸大德僧尼，諸義學僧尼，諸寺三官，復當應思一大事。若使啖食眾生父，眾生亦報啖食其父。若啖食眾生母，眾生亦報啖食其母。若啖食眾生子，眾生亦報啖食其子。如是怨對報相啖食，歷劫長夜無有窮已。
>
> 諸大德僧尼，諸義學僧尼，諸寺三官，又有一大事當應信受。從無始以來至於此生，經歷六道備諸果報。一切親緣遍一切處，直以經生歷死神明隔障，是諸眷屬不復相識。今日眾生或經是父母，

〔註37〕　（梁）蕭衍撰：《斷酒肉文》，《廣弘明集》卷二六。

或經是師長，或經是兄弟，或經是姊妹，或經是兒孫，或經是朋友，
而今日無有道眼，不能分別，還相啖食不自覺知。啖食之時，此物
有靈，即生忿恨還成怨對。向者至親還成至怨，如是之事豈可不思。
暫爭舌端一時少味，永與宿親長爲怨對，可爲痛心難以言說。白衣
居家未可適道，出家學人被如來衣習菩薩行，宜應深思。〔註38〕

在梁武帝的倡導下，禁肉成了佛教徒遵從的戒律。受此影響，南北朝時大力
宣揚食肉罪孽及禁食酒肉福德的疑僞經也大量出現，如《大方廣華嚴十惡品
經》以及被譽爲大乘戒本之首的《梵網經》。至此，漢地佛教禁肉之戒流傳益
廣，而原先僧侶食肉之俗反被人忘卻。

　　佛教不許殺生的戒律自傳入中國後便招致了一些中國人的反對。魏晉南
北朝時，就不斷有人對佛教殺戒的制定提出質疑。如東晉權臣桓玄（369～404）
認爲，世間萬物，本地、水、火、風所構成，生命的消失，亦不過天地間水
火的消失而已。因此，殺生並不觸動鬼神，何來報應：

（桓玄）問曰：「佛經以殺生罪重，地獄斯罰，冥科幽司，應若
影響。余有疑焉，何者？夫四大之體，即地水火風耳，結而成身，
以爲神宅。寄生棲照，津暢明識。雖託之以存，而其理天絕。豈唯
精粗之間，固亦無受傷之地，滅之既無害於神，亦由滅天地間水火
耳。〔註39〕

又如劉宋初年何承天（370～447）在《達性論》中從儒家的角度來看待人是
否能殺生的問題。他認爲，既然先哲以爲人乃宇宙之精華，萬物之靈長，那
麼就不應像佛教那樣將自己等同於萬物。同時，人類取食於萬物，亦理所當
然。只要取之有時，用之有道，那麼人類的這種行爲也可以稱之爲仁道：

夫兩儀既位，帝王參之，宇中莫尊焉。天以陰陽分，地以剛柔
用，人以仁義立。人非天地不生，天地非人不靈，三才同體相須而
成者也。故能稟氣清和，神明特達，情綜古今，智周萬物。妙思窮
幽賾，製作侔造化，歸仁與能，是爲君長。撫養黎元助天宣德，日
月淑清四靈來格，祥風協律玉燭揚暉，九穀剡蕤陸產水育，酸城百
品備其膳羞。棟宇舟車銷金合土，絲綌玄黃供其器服，文以禮度娛
以八音，庇物殖生周不備設。夫民用儉則易足，易足則力有餘，力

〔註38〕（梁）蕭衍撰：《斷酒肉文》，《廣弘明集》卷二六。
〔註39〕（晉）慧遠撰：《明報應論》，《弘明集》卷五。

有餘則志情泰，樂治之心於是生焉。事簡則不擾，不擾則神明靈，神明靈則謀慮審，濟治之務於是成焉。故天地以儉素訓民，乾坤以易簡示人。所以訓示殷勤若此之篤也。安得與夫飛沈蠉蠕並為眾生哉？若夫眾生者，取之有時用之有道，行火俟風暴，畋漁候豺獺，所以順天時也。大夫不麛卵，庶人不數罟，《行葦》作歌宵魚垂化，所以愛人用也。庖廚不邇五犯是翼，殷後改祝孔釣不網，所以明仁道也。〔註40〕

那麼，針對梁武帝以來的肉戒及反對者們對佛教戒肉之律的批評，張商英又是如何辯解的呢？《護法論》中記載，張商英的一位同僚曾對張商英說：「佛之戒人不食肉味，不亦迂乎？試與公詳論之。雞之司晨，狸之捕鼠，牛之力田，馬之代步，犬之司御，不殺可也；如豬羊鵝鴨水族之類，本只供庖廚之物，苟為不殺，則繁植為害，將安用哉？」對於這位同僚認為的戒肉迂腐的說法，張商英分四點分別予以駁斥。首先，他認為殺生者必將輪迴三惡道，世間一切眾生，遞相吞噬，永無了脫。三界火宅，眾苦煎迫，只有不相吞噬，才能免去冤對，各自解脫，澄清惡道。這種說法既是對梁武帝大肆宣揚的食肉所造成的因果惡報的回應，也是對歷史上桓玄之流不信殺生有礙神明、會招致因果報應的反擊：

章明較著，善惡報應，唯佛以真天眼，宿命通，故能知之。今惡道不休，三塗長沸，良有以也。一切眾生，遞相吞啖，昔相負而冥相償。豈不然乎？……只如世間牢獄，唯治有罪之人，其無事者，自不與焉。智者終不曰建立都縣，設官置局，不可閒冷，卻須作一兩段事，往彼相共鬧熱也。今雖眾生無盡，惡道茫茫，若無冤對，即自解脫，復何疑哉？

其次，張商英主張眾生平等，人亦世間生靈之一類，不應以自身之高大，心識之最靈而輕視他類之渺小，進而肆意殺戮。這是對歷史上何承天等人獨尊人類、認為萬物皆備於人的說法的有力斥責：

且有大身眾生，如鯨、鼇、師、象、巴蛇、鯤鵬之類是也；細身眾生，如蚊蚋、蟭螟、螻蟻、蚤虱之類是也。品類鉅細雖殊，均具一性也。人雖最靈，亦只別為一類耳。倘不能積善明德，識心見道，瞀瞀然以嗜欲為務，成就種種惡業習氣，於倏爾三二十年之間，

〔註40〕　（劉宋）何承天撰：《達性論》，《弘明集》卷四。

則與彼何異哉？且迦樓羅王展翅闊三百三十六萬里，阿修羅王身長八萬四千由旬，以彼觀之，則此又不直毫末耳。安可以謀畫之差大，心識之最靈，欺他類之渺小不靈，而恣行殺戮哉？

再次，張商英在認可梁武帝所規定的僧侶禁食肉的同時，也指出帝王公侯有陶鑄天下之大恩德者，可以食肉；士庶之家，只要食之以時，並且能發心懺悔，亦可；只有沙門承佛戒律，不可食肉。張商英最後還嚴厲批評了當時的儒者，因為儒者不斷殺生，不禁酒肉，且總以堂而皇之的理由為自己的行為辯解，這是最有可能跌入三途惡道的：

> 唯富貴之人、宰制邦邑者，又須通一線道。昔陸亙大夫問南泉云：「弟子食肉則是？不食則是？」南泉曰：「食是大夫祿，不食是大夫福。」又宋文帝謂求那跋摩曰：「孤愧身徇國事，雖欲齋戒不殺，安可得如法也？」跋摩曰：「帝王與匹夫所修當異。帝王者，但正其出言發令，使人神悅和；人神悅和，則風雨順時；風雨順時，則萬物遂其所生也。以此持齋，齋亦至矣；以此不殺，德亦大矣。何必輟半日之餐，全一禽之命乎？」帝撫機稱之曰：「俗迷遠理，僧滯近教，若公之言，真所謂天下之達道，可以論天人之際矣。」由是論之，帝王公侯有大恩德，陶鑄天下者，則可矣；士庶之家春秋祭祀，用之以時者，尚可懺悔。圓顱方服者，承佛戒律，受人信施，而反例塵俗，飲酒食肉，非特取侮於人，而速戾於天；亦袈裟下失人身者，是為最苦，忍不念哉？吾儒則不斷殺生，不戒酒肉，於盜則但言「慢藏誨盜」而已，於淫則但言「未見好德如好色」而已，安能使人不犯哉？

張商英的這種說法，既是對歷史上禁殺生、禁食肉的佛經、疑偽經的回應，也是對何承天等人提出的儒家仁道的注解。戒肉之說，不僅針對僧家，亦針對世人，只是它對二者的要求不一而已。既然世間所有人都要不同程度地遵從肉戒，那麼，又怎麼能說戒肉是迂腐呢？

最後，戒肉作為五戒之一的要求，是佛徒們修行的必由之路。戒肉，是人們修行的初步，是證道之始。求道之人，若要有所成就，必須從這些基本的戒律做起：

> 然五戒但律身之粗跡，修行之初步，若升高必自下，若陟遐必自邇，求道證聖之人，亦未始不由此而入也。〔註41〕

〔註41〕以上所引皆自（宋）張商英撰《護法論》。

綜上所述，張商英的四點反駁，無論是對歷史的回應，還是對現實的批判，都盡量兼顧。難能可貴的是，不食酒肉本是針對僧家而言，但是張商英卻能於此詳述出它對世俗之人的意義。因此，對僧俗而言，戒肉迂腐說都是不成立的，這也是張商英駁斥戒肉迂腐說的成功之處。

4、評析梁武帝奉佛亡國說

世人辯佛教有害中國，常舉梁武帝之事。因為梁武帝奉佛甚勤，「武帝嘗披袈裟，自講《放光般若經》，感得天花亂墜，地變黃金。辦道奉佛，詔誥天下，起寺度僧，依教修行，人謂之佛心天子」〔註42〕，卻不免身死國滅。反佛者以此論之佛法有害中國，奉佛何益。尤其唐宋以來，言梁武帝之亡國者，往往將之歸於奉佛。梁武帝奉佛，是否導致亡國？後人對其批評是否合於史實？

梁武帝蕭衍（464～549），是中國歷史上著名的佞佛帝王。他在位期間，不僅自己深信佛乘，而且以行政手段促進佛教在其境內的迅猛發展，使南朝佛教一度達到鼎盛。「南朝四百八十寺，多少樓臺煙雨中。」晚唐杜牧這首詩道出了梁武帝統治下佛寺的興旺。從史料的記載來看，他確實是一位佞佛的帝王。梁武帝不僅佞佛，而且積極護法，他曾說：「夫匡正佛法是黑衣人事，乃非弟子白衣所急。但經教亦云：『佛法寄囑人王。』是以弟子不得無言。」〔註43〕所以他在位期間，廣造佛寺，「及居帝位，即於鍾山造大愛敬寺，青溪邊造智度寺，又於臺內立至敬等殿」；又作《斷酒肉文》，嚴格僧團戒律；更有甚者，他常以菩薩皇帝自居，不僅研讀佛經，而且常與大眾講法：

> 兼篤信正法，尤長釋典，製《涅槃》、《大品》、《淨名》、《三慧》諸經義記，復數百卷。聽覽餘閒，即於重雲殿及同泰寺講說，名僧碩學，四部聽眾，常萬餘人。
>
> （中大通三年，公元531年）冬十月己酉，行幸同泰寺，高祖升法座，爲四部眾說《大般若涅槃經》義，迄於乙卯……十一月乙未，行幸同泰寺，高祖升法座，爲四部從說《摩訶般若波羅蜜經》義，訖於十二月辛丑。
>
> （中大通五年，公元533年）二月癸未，行幸同泰寺，設四部大會，高祖升法座，發《金字摩訶波若經》題，訖於己丑。

〔註42〕 《佛果圓悟禪師碧巖錄》卷一，《大正藏》第48冊，No.2003。
〔註43〕 （梁）蕭衍撰：《斷酒肉文》，《廣弘明集》卷二六。

　　　　（中大同元年，公元 546 年）庚戌，法駕出同泰寺大會，停寺
　　　省，講《金字三慧經》。夏四月丙戌，於同泰寺解講，設法會。大赦，
　　　改元。

　　　　（太清元年，公元 547 年）三月庚子，高祖幸同泰寺，設無遮
　　　大會，捨身，公卿等以錢一億萬奉贖。〔註44〕

梁武帝信佛，尤信佛教所言世間果報。臣下若有不信因果者，武帝必親自勸
誠，如他聞江革不奉佛教，不信因果，乃賜革《覺意詩》五百字並手敕勸之：

　　　　時高祖盛於佛教，朝賢多啟求受戒，革精信因果，而高祖未知，
　　　謂革不奉佛教，乃賜革《覺意詩》五百字，云「惟當勤精進，自強
　　　行勝修；豈可作底突，如彼必死因。以此告江革，並及諸貴遊。」
　　　又手敕云：「世間果報，不可不信，豈得底突如對元延明邪？」革因
　　　啟乞受菩薩戒。〔註45〕

梁武帝時期，已有臣下對其佞佛之舉極力反對，這其中反對聲最強烈者，莫
過郭祖深與荀濟。如郭祖深上書梁武帝，批評佛寺奢華，與國爭利；僧尼不
農，天下戶口幾亡其半。佛教發展已嚴重危及國家經濟命脈，其對國家長治
久安所造成的危害甚大：

　　　　都下佛寺五百餘所，窮極宏麗。僧尼十餘萬，資產豐沃。所在
　　　郡縣，不可勝言。道人又有白徒，尼則皆畜養女，皆不貫人籍，天
　　　下戶口幾亡其半。而僧尼多非法，養女皆服羅紈，其蠹俗傷法，抑
　　　由於此。請精加檢括，若無道行，四十已下，皆使還俗附農。罷白
　　　徒養女，聽畜奴婢。婢唯著青布衣，僧尼皆令蔬食。如此，則法興
　　　俗盛，國富人殷。不然，恐方來處處成寺，家家剃落，尺土一人，
　　　非復國有。〔註46〕

郭祖深的批評，入情入理，然而這樣的上疏結果卻是石沉大海，沒有回應。
梁武帝沒有接受屬下的勸諫，繼續佞佛。到了梁武帝統治末期，爆發了侯景
之亂，梁武帝不僅自己身死，國家亦名存實亡。後代政治家因而往往將梁之
亡國歸於佞佛，如唐太宗指出梁武帝奉佛亡國足以為鑒：「梁武帝父子志尚浮
華，惟好釋氏、老氏之教，以至亡國，足為鑒戒。」〔註47〕韓愈則在此基礎

〔註44〕　（唐）姚思廉撰：《梁書》卷三，《武帝本紀》。
〔註45〕　（唐）姚思廉撰：《梁書》卷三六，《江革傳》。
〔註46〕　（唐）李延壽撰：《南史》卷七〇，《循吏傳》。
〔註47〕　（唐）吳兢撰：《貞觀政要》，第 195 頁。

上得出佛不足事，奉佛無益的結論：「惟梁武帝在位四十八年，前後三度捨身施佛，宗廟之祭，不用牲牢，晝日一食，止於蘋果；其後竟爲侯景所逼，餓死臺城，國亦尋滅。事佛求福，乃更得禍。由此觀之，佛不足事，亦可知矣。」〔註48〕至宋代，人們對梁武帝奉佛亡國之論依然持支持態度。宋太宗曾批評梁武帝捨身爲寺奴乃大惑，溺於釋教，實不足取：「如梁武捨身爲寺家奴，百官率錢收贖，又布髮於地，令桑門踐之，此眞大惑，乃小乘偏見之甚，爲後代笑。」〔註49〕宋代士大夫之反佛者，也常以梁武帝奉佛亡國之事爲其批評佛教的著眼點。如宋仁宗時宮中迎開寶寺塔舍利，余靖批評道：「昔梁武帝造長干塔時，舍利亦常有光，及臺城之敗，何能致福？視此可以監之矣。」〔註50〕又如宋哲宗時，岑相求上疏論佛教之害時，亦以梁武帝之供僧事佛證帝王之積善果不在奉佛之殷：「梁武皇帝信人天因果之論，起寺度僧，窮極盛麗，大設齋會，推衍教文，以至捨身給事，欲僥取福利，卒不免臺城之禍，則爲善果不在於供僧道、事佛老矣。」〔註51〕由此可見，唐宋之時，信梁武帝奉佛亡國之說者大有人在。

那麼，針對時人的這種看法，張商英又是如何反駁的呢？筆者以爲，張商英在《護法論》中，主要是分兩點來駁斥此說。一是國祚之短長，世數之治亂，蓋定業不可逃也，與奉佛無關；二是梁武帝小乘根器，專信有爲之果，過信泥跡，奉佛不得法。首先我們來看第一點，張商英將梁武帝之亡國歸結爲定業而非佞佛：

> 議者皆謂梁武奉佛而亡國，蓋不探佛理者，未足與議也。國祚之短長，世數之治亂，吾不知其然矣。堯舜大聖，而國止一身，其禪位者，以其子之不肖而後禪也。其子之不肖，豈天罪之歟？自開闢至漢明帝以前，佛法未至於此，而國有遇難者何也？唐張燕公所記梁朝四公者，能知天地鬼神變化之事，瞭如指掌，而昭明太子亦聖人之徒也。且聖者以治國治天下爲緒餘耳，豈無先覺之明而慎擇可行之事以告武帝哉？蓋定業不可逃矣。嗚呼！定業之不可作也，猶水火之不可入也，其報之來，若四時之無爽也。如西土師子尊者，此土二祖大師，皆不免也。又豈直師子、二祖哉？釋迦如來，尚且

〔註48〕　（後晉）劉昫等撰：《舊唐書》卷一六〇，《韓愈傳》。
〔註49〕　（宋）李燾撰：《續資治通鑑長編》卷二四，宋太宗太平興國八年冬十月。
〔註50〕　（宋）趙汝愚編：《宋朝諸臣奏議》卷八四，《上仁宗乞罷迎開寶寺塔舍利》。
〔註51〕　（宋）趙汝愚編：《宋朝諸臣奏議》卷八四，《上哲宗論佛老》。

不免金鏘馬麥之報，況初學凡夫哉？蓋修也者，改往修來矣。且宿業既還已，則將來之善，豈舍我哉？今夫爲女形者，實劣於男矣，遽欲奉佛而可亟變爲男子乎？必將盡此報身，而願力有待於來世乎……但聖人創法，本爲天下後世，豈爲一人設也。孔子曰「仁者壽」，而力稱回之爲仁，而回且夭矣，豈孔子之言無驗歟？蓋非爲一人而言也。梁武之奉佛，其類回之爲仁乎……抑又安知武帝前定之業禍不止此，由作善以損之，故能使若是之壽也？帝嘗以社稷存亡久近問於誌公，公自指其咽示之，蓋讖侯景也。公臨滅時武帝又復詢詰前事，誌公曰：「貧僧塔壞，陛下社稷隨壞。」公滅後奉敕造塔已畢，武帝忽思曰：「木塔其能久乎？」遂命徹去，改創以石塔，貴圖不朽以應其記。拆塔才畢，侯景兵已入矣。至人豈不前知耶？如安世高、帛法祖之徒，故來畢前世之對，不遠千里，自投死地者，以其定業不可逃也。如晉郭璞，亦自知其不免，況識破虛幻視死如歸者乎？豈有明知宿有所負，而欲使之避拒苟免哉！〔註52〕

張商英認爲，梁武帝之亡國，蓋定業不可逃也。定業之不可逃，如水火之不能容，又如四時之無爽也。在梁武帝之前，歷史上仁君逃不出定業者比比皆是，即使堯舜這樣的明君，皆因其子不孝而國止一身。難道我們認爲他們的「亡國」也因爲佞佛嗎？值得一提的是，張商英在《護法論》中還曾駁斥韓愈的事佛促壽說。按，韓愈曾說，佛法未流入中國時，三皇五帝之壽考皆百歲上下，時天下太平，百姓安樂。自漢明帝佛法流入中國後，明帝在位僅十八年，其後亂亡相繼，運祚不長。宋、齊、梁、陳、元魏以下，事佛漸謹，年代尤促〔註53〕。韓愈將歷史上朝代之短祚歸罪於佛法之興盛，恰如人們批評梁武帝奉佛亡國一樣。張商英針對韓愈的事佛促壽說，以史實爲依據，提出了有力的反駁：

若謂上古壽考，而後世事佛漸謹，而年代尤促者，竊鈴掩耳之論也。愈豈不知外丙二年、仲壬四年之事乎？豈不知孔鯉、顏淵、冉伯牛之夭乎？又《書·無逸》曰：「自時厥後，亦罔或克壽，或十年，或七八年，或五六年，或三四年。」彼時此方未聞佛法之名。自漢明佛法至此之後，二祖大師百單七歲，安國師百二十八歲，趙

〔註52〕（宋）張商英撰：《護法論》，《大正藏》第52冊，No.2114。
〔註53〕（後晉）劉昫等撰：《舊唐書》卷一六○，《韓愈傳》。

州和尚七百二十甲子，豈佛法之咎也？〔註54〕

張商英這裡對韓愈的批判與上文批判的立意一樣，都是通過歷史上的實例來
證明國祚之短長，世數之治亂，與佛法無直接聯繫。那麼，主宰歷史興亡的
這只看不見的手究竟是什麼？張商英將之看作定業。他認爲，梁武帝時，朝
中亦有神人聖者，這些人難道不能預見梁朝亡國之先兆以告武帝嗎？事實
上，如誌公等人已多次暗示梁武帝亡國之禍，但梁武帝依然不可免此大劫。
國祚之短長，世數之之亂，實在是人力不可爲，乃前世定業所造。「蓋定業不
可逃矣。嗚呼！定業之不可作也，猶水火之不可入也，其報之來，若四時之
無爽也。」雖然梁武帝虔誠信佛，但是佛法不是爲梁武帝一人而設，不能因
其信奉而處處保護著他。張商英又舉出顏回的例子，孔子稱仁者壽，而其最
得意弟子顏回卻短命，非顏回不仁，亦非孔子言誤，「但聖人創法，本爲天下
後世，豈爲一人設也」。「梁武之奉佛，其類回之爲仁」。張商英還舉出佛祖的
金鏘馬麥之報〔註55〕，以及西土師子尊者、中土二祖大師、高僧安世高、帛
法祖、晉人郭璞諸人的事蹟，來進一步佐證自己的觀點。既然釋迦如來尚且
不免金鏘馬麥之報，那麼如梁武帝這樣的普通修行者，也難逃定業。對於梁
武帝的不幸，張商英還解釋道，佛徒之修行，指改往修來。今世的修行，使
往世宿業得還，則來世的善果，必不舍我。我們不能因爲今世修道而期望今
世得善果，恰如女子奉佛求爲男子，今世必不得爲男子，而要待來世。張商
英用這種三世因果論來解釋梁武帝之不幸，實質上是在淡化其奉佛亡國之
因。況且，他將梁之亡國之因歸於虛無縹緲的三世說，也讓斥責者無法驗證

〔註54〕　（宋）張商英撰：《護法論》，《大正藏》第 52 冊，No.2114。
〔註55〕　所謂的金鏘馬麥之報，實際上是金鏘之報和馬麥之報的合稱。金鏘，是指
　　　　　木片，佛祖在羅閱祇城乞食時，有木片迸在佛前，佛躍虛空，木槍逐之，
　　　　　隨佛上下，地水火風不能阻礙。佛旋返入僧房，展足受刺。木槍從足趺上
　　　　　下入，徹過入地時，地六反震動。佛說因緣，他昔爲船主，因海水至，另
　　　　　一船主與之爭船。佛之前世船主以矛刺傷另一船主足，此人命終。佛之前
　　　　　世船主以殺人故，備受三途苦報。至成佛時，猶受餘報木槍之害。是爲金
　　　　　鏘之報。見（漢）康孟祥譯《佛說興起行經》卷上，《大正藏》第 4 冊，
　　　　　No.197。又，馬麥之報指，佛在舍衛國受婆羅門阿耆達請，三月安居。阿
　　　　　耆達爲魔所迷，忘卻供養。佛弟子乞食，亦無所得。時有馬師減馬食之麥
　　　　　以供世尊。三月既滿，往辭阿耆達，阿耆達悲怖交至，禮佛懺悔，留佛七
　　　　　日，備具供養。佛說因緣，昔維衛佛成佛之後返國，王及臣民廣設供養。
　　　　　時有梵志即釋迦佛之前世，謗曰，此人應食馬麥，爲何供養？以此口過，
　　　　　今乃有馬麥之報。見（漢）曇果共康孟祥譯《中本起經》卷下，《大正藏》
　　　　　第 4 冊，No.196。

其論眞僞。張商英在此論斷的基礎上，甚至得出結論，認爲梁武帝之禍或本不止於此，正是因爲他奉佛甚勤，消除往世不少宿業，而能得高壽善終。

第二，張商英認爲梁武帝小乘根器，專信有爲之果，過信泥跡，雖奉佛甚勤，卻不得法。值得一提的是，持這種觀點的佛教徒或護法者並非張商英一人，早在唐初，六祖惠能大師在與章刺史的談話中便認爲梁武帝一生造寺度僧，卻不知正法，所以實無功德：

> 公（章刺史）曰：「弟子聞達磨初化梁武帝，帝問云：『朕一生造寺度僧，布施設齋，有何功德？』達磨言：『實無功德。』弟子未達此理，願和尚爲說。」師曰：「實無功德。勿疑先聖之言！武帝心邪，不知正法。造寺度僧，布施設齋，名爲求福，不可將福便爲功德。功德在法身中，不在修福。」〔註56〕

宋太宗亦曾認爲梁武帝之所爲乃「小乘偏見之甚」，「爲後代笑」：「如梁武捨身爲寺家奴，百官率錢收贖，又布髮於地，令桑門踐之，此眞大惑，乃小乘偏見之甚，爲後代笑。」〔註57〕北宋中期時曾力挽狂瀾隻身護法的名禪契嵩亦有此論點。契嵩以爲：「教不可泥，道不可罔。泥教淫跡，罔道棄本。……夫事有宜，理有至。從其宜而宜之，所以爲聖人之教也。即其至而至之，所以爲聖人之道也。梁齊二帝（梁武齊文宣也）反其宜而事教，不亦泥乎？」〔註58〕張商英顯然對以契嵩爲代表的護法者的這種論點有所繼承，他說：

> 梁武壽高九十，不爲不多，以疾而卒，不至大惡。但捨身之謬以其先見禍兆，筮得《乾》卦「上九」之變，取其貴而無位，高而無民，以此自卑欲圖弭災召福者。梁武自謬爾，於佛何有哉？梁武小乘根器，專信有爲之果，茲其所以不遇達磨之大法也。過信泥跡、執中無權者，亦其定業使之然乎？……侯景兵至而集沙門念《摩訶般若波羅蜜》者，過信泥跡，而不能權宜適變也。亦猶後漢向詡，張角作亂，詡上便宜，頗多譏刺左右，不欲國家興兵，但遣將兵於河上，北向讀《孝經》，賊則當自消滅。又如《後漢·蓋勳傳》：中平元年，北地、羌胡與邊章等寇亂隴右，扶風宋梟爲守，患多寇叛，謂勳曰：「涼州寡於學術，故屢多反暴。今欲多寫《孝經》，令家家

〔註56〕（唐）法海集：《六祖大師法寶壇經》之「疑問第三」，《大正藏》第 48 冊，No.2008。

〔註57〕（宋）李燾撰：《續資治通鑑長編》卷二四，宋太宗太平興國八年冬十月。

〔註58〕（宋）契嵩撰：《鐔津文集》卷二，《輔教編中·廣原教》。

習之，庶或使人知義。」此亦用之者不善也，豈《孝經》之罪歟！
〔註59〕

張商英認為，梁武帝雖虔信佛教，然而終是小乘根器，不能了徹大法，這也
是宣揚大乘教法的達摩與其一語不和而離境北去的主要原因。梁武帝與達摩
的典故，雖不是真實的歷史，世間卻流傳甚廣。圓悟克勤之《碧巖集》曾錄
下這段典故：

> 舉梁武帝問達摩大師：「如何是聖諦第一義？」摩云：「廓然無
> 聖！」帝曰：「對朕者誰？」摩云：「不識。」帝不契，達摩遂渡江
> 至魏。帝後舉問誌公，誌公云：「陛下還識此人否？」帝云：「不識。」
> 誌公云：「此是觀音大士，傳佛心印。」帝悔，遂遣使去請，誌公云：
> 「莫道陛下發使去取，闔國人去，他亦不回。」〔註60〕

僧史學者反覆提起梁武帝與達摩之故事，這其中之原因，大概是他們往往以
此來說明梁武帝佛根低劣，雖一生造寺供僧，卻終不能領悟大乘旨意。既如
此，那麼這位「菩薩皇帝」實非菩薩，其供奉佛法，也並不得法。以不得法
之奉佛而至亡國，豈佛法之咎哉？張商英這裡要告訴我們的同樣是這個道
理，「梁武小乘根器，專信有為之果，茲其所以不遇達磨之大法也」。非佛法
不能祐人，實武帝不能求也。為進一步論證梁武帝乃小乘根器，張商英又舉
侯景兵臨城下時，梁武帝集沙門念《摩訶般若波羅蜜》的事蹟，指出他不能
權宜適變，過信泥跡。所以侯景之亂，梁武帝難逃其咎，我們怎能責難《摩
訶般若波羅蜜》經書？恰如後漢的向詡和宋梟以《孝經》退敵的故事。按，《後
漢書》卷八一、卷五八對此二人的記載，兩人都曾在大敵壓境之時，不思退
敵之策，反而建議以《孝經》感化敵人，其結果是或被殺或被詰責：

> （向詡）徵拜侍中，每朝廷大事，侃然正色，百官憚之。會張
> 角作亂，栩上便宜，頗譏刺左右，不欲國家興兵，但遣將於河上北
> 向讀《孝經》，賊自當消滅。中常侍張讓讒栩不欲令國家命將出師，
> 疑與角同心，欲為內應。收送黃門北寺獄，殺之。〔註61〕

> 梟患多寇叛，（宋梟）謂勳曰：「涼州寡於學術，故屢致反暴。
> 今欲多寫《孝經》，令家家習之，庶或使人知義。」勳諫曰：「昔太

〔註59〕　（宋）張商英撰：《護法論》。
〔註60〕　（宋）佛果圓悟禪師撰：《佛果圓悟禪師碧巖錄》卷一。
〔註61〕　（劉宋）范曄撰：《後漢書》卷八一，《獨行列傳》。

> 公封齊，崔杼殺君；伯禽侯魯，慶父篡位。此二國豈乏學者？今不
> 急靜難之術，遽爲非常之事，既足結怨一州，又當取笑朝廷，勖不知
> 其可也。」梟不從，遂奏行之。果被詔書詰責，坐以虛慢徵。〔註62〕

張商英對此二人的評價是：「此亦用之者不善也，豈《孝經》之罪歟！」這種
迂腐的方式只能留作歷史的笑柄。通過這番論證，則梁武帝的小乘根器，不
識大法也就彰顯無遺了。

張商英通過以上兩點的反駁，在一定程度上論證出了梁武帝之亡國非奉
佛所致，尤其是第二點的論證是較有說服力的，但他將亡國原因歸於定業的
說法在今天看來顯然也是唯心的論斷。其實，歷史上將梁武帝之亡國完全歸
罪於奉佛或完全與奉佛無關的看法都是過於絕對化的，我們應該從多方面、
多角度去探討他亡國的原因。撰寫《梁書》的唐人姚思廉在《武帝本紀》中
擺脫了奉佛亡國說的偏見，以更深刻的視野探討了梁朝滅亡的深層次原因，
或許個中原因正如其所言：

> （梁武帝）及乎耄年，委事群幸。然硃異之徒，作威作福，挾
> 朋樹黨，政以賄成，服冕乘軒，由其掌握，是以朝經混亂，賞罰無
> 章。「小人道長」，抑此之謂也。賈誼有云「可爲慟哭者矣」。遂使滔
> 天羯寇，承間掩襲，鶩羽流王屋，金契辱乘輿，塗炭黎元，黍離宮
> 室。嗚呼！天道何其酷焉。雖曆數斯窮，蓋亦人事然也。〔註63〕

5、破析僧人不耕而食說

歷史上斥責僧人不耕而食，徒耗民財者不在少數。僅以唐宋爲例，唐代
的狄仁傑、彭偃，宋代的王禹偁、岑象求等人都曾上疏皇帝，嚴斥佛徒的不
耕而食，坐食百姓，指出天下僧眾實與百姓、國家爭利，若不早禁，恐蠹空
民財國用，貽害天下。唐代的狄仁傑（630～700）曾痛心於佛教徒的不耕而
食、不勞而獲，與國家、百姓爭利，對國家經濟和百姓生活造成的危害：

> 今之伽藍，制過宮闕，窮奢極壯，畫繢盡工，寶珠殫於綴飾，
> 環材竭於輪奐。工不使鬼，止在役人，物不天來，終須地出，不損
> 百姓，將何以求？生之有時，用之無度，編戶所奉，常若不充，痛
> 切肌膚，不辭箠楚……膏腴美業，倍取其多；水碾莊園，數亦非少。
> 逃丁避罪，並集法門，無名之僧，凡有幾萬，都下檢括，已得數千。

〔註62〕（劉宋）范曄撰：《後漢書》卷五八，《蓋勳傳》。
〔註63〕（唐）姚思廉撰：《梁書》卷三，《武帝本紀》。

且一夫不耕，猶受其弊，浮食者眾，又劫人財。臣每思惟，實所悲痛。〔註64〕

比之稍晚的彭偃（生卒年不詳）也指出僧道不耕而食，不織而衣，於國無益，於民有害。他因此建議唐德宗令天下僧道年未滿五十歲者同百姓一樣服役繳稅，其中有才智者入仕，平庸者可還俗。如此一來，國家富有，百姓害除：

今天下僧道，不耕而食，不織而衣，廣作危言險語，以惑愚者。一僧衣食，歲計約三萬有餘，五丁所出，不能致此。舉一僧以計天下，其費可知。陛下日旰憂勤，將去人害，此而不救，奚其為政？臣伏請僧道未滿五十者，每年輸絹四疋；尼及女道士未滿五十者，每年輸絹二疋；其雜色役與百姓同。有才智者令入仕，請還俗為平人者聽。但令就役輸課，為僧何傷。臣竊料其所出，不下今之租賦三分之一，然則陛下之國富矣，蒼生之害除矣。〔註65〕

宋初王禹偁（954～1001）在宋真宗繼位之初上疏進言五事，其中第四件事便提到「沙汰僧尼，使民無耗」。王禹偁認為，僧尼是士、農、工、商、兵之外的又一民，此類民眾不蠶而衣，不耕而食。他引唐時韓愈上唐憲宗表以使宋真宗明白僧眾蠹國之甚，希望宋真宗能早行沙汰，使民無耗：

夫古者惟有四民，治民者士也，故受養於農工以造器，用商以通財貨，皆不可缺。而兵不在其數，蓋井田之法，農即兵也。自秦以來，以強兵定天下，故戰士不服農，是四民之外又生一民，所以農益困。然而執干戈衛社稷，理不可去也。沙汰僧尼，使民無耗。漢明之後，佛法流入中國，度人造寺，歷代增加，不蠶而衣，不耕而食，是五民之外又益一而為六也。唐韓愈諫憲宗迎佛骨表備言其事：假使天下在萬僧，日食米一升，歲用絹一匹，是至儉也，猶月費三千斛，歲用萬縑，何況五七萬輩哉！又，富者窮極口腹，一齋一衣，貧民百家未能供給，不曰民蠹，其可得乎！臣愚以為國家度人眾矣，造寺多矣，記其費耗何啻億萬。……願深鑒治本，亟行沙汰。〔註66〕

〔註64〕　（後晉）劉昫等撰：《舊唐書》卷八九，《狄仁傑傳》。
〔註65〕　（後晉）劉昫等撰：《舊唐書》卷一三一，《彭偃傳》。
〔註66〕　（宋）李燾撰：《續資治通鑑長編》卷四三，宋太宗至道三年。

又，宋哲宗時岑象求亦上疏論佛老，指出佛教之害，可爲痛哭流涕者三，其一便是僧尼的不耕而食、不織而衣，窮奢縱慾，出入百用取之於民，以使百姓不得以糟糠襤褸以果腹蔽體：

> 不耕而食，不織而衣，出入百用一取足於民，往往蕃貨賄，擅商
> 賈農民之利，田疇跨州縣，委積如京坻，窮奢縱慾，不知紀極，使吾
> 民日削月朘，寖以窮匱，有不得糟糠藍縷以食腹蔽體者焉。〔註67〕

綜上所述，上述幾人均從僧人不耕而食的角度來論述佛教對封建社會的危害，其言之鑿鑿，情理並重，對君王的排佛乃至毀佛可能都會起到直接或間接的影響。因而，排佛者的僧人不耕而食說對佛教在中國的發展的確帶來較大的威脅。作爲宋代著名護法，張商英大概也意識到此說對佛教發展的挑戰，因而在其著作《護法論》中也不惜筆墨、分七點對此說大加鞭撻。其實，不管是排佛者的毀佛之說，還是張商英的護法之論，其中都不乏一些不合史實的毀譽之辭，下面，讓我們撥開歷史的迷霧及人爲的干擾，一一評述張商英這七條論點，看看宋代僧人是否不耕而食，佛教的發展又是否危害到了國家的經濟和百姓的生活。

張商英開篇提出，排佛者深嫉佛徒不耕而食，亦人知其一，而莫知其他。張商英首先指出，通都大邑、山林江海、神祠廟宇之中，不耕而食者比比皆是，爲何單斥守護心城的僧人：

> 豈不詳觀通都大邑，不耕而食者十居七八。以至山林江海之上，
> 草竊奸宄。市廛邸店之下，娼優廝役。僻源邪徑之間，欺公負販。
> 神祠廟宇之中，師童巫祝者皆然也，何獨至於守護心城者而厭之哉？
> 今戶籍之民，自犁鋤者，其亦幾何？〔註68〕

較之前代，宋代的商品經濟得到空前的發展，大批人口流入城市，不再從事農業生產，以東京爲例，城市中居民大多從事著第三產業，不再從事農業生產。特別是隨著里坊制的崩潰和廂坊制的確立，城市的商品經濟愈加發達，各主要街道都設有商店、酒樓、茶坊，娛樂業和娼妓業呈現出空前的繁榮，官營、私營手工業同步發展，而被稱爲「閒漢」的盲流、無賴也隨著城市化進程的推進而湧入城市討活〔註69〕。周寶珠先生推測，北宋東京城最盛時有

〔註67〕（宋）趙汝愚編：《宋朝諸臣奏議》卷八四，《上哲宗論佛老》。
〔註68〕（宋）張商英撰：《護法論》，《大正藏》第52冊，No.2114。
〔註69〕汪曉鵬：「《東京夢華錄》的歷史地理史料價值研究」，碩士學位論文，華中師範大學歷史系，2008年，第26～42頁。

13.7 萬戶、150 萬人左右〔註70〕。今人陳振對北宋天禧五年（1021）時東京的人口有過大概統計，也認爲人口已不下百萬，是當時世界上最大的城市：「到北宋前期末的天禧五年（1021 年）初，開封城內已有常住戶近十萬戶，加上城外市區居民戶、駐軍及家屬戶，至少也在五萬戶以上，另有宮廷人口和大量流動人口，估計約有百萬人口，這是當時世界上最大的城市。」〔註71〕宋人張方平歎東京人口之眾、所需物資之巨時曰：「今仰食於官者，不惟三軍，至於京師士庶以億萬計，大半待飽於軍稍之餘。」〔註72〕由此可見，張商英生活的北宋後期，由於城市經濟的發展，不耕而食者較之前代必大爲增加。這也就是張商英所謂的「今戶籍之民，自犁鋤者，其亦幾何」，「通都大邑，不耕而食者十居七八」。既然「市廛邸店之下，娼優廝役」，「僻源邪徑之間，欺公負販」皆是不耕而食者，爲何世人又單單指責僧人呢？

　　第二，張商英提到了今日叢林尚有古之普請之風〔註73〕，僧人們刀耕火種、灌溉蔬果、服田力稼者甚眾，豈能說僧人乃不耕而食之徒：

　　　　釋氏有刀耕火種者，栽植林木者，灌溉蔬果者，服田力稼者矣。
　　岂獨今也，如古之地藏禪師，每自耕田，嘗有語云：「諸方説禪浩浩
　　地，爭如我這裡種田博飯吃。」百丈惟政禪師命大眾開田，曰：「大
　　眾爲老僧開田，老僧爲大眾説大法義。」大智禪師曰："一日不作，
　　一日不食。"潙山問仰山曰：「子今夏作得個什麼事？」仰山曰：「鋤
　　得一片地，種得一畬粟。」潙山曰：「子可謂不虛過時光。」斷際禪
　　師每集大眾栽松钁茶，洞山聰禪師常手植金剛嶺松，故今叢林普請
　　之風尚存焉。〔註74〕

按，耕作勞動，依律屬八不淨物之一，原爲早期佛教戒律所禁，《佛遺教經論疏節要》曾明確規定僧人不得種植、斬伐草木、墾土掘地：「持淨戒者不得販賣、貿易、安置田宅，畜養人民、奴婢、畜生，一切種植及諸財寶皆當遠離，如避火坑，不得斬伐草木、墾土掘地。」〔註75〕但是，隨著佛教的日漸中國

〔註70〕周寶珠著：《宋代東京研究》，河南大學出版社，1992 年，第 346～347 頁。
〔註71〕陳振著：《宋史》，上海人民出版社，2003 年，第 304 頁。
〔註72〕（元）脫脫等撰：《宋史》卷九三，《河渠志三》。
〔註73〕所謂普請，指僧人共同勞動。《大宋僧史略》卷上云：「共作者謂之普請。」
　　　　參見（宋）贊寧撰《大宋僧史略》卷上。
〔註74〕（宋）張商英撰：《護法論》，《大正藏》第 52 冊，No.2114。
〔註75〕（後秦）鳩摩羅什譯，（宋）淨源節要，（明）袾宏補注《佛遺教經論疏節要》，
　　　　《大正藏》第 40 冊，No.1820。

化，寺院爲了實現經濟上的獨立，不再依附於信眾的施捨及政府的資助，開始規定僧人們參與勞作，自力更生。據王永會考證，唐代禪僧馬祖道一（709～788）始創叢林，倡導農禪合一，其門徒散居南方各地，各建叢林，自給自足〔註76〕。在馬祖的影響下，其弟子百丈懷海（750～814）立《百丈清規》，從而以禪律的形式正式規定了僧人有普請的義務：「普請之法，蓋上下均力也。凡安眾處有必合資眾力而辦者，庫司先稟住持，次令行者傳語首座維那，分付堂司行者報眾掛普請牌，仍用小片紙書貼牌上云：（某時某處）或聞木魚或聞鼓聲。各持絆膊搭左臂上，趨普請處宣力。除守僚直堂老病外，並宜齊赴。當思古人一日不作，一日不食之誡。」〔註77〕自百丈懷海始，禪僧們普遍施行農禪合一的生產生活方式，如張商英列舉的地藏禪師（即羅漢桂琛，867～928）、百丈惟政、大智禪師（即百丈懷海）、仰山慧寂（807～883）、斷際禪師（即黃檗希運）、洞山曉聰（？～1030）皆是倡導農禪合一併親身實踐的著名禪僧〔註78〕。唐中期普請之法的施行，對之後中國禪宗的發展產生了深遠的影響。我們認爲，《百丈清規》中普請之法的確立，使寺院的經濟不再是依賴性的，而變爲獨立性的，寺院也由繁華都市轉向偏僻山林。唐代後期的會昌法難、黃巢起義，五代時的戰亂及後周世宗發動的法難一次又一次地打擊著中國的佛教，在各門派普遍衰落的情況下，禪宗卻一枝獨存，進入宋朝，更是步入全盛，這恐怕與禪宗自中唐以來奉行的普請之法有著直接的聯繫。張商英對普請之法的瞭解及對僧史傳的熟稔〔註79〕，使其在駁斥僧人不耕而食說時引據論典，以大量的史實來證明僧人不僅不是不耕而食，而且還是農耕的積極參與者。從辯論的角度來講，張商英此處的辯護是有理有據，對質疑者是有較強的說服力的。

〔註76〕 王永會著：《中國佛教僧團發展及其管理研究》，巴蜀書社，2003 年，第 119 頁。

〔註77〕 （元）德輝重編：《敕修百丈清規》卷六，《大正藏》第 48 冊，No.2025。

〔註78〕 張商英所舉諸禪師語句，多於典可考。羅漢桂琛事蹟，見於《五燈會元》卷八，《羅漢桂琛禪師》；百丈惟政 事蹟，見於《景德傳燈錄》卷九，《百丈惟政禪師》；百丈懷海事蹟，見於《五燈會元》卷三，《百丈懷海禪師》；仰山慧寂事蹟，見於《五燈會元》卷九，《仰山慧寂禪師》；洞山曉聰事蹟，見於《禪林僧寶傳》卷一一，《洞山聰禪師》。由此可見張商英護法的用心及對僧史傳的熟稔。

〔註79〕 張商英曾說：「比看傳燈錄一千七百尊宿機緣，唯疑德山托缽話。」可見其對僧史傳的熟稔。參見（宋）釋曉瑩撰《羅湖野錄》卷二。

　　但若我們就此而被張商英所說服，那麼我們無疑忽略了張商英的所處立場及護法熱情等因素，因爲就史實而言，張商英的說法是很片面的。宋代禪僧雖然繼承了唐中期流傳下來的普請之法，但其具體的施行情況卻並不如張商英所言。今人游彪在對宋代寺院農業經營諸關係進行了較爲深入的挖掘研究後發現，自中唐以來均田制瓦解之後，封建租佃關係開始逐漸在寺院田產上確立起來。至宋代，佛寺將田產出租的現象極爲普遍，雖然佔有田地少的寺院，其土地還是由寺院僧侶們自己耕種，但是那些中上等寺院幾乎都將自己的田產出租給農民或佃農，並委派一些僧侶到田產中進行監督，負責田產的生產、經營等具體事務。寺院以定額方式收取地租，其地租可以是實物地租，也可以是貨幣地租。而且從現存的一些資料看，寺院從佃戶身上收取的地租相當可觀，有的地租年收入逾萬石，大部分寺院的年收入也在 1000 斛左右〔註 80〕。因此，從這個角度來講，宋代一些人斥責僧人不耕而食，不勞而獲，是有大量的事實依據的，只是這些事實被張商英匿而不表，從而給後人留下了是世人在誤解僧人的錯誤印象。

　　第三，張商英認爲，僧人一粥一飯，一針一線，所需甚寡，對國家和社會不能造成太多的消耗：

　　　　釋氏雖眾，而各止一身，一粥一飯，補破遮寒，而其所費亦寡矣。〔註 81〕

但這裡張商英顯然有意忽略了宋代僧人整體數量的龐大。即便是單個僧人所需甚寡，那麼全國僧人的消耗也是巨大的。宋代僧尼人數較之前代有大幅增加，其中宋眞宗天禧五年（1021）統計的 458854 人被認爲是中國歷史上僧尼數量之最。之後的仁宗、神宗朝僧尼數量雖略有下降，但總體來說依然龐大。

表 3.1　北宋僧尼數量統計表

時　間	僧尼數量 （單位：人）	出　處	備　註
宋眞宗天禧 五年（1021）	458854	《宋會要輯稿·道釋一》之一三、一四	《佛祖統紀》卷四四所載僧尼人數爲 458855；《山堂考索》後集卷六三所載僧尼人數爲 458954。

〔註 80〕　參見游彪著《宋代寺院經濟史稿》，河北大學出版社，2003 年，第 129～138 頁。
〔註 81〕　（宋）張商英撰：《護法論》，《大正藏》第 52 冊，No.2114。

宋仁宗景祐元年（1043）	433262	《宋會要輯稿·道釋一》之一三、一四	《佛祖統紀》卷四五所載僧尼人數爲 434260；《山堂考索》後集卷六三所載僧尼人數爲 434273。
宋仁宗慶曆二年（1042）	396525	《宋會要輯稿·道釋一》之一四	
宋仁宗至和元年（1054）	300000 餘	《宋史》卷二九九，《張洞傳》	
宋神宗熙寧元年（1068）	254798	《宋會要輯稿·道釋一》之一四	《佛祖統紀》卷四五所載僧尼人數爲 224090。
宋神宗熙寧十年（1077）	232564	《宋會要輯稿·道釋一》之一四	

　　北宋中葉，張方平曾估算過每年僧尼所費衣食相當於國家一年的積蓄，「冗僧」已成爲國家沉重的負擔，是以張方平將釋徒列爲「三蠹」之一：「理國者以爲，一夫不耕，或受之饑；一婦不織，或受之寒。今釋老之遊者，略舉天下計之，及其僮隸服役之人，爲口豈啻五十萬。中人之食，通其薪樵、鹽菜之用，月糜穀一斛，歲得穀六百萬斛，人衣布帛二端，歲得一百萬端。竊度國家之制，財用也。上以給郊社宗廟百神之祀，百官廩祿六軍糧饋，其計至大矣。倉庾之積，仰輸東南，然而歲漕江淮之粟入之太倉，制不過六百萬斛，而莫之登也。則是釋老之遊者一歲之食敵國家一年之儲也。」〔註82〕再者，宋代僧人內部兩極分化嚴重，一些禪僧生活已明顯貴族化，「又富者窮極口腹，一齋一衣，貧民百家未能供給，不曰民蠹，其可得乎」〔註83〕？惠洪在《冷齋夜話》中記述著名禪師佛印了元的出行，從中似可窺見當時部分禪僧生活的奢侈：

　　　　南還海岱，逢佛印禪師元公出山，重荷者百夫，擁輿者十許夫，

　　巷陌來觀，喧吠雞犬。〔註84〕

第四，僧人的本職工作在於紹隆三寶，舍本職而求其務農勞作，不亦舍本逐末？

　　　　彼依教行道，求至乎涅槃者，以此報恩德，以此資君親，不亦

　　至乎？故後世聖君，爲之建寺宇、置田園，不忘付囑使其安心行道。

〔註82〕（宋）張方平撰：《樂全集》卷一五，《原蠹中篇》，文淵閣《四庫全書》本。

〔註83〕（宋）李燾撰：《續資治通鑒長編》卷四三，宋太宗至道三年。

〔註84〕（宋）惠洪撰：《冷齋夜話》卷一〇，《石崖僧》，《宋元筆記小說大觀》，第 2222 頁。

隨方設化，名出四民之外，身處六和之中。其戒淨，則福蔭人天。
其心眞，則道同佛祖。原其所自之恩，皆吾君之賜也。苟能以禪律
精修，於天地無愧，表率一切眾生，小則遷善遠罪，大則悟心證聖，
上助無爲之化，密資難報之恩，則不謬爲如來弟子矣。且其既受國
恩，紹隆三寶，而欲復使之爲農，可乎？〔註85〕

張商英認爲，古今君王之所以護助佛法，正是由於僧人修道誠心，表率眾生，
福蔭人天，助君王德治天下。既然古之聖君皆意識到這一點，因而他們只令
僧人安心行道，隨方設化，不復令其務農耕作。

　　第五，僧人亦要上繳賦稅及種種科敷，歲之所出，尤過於世間之人，於
公於私，何損之有？

況其田園隨例常賦之外，復有院額科敷、官客往來，種種供給。
歲之所出，猶愈於編民之多也。其於公私，何損之有！〔註86〕

如果說唐宋以前寺院侵奪田產，不繳賦稅，與國爭利的話，那麼自唐德宗時
隨著兩稅法的實施，朝廷開始據地收稅，寺院也成爲納稅的對象。宋承唐制，
宋代寺院除了繼續繳納二稅外，還有大量的科敷、徭役需要承擔。據游彪的
考釋，大體說來，北宋寺院需要交納二稅、科敷及助役錢。

　　首先我們來看宋代寺院所要繳納的二稅。所謂二稅，即夏稅秋苗。自唐
德宗時始興二稅法起，佛寺便幾無例外的每年繳納兩稅。宋代寺院凡有田產
者，均需繳納二稅。這種稅收也成爲寺院沉重的經濟負擔。宋僧惠洪曾以詩
《七月十三示阿慈》向我們揭示了當時二稅之沉重幾令寺院難以爲繼的事實：

寺已餘十僧，田不登百數。何以常乏食，強半了租賦。今年失
布種，正坐無牛具。六月始分秧，江流冒滕路。水退秧陷泥，經月
已無雨。枯根拆龜兆，瘦葉壓勃土。鄰家飯早占，我方質袍袴。此
生爲口腹，夢幻相煎煮。阿慈佐井臼，事眾耐辛苦。今朝質且盡，
父子屹相覷。頹然輒坐睡，欠伸久不語。只個甘露滅，可質請持去。

〔註87〕

其次是種種科敷。所謂科敷，即官府不定時、不定量的臨時性賦稅。與普通
百姓家一樣，宋代寺院也常常受到各種科敷的侵擾。寺院需繳納的科敷種類

〔註85〕　（宋）張商英撰：《護法論》，《大正藏》第 52 冊，No.2114。
〔註86〕　（宋）張商英撰：《護法論》，《大正藏》第 52 冊，No.2114。
〔註87〕　（宋）釋覺範撰：《石門文字禪》卷五，《七月十三示阿慈》。

繁多，如鹽的科敷、酒的科敷、醋的科敷、茶的科敷、香的科敷以及其他各種瑣碎離奇之科敷〔註88〕。尤其當了北宋後期，政府常以行政手段壓低價格收購寺院的糧食及各種財富，實際上就是對寺院僧人的橫征暴斂。

最後是助役錢。宋神宗時，朝廷對寺院的經濟控制愈加明顯，寺院除繳納二稅及種種科敷，還需繳納助役錢。王安石於熙寧三年（1070）冬頒佈免役法，免役法，最初稱助役法，後改稱免役法，也稱募役法。此法首先試行於開封府地區，此法規定，鄉戶以家產貧富分爲五等，每年隨夏秋兩稅徵役錢。鄉村戶四等以下，城郭戶六等以下不納役錢。此外，一些特殊階層也要繳納助役錢，這其中就包括寺院，只是相對於普通民戶，寺院繳納只及其一半，「若官戶、女戶、寺觀、未成丁，減半輸」〔註89〕。在此之前，儘管僧人也要上繳賦稅，但並不服徭役，而到了王安石變法期間，僧人連著最後的特權也被廢除。

通過以上分析，我們可以發現宋朝針對寺院的這些措施有效地加強了其對寺院的經濟管理，沉重打擊了寺院的經濟特權，使寺院經濟進一步融入到世俗經濟中。宋代僧人，一如世俗人等承受著朝廷的種種賦稅徭役，正如張商英所言：「（僧人）況其田園隨例常賦之外，復有院額科敷、官客往來，種種供給。歲之所出，猶愈於編民之多也。」

第六，張商英指出，當今耕者少，不在於僧者多，而在於官員有勸農之虛名，挾抑農之實患。一些官員，不顧農時，常調發耕夫服勞役：

> 余嘗疾今官有勸農之虛名，而挾抑農之實患。且世之利用，苟有益者，不勸而人自趨矣。今背公營私者，侵漁不已，或奪其時，作不急之務，是抑之也，何勸之有？〔註90〕

宋政府雖常有勸民農桑之詔令，但實行的情況並不盡如人意，尤其是宋徽宗時期，朝廷雖效法先朝行方田之法，但是官員們執行時往往陽奉陰違，再加上豪門富戶的抵制及鑽其漏洞，不僅不能均稅，反而把更多的賦稅和勞役轉移到下等戶農民身上，致使下等戶不勝賦役而逃亡。連宋徽宗自己也不得不

〔註88〕關於宋代寺院所需繳納的種種科敷，游彪有詳細統計，筆者於此不再贅述。參見游彪著《宋代寺院經濟史稿》，河北大學出版社，2003 年，第 161～168 頁。

〔註89〕（元）脫脫等撰：《宋史》卷一七七，《食貨志》。此處關於免役法的描述，筆者另參考陳振著《宋史》，上海人民出版社，2003 年，第 374 頁。

〔註90〕（宋）張商英撰：《護法論》，《大正藏》第 52 冊，No.2114。

承認這一情況：「方田之法，本以均稅，有司奉行違戾，貨賄公行。豪右形勢之家，類蠲賦役而移於下戶，致使流徙。」〔註91〕宋代的徭役相當沉重，蘇轍曾描述頻繁的差役給人民帶來的災難：「伏見勸課農桑，曲盡條目。然鄉閭之弊，無由得知朝廷惠澤。雖優豪勢侵陵罔暇，遂使單貧小戶力役靡供，乃歲豐登，稍能自給。或時水旱，流徙無蹤，戶籍雖有增添，農民日以減少⋯⋯才得歸農，即復應役，直至破盡家業，方得休閒。」〔註92〕為了服徭役，不少農民無力耕作，再加上水旱之災，務農者更是背井離鄉。尤其到了北宋後期，宋徽宗、蔡京集團禍國殃民，橫征暴斂，人民較之前承受的徭役更為沉重，「民被差役，如遭寇虜」〔註93〕。繁重的徭役下，普通百姓又怎能安心務農，是為張商英所言「今官有勸農之虛名，而挾抑農之實患」。將北宋末年糧食的減產歸罪於僧人不耕而食，而不言吏治的腐敗、政治的黑暗，這是張商英無論如何也接受不了的。雖然他無法直言當時農業的凋敝是徽宗朝的腐敗政治所致，但在這裡還是對當朝的政治過失有所指責。

　　第七，張商英還認為，糧食不足不在於耕者少，而在於近歲旱潦災害頻發。旱潦災害頻發的原因，張商英點明是由於朝廷缺少應有的德行，不能致和氣。苟能致和氣而召豐年，則耕者雖少而穀尤賤；苟不能致和氣而召豐年，則耕者雖多又有何用？

　　　　今游惰者十常七八，耕者十止二三。耕者雖少，若使常稔，則菽粟亦如水火矣。近歲或旱或潦，無歲無之。四方之稼，秀而不實者，歲常二三，甚者過半，亦豈為耕者少而糧不足哉？老子曰：「我無為而民自富。」苟無以致和氣而召豐年，雖多耕而奚以為？歲之豐凶，繫乎世數，意其天理亦自有準量歟。歲常豐，穀愈賤，耕者愈少，此灼然之理。〔註94〕

張商英在這裡又把糧食的減產歸結於朝政的不當，或許他的這個總結較之世人對僧侶的批評是要深刻地多。之前張商英已指出，官府頻繁的差役是農民無法務農的主要原因。這裡，張商英又提出，即便耕者再少，只要朝廷施政得體，順天應人，則和氣自致，豐年自來，而「近歲或旱或潦，無歲無之。四方之稼，秀而不實者，歲常二三，甚者過半」，災年頻仍的原因，顯然是朝

〔註91〕　（清）畢沅編：《續資治通鑒》卷九一，宋徽宗政和二年十一月丁丑。
〔註92〕　（元）馬端臨撰：《文獻通考》卷一二。
〔註93〕　（元）馬端臨撰：《文獻通考》卷一二。
〔註94〕　（宋）張商英撰：《護法論》，《大正藏》第52冊，No.2114。

廷施政並不得體。至於如何不得體，張商英沒有明言。我們考慮到《護法論》的寫作時間大致是在宣和年間張商英去世前，其時北宋已走向滅亡的邊緣，則不難想像當時朝政之現狀。

總之，爲了駁斥世人的僧人不耕而食說，張商英於此分七點一一反駁，雖不能條條服人，但亦可看出其護法的良苦用心。較之張商英反駁的各種排佛之論中，該論的批駁可以說是最爲用心用力的，其中一些見解在今天看來也有著深刻的內涵，而有一些見解則因充斥著較強烈的護法情緒而難免失之偏頗，但無論如何，其對僧人不耕而食之說的反駁總體來看還是較爲成功的。

6、駁斥沙門不孝說

佛教作爲一門出世型的宗教，號召信徒削髮爲僧，離家背親，隱於山谷，與世無爭，這與儒家所講的忠君事親、修齊治平無疑是極不相符的。在中國，孝親問題一直是佛教徒與世俗之人爭論的中心，幾乎所有的排佛者都會舉出佛教徒離家背親的事實來斥責佛教。傳統中國社會極其重視孝道，戰國至秦漢之時成書的《孝經》就明確指出孝乃德之本，「夫孝，德之本也，教之所由生也」。愛護自己的身體，是孝之始；揚名立萬，是孝之終。「身體髮膚，受之父母，不敢毀傷，孝之始也。立身行道，揚名於後世，以顯父母，孝之終也。夫孝，始於事親，中於事君，終於立身。」〔註95〕古代的孝道甚至被先哲上昇到治國化民之手段的高度，孝親是天經地義之事，民能行孝，順天應人，如此則先王治國化民不欲也難。「夫孝，天之經也，地之義也，民之行也。天地之經，而民是則之。則天之明，因地之利，以順天下。是以其教不肅而成，其政不嚴而治。先王見教之可以化民也，是故先之以博愛，而民莫遺其親；陳之以德義，而民興行。先之以敬讓，而民不爭；導之以禮樂，而民和睦；示之以好惡，而民知禁。」〔註96〕爲了表示對孝道的重視，漢代從惠帝以後，皇帝的諡號中都加有一個「孝」字，以後的封建王朝效法者甚多。由此可見中國傳統社會對孝道的推崇。王月清總結出中國古代的孝親觀有四個特徵，一是孝親觀的思想源於上古社會的宗教信仰和祭祀活動；二是孝親觀是宗法社會與父權家庭的產物，孝親表現爲對君主和父權的順從；三是子女不僅要對在世父母表示孝，亦要對已故父母和祖先表示追孝；四是孝

〔註95〕《孝經・開宗明義章第一》，《十三經》。
〔註96〕《孝經・三才章第七》，《十三經》。

親也表現爲對君王的忠孝〔註97〕。

反觀佛教，其倫理、修行多有與漢人孝道相違之處。從佛教傳入中國起，中國人對其儀軌修行便頗有微詞，其中一項重要原因便是佛教徒所爲多悖於孝道。早在漢魏之際，就有人舉《孝經》的思想來懷疑佛徒的行爲，並且指出沙門不娶妻生子，使家族無後，這樣的行爲，不是大逆不道，又是什麼？

> 問曰：「《孝經》言：『身體髮膚受之父母，不敢毀傷。』曾子臨沒，啓予手啓予足。今沙門剃頭，何其違聖人之語，不合孝子之道也。吾子常好論是非平曲直，而反善之乎？」
>
> 問曰：「夫福莫瑜於繼嗣，不孝莫過於無後。沙門棄妻子、捐財貨，或終身不娶。何其違福孝之行也。」〔註98〕

可以說，從牟子的時代起，漢人對佛教這樣的指責就從未消失過。梁代劉勰在《滅惑論》中引用了反對者提出的佛教對社會的三大危害，即入國而破國，入家而破家，入身而破身，其中後兩者即是批評僧尼出家捨棄人倫之愛，背親修行，剃髮毀容，拋妻絕後，不僅是毫無社會責任感的表現，亦是對中國孝道的嚴重違逆〔註99〕。荀濟則嚴厲指責佛教蔑棄忠孝，並舉釋迦背父棄君、自餓形骸以及達多投石、難陀引弓等事蹟來證明「九十六道，此道最貪」，「斯即不行忠孝。若天下習之，陛下則無以自處」〔註100〕。

在儒家及諸多反佛者的批評下，佛教若想眞正紮根於中國，護法者必須及時做出回應。於是從魏晉南北朝以來，佛教在一步步地融洽儒家的孝道。大體說來，其融洽儒家孝道的方式有兩種，一是從佛經中尋找佛教中的孝親典故，以證明佛教亦符儒家之孝道。王月清認爲早期漢譯佛經，如《六方禮經》、《善生子經》、《華嚴經》、《遊行經》等都因有孝親的論說而特別受到中土佛教徒的重視〔註101〕。唐宋以來流傳民間的睒子孝親、大目犍連救母的故事，以其感人至深的故事情節而廣爲人民所傳頌，甚至成爲我國封建時代勸孝的經典題材。這兩個故事，正是出自佛經《佛說菩薩睒子經》和《佛說盂蘭盆經》。爲了進一步迎合儒家的孝親觀，挖掘佛經中的孝親題材，一些護法者甚至編出《佛說父母恩難報經》、《父母恩重經》這

〔註97〕 王月清著：《中國佛教倫理研究》，南京大學出版社，1999年，第195頁。

〔註98〕 （梁）僧祐撰：《弘明集》卷一，《牟子理惑論》。

〔註99〕 （梁）劉勰撰：《滅惑論》，《弘明集》卷八。

〔註100〕 （唐）道宣撰：《廣弘明集》卷七。

〔註101〕 王月清著：《中國佛教倫理研究》，南京大學出版社，1999年，第187頁。

樣的疑僞經〔註102〕。

佛教的第二種融洽儒家孝親觀的方式便是極力爲佛教的孝親觀做辯護，讓佛教的倫理與世俗的倫理相親近，以至使世人能夠接受佛教之孝親觀。佛教的孝親觀有何不同世俗之處？大致說來，佛教的孝親觀不同於世俗的孝親觀主要體現在兩個方面，一是它表現爲一種報恩思想，即以出家修行來回報父母恩，而非單從順從父母，爲父母養老送終；二是它將孝之對象推廣至十方三世一切眾生，而非世俗血親。護法者在宣傳佛教的孝親觀時，往往稱僧人修行同樣是恪守孝道，只是此孝道並不拘泥於世俗方式，僧人的孝道是重質不重形，而其效果往往遠勝世俗之孝。如東晉孫綽在《喻道論》中認爲，在家孝親，只能做一些瑣碎小事，並不算大孝。出家弘道，榮及祖先，是爲大孝。孫綽的這種觀點，恰恰契合了《孝經》中所謂的「立身行道，揚名於後世，以顯父母，孝之終也」的思想：

> 父隆則子貴，子貴則父尊。故孝之爲貴，貴能立身行道永光厥
> 親。若匍匐懷袖日御三牲，而不能令萬物尊己。舉世我賴以之養親，
> 其榮近矣。夫緣督以爲經，守柔以爲常，形名兩絕親我交忘，養親
> 之道也……（佛祖）還照本國廣敷法音，父王感悟亦升道場，以此
> 榮親，何孝如之？於是後進之士，被服弘訓思濟高軌，皆由父母不
> 異所尚承歡心而後動耳。若有昆弟之親者，則服養不廢。既得弘修
> 大業而恩紀不替，且令逝沒者得福報以生天，不復顧歆於世祀。斯
> 豈非兼善大通之道乎？〔註103〕

又，梁代的劉勰在《滅惑論》中承認僧人孝親觀不同於俗人，但是我們不能以外之行跡來判定其忠孝與否。僧俗孝道雖內外跡殊，而神用一揆：

> 夫孝理至極道俗同貫，雖內外跡殊，而神用一揆。若命綴俗因
> 本，修教於儒禮，運棄道果，同弘孝於梵業。是以咨親出家，《法華》
> 明其義。聽而後學，《維摩》標其例。豈忘本哉，有由然也。彼皆照
> 悟神理，鑒燭人世，過駒駕於格言，逝川傷於上哲。故知瞬息盡養，
> 則無濟幽靈。學道拔親，則冥苦永滅。〔註104〕

〔註102〕《佛說菩薩睒子經》，見《大正藏》第 3 冊，No.174；《佛說盂蘭盆經》，見《大正藏》第 16 冊，No.685；《佛說父母恩難報經》，見《大正藏》第 16 冊，No.684；《父母恩重經》，見《大正藏》第 85 冊，No.2887。

〔註103〕（晉）孫綽撰：《喻道論》，《弘明集》卷三。

〔註104〕（梁）劉勰撰：《滅惑論》，《弘明集》卷八。

唐初僧人明概則總結的更爲直接，他說儒、道兩家所講的孝僅是供給父母衣食的一世之孝，佛教表面上雖背親離家，似若慢親，實則主張尊法以興慈，以至孝來恩及三世父母，使父母得以擺脫輪迴，永離三惡道。以此論之，則二者孰輕孰重，答案不辨自明：

> 夫處俗躬耕，奉親以竭力。出家修道，尊法以興慈。竭力者，答現前之小恩。興慈者，報將來之大德。雖暫乖敬養，似若慢親，終能濟拔，方爲至孝。斯則利沾三世。豈唯旦夕之勞，恩潤百生，寧責晨昏之養，校其在出，勝劣明矣。〔註105〕

可以說，宋以前的護法者們對沙門不孝之說的辯護是非常積極的，今收於《弘明集》、《廣弘明集》等書中的相關文章數不勝數。這些護法者之思想，基本上不出上述三條史料反映出的思想。限於文章篇幅，本文只舉其撮要，不再一一列舉。

至宋代，佛教的孝親觀又進一步與儒家的孝親觀想結合，「中國佛教孝親觀的系統化即完成於此時」。王月清認爲，這種系統化的完成，以宋代禪僧契嵩（1008～1072）的《孝論》的問世爲標誌〔註106〕。此論是否成立，筆者不敢妄加評判，但契嵩在《孝論》中對儒、佛兩家孝道的融合，確實超出了前人，是以在闡釋宋人的護法思想時，契嵩的孝道思想我們不得不提。契嵩作爲一名僧人，更像是一位披著佛教外衣的儒者，他努力將佛教向儒家靠攏，尤其在孝道問題上，使佛教之孝親觀進一步儒家化。如果說契嵩之前的護法者在爲佛教的孝親觀辯護時，尚執著於維護佛教本有的特色的話，那麼契嵩的佛教孝親觀則極大地向儒家的孝親觀邁進靠攏。契嵩在《與石門月禪師》的書信中，講到了其《孝論》乃是擬儒家之《孝經》而作，「近著《孝論》十二章，擬儒《孝經》，發明佛意」〔註107〕。從結構和內容上來看，《孝論》確實是仿《孝經》而作。浙江理工大學哲學系教授陳雷在其論著《契嵩佛學思想研究》一書中，已對《孝論》一文有詳細解析〔註108〕，故本文不對《孝論》全文解析，只就個別章節發明之，以明契嵩之「儒佛一致」之孝道觀念。同

〔註105〕（唐）釋明概撰：《決對傅奕廢佛法僧事》，《廣弘明集》卷一二。
〔註106〕王月清著：《中國佛教倫理研究》，南京大學出版社，1999年，第207頁。
〔註107〕（宋）契嵩撰：《鐔津文集》卷十，《與石門月禪師書》，《大正藏》第52冊，No.2115。
〔註108〕參見陳雷著《契嵩佛學思想研究》，宗教文化出版社，2008年，第三章第四節。

時，我們也可以藉以通過契嵩與張商英的護法思想的比較，來看張商英在駁斥沙門不孝說方面是否是站在時代之前沿。

契嵩開篇首先提到了「孝為戒先」的概念。「孝名為戒，蓋以孝而為戒之端也。子與戒而欲亡孝，非戒也。夫孝也者，大戒之所先也。戒也者，眾善之所以生也。為善微戒，善何生邪？為戒微孝，戒何自邪？故經曰：使我疾成於無上正真之道者，由孝德也。」孝名為戒，且為戒之先。持戒者輕視孝道，則戒無有出處。為了突出孝的重要性，契嵩於此甚至提出行孝乃成佛之要領的概念。出家人若要修道成佛，則孝德的培養成為其成功的關鍵環節。

《原孝章第三》強調了孝在佛教中和在儒家一樣，都享有至高無上的地位。「佛曰：孝順至道之法。儒曰：夫孝，置之而塞乎天地，溥之而橫乎四海，施之後世而無朝夕。故曰：夫孝，天之經也，地之義也，民之行也。至哉！大矣！孝之為道也夫。是故吾之聖人欲人為善也，必先誠其性而然後發諸其行也。孝行者，養親之謂也。行不以誠，則其養有時而匱也。夫以誠而孝之，其事親也全，其惠人恤物也均。孝也者效也，誠也者成也。成者成其道也，效者效其孝也。為孝而無效，非孝也；為誠而無成，非誠也。是故聖人之孝，以誠為貴也。儒不曰乎：君子誠之為貴。」既然儒家認為孝乃天經地義之事，那麼佛教也認為孝乃至道之法也。契嵩在這裡之所以一再重申孝道的無尚地位，一方面是在駁斥當時世人的沙門不孝說，另一方面也是在向儒家的孝道觀靠攏。

《評孝章第四》指出佛教之孝乃超三世而利萬物，遠勝於世俗之孝。「聖人以精神乘變化而交為人畜，更古今混然范乎。而世俗未始自覺，故其視今牛羊，唯恐其是昔之父母精神之所來也，故戒於殺，不使暴一微物，篤於懷親也。論今父母，則必於其道，唯恐其更生而陷神乎異類也。故其追父母於既往，則逮乎七世；為父母慮其未然，則逮乎更生。雖譎然骸世，而在道然也。天下苟以其不殺勸，則好生惡殺之訓，猶可以移風易俗也。天下苟以其陷神為父母慮，猶可以廣乎孝子慎終追遠之心也。況其於變化而得其實者也。校夫世之謂孝者，局一世而闇玄覽，求於人而不求於神。是不為遠，而孰為遠乎？是不為大，而孰為大乎？經曰：『應生孝順心，愛護一切眾生。』斯之謂也。」即便是世之所謂大孝者，其孝也不過是一世父母之孝，哪裏比得上佛教的三世乃至七世的愛護世間一切眾生之孝？正如契嵩在《廣孝章第六》中指出，「天下以儒為孝，而不以佛為孝……嘻，是見儒而未見佛。佛也極

焉，以儒守之，以佛廣之，以儒人之，以佛神之，孝其至且大矣」。佛之孝道
將儒之孝道神之、廣之，則佛教之孝高於儒家之孝明矣。佛教之孝，至廣至
大，既如此，世人又怎能說沙門不孝。此條論點，前代護法者多有提起，作
為宋代首屈一指的教內護法者，契嵩當然也不會忽略這一論點。

　　《戒孝章第七》中，契嵩又將佛教之五戒比附於儒家之五常。佛徒尊五
戒，實行儒家之五常，且五戒有孝之蘊，故佛徒不欲行孝也難矣。「五戒，始
一曰不殺，次二曰不盜，次三曰不邪淫，次四曰不妄言，次五曰不飲酒。夫
不殺，仁也；不盜，義也；不邪淫，禮也；不飲酒，智也；不妄言，信也。
是五者修，則成其人顯其親，不亦孝乎？是五者有一不修，則棄其身辱其親，
不亦不孝乎？夫五戒有孝之蘊，而世俗不睹忽之而未始諒也。故天下福不臻，
而孝不勸也。大戒曰，孝名為戒，蓋存乎此也。今夫天下欲福，不若篤孝；
篤孝，不若修戒。戒也者，大聖人之正勝法也。以清淨意守之，其福若取諸
左右也。」契嵩在這裡進一步溝通了佛教戒律與儒家孝道的聯繫。五戒既然
等同於五常，沙門修行戒律又何違於儒？沙門只有修行戒律，才能榮其親，
是為大孝；如不修戒律，則棄其身辱其親，是為大不孝。孝存戒中，戒有孝
蘊，與其說契嵩在這裡是在援儒入佛，不如說是在援佛入儒。

　　《孝略章第十》中，契嵩引儒家經典來為佛教中僧母拜子、沙門不敬王
者來辯解。「聖人推勝德於人天，顯至正於九向，故聖人之法不顧乎世嗣。古
之君子有所為而如此者，伯夷、叔齊其人也。道固尊於人，故道雖在子而父
母可以拜之，冠義近之矣。《禮》曰：『已冠而字之，成人之道也。見於母，
母拜之。』俗固本於真，其真已修，則雖僧可以與王侯抗禮也，而武事近之
矣。《禮》曰：『介者不拜，為其拜而蓌拜也。』不拜，重節也。母拜，重禮
也。禮節而先王猶重之，大道烏可不重乎？俗曰：聖人無父。固哉！小人之
好毀也。彼□然而豈見聖人為孝之深渺也哉？」〔註109〕按照佛教八敬法的要
求，即使母親是比丘尼，而兒子僅是沙彌，母親見兒子也要頂禮其子。〔註110〕
桓玄時及唐高宗時統治階層也曾兩次探討過沙門是否應拜王者，但最終結果
還是不了了之。魏晉以來，排佛者屢以佛教內母可拜子、沙門不拜王者而斥
佛徒乃不忠不孝之人。這也突出反映了佛教的一些禮儀規範與中土禮節的嚴
重違背現象。針對這樣的斥責，最早引《禮記》中的相關論述加以駁斥的是

〔註109〕以上所引皆自（宋）契嵩撰《鐔津文集》卷三，《輔教編下·孝論》。
〔註110〕參見《毗尼母經》，《大正藏》第 24 冊，No.1463。

梁朝的劉勰〔註111〕。契嵩此處顯然是對劉勰護法思想的一個繼承，雖然非其獨創，但也突出反映了契嵩很重視對前人護法思想的吸收借鑒並且熟知儒家的經典。

以上我們大體上爬梳了一下契嵩對佛教孝道的辯護思想，當然《孝論》中的內容遠不止於此，我們只是舉起撮要。由上可以看出，契嵩在繼承前人護法思想的同時，也對佛教的孝親觀加以發揮，尤其是處處向儒家的孝親觀靠攏，其對佛教孝親觀的辯護有強烈的援儒入佛的傾向，這是以往的護法者所達不到的。對比前人，契嵩護法思想的轉變似乎也在昭示著宋代的佛教正受到儒家越來越多的影響。如果說宋代的士大夫們（尤其是理學家們）是陽儒陰佛的話，那麼宋代的僧人也往往表現出陽佛陰儒的思想傾向。

相比於契嵩對佛教孝親觀的全方位論述，張商英主要是分兩點來駁斥沙門不孝說，其一是僧人以持戒當行孝，佛徒之修行持戒可資君親及三世眾生，故僧人之孝至廣至大；其二是僧人只是修行方式違於俗流，故受到不孝的批評。在家娶妻者，未必孝子賢人，世間不孝父母者比比皆是，孝與不孝不能只看外表行跡，更應重內心。

張商英首先指出，僧人以持戒當行孝，通過持戒自利利他，仁及含靈，其孝又豈現世父母？再則，導民善世，莫聖乎教，佛徒依教修行，以此報恩德、資君親，不是忠孝兩全，又是什麼？歷史上的聖主明君深明此意，故不忘護持佛教，以期佛徒能夠表率一切眾生，遷善遠罪，悟心證聖，上助無為之化，密資難報之恩：

> 佛以持戒當行孝，不殺不盜，不淫不妄，不茹葷酒，以此自利利他，則仁及含靈耳，又豈現世父母哉？蓋念一切眾生，無量劫來皆曾為己父母宗親，故等之以慈，而舉期解脫，以此為孝，不亦優乎？
>
> 不畜妻子者，使其事簡累輕，道業易成也；易其形服者，使其遠離塵垢，而時以自警也。……且導民善世，莫盛乎教；窮理盡性，莫極乎道。彼依教行道，求至乎涅槃者，以此報恩德，以此資君親，不亦至乎？故後世聖君，為之建寺宇，置田園，不忘付囑，使其安心行道，隨方設化，名出四民之外，身處六和之中。其戒淨，則福蔭人天；其心真，則道同佛祖。原其所自之恩，皆吾君之賜也。苟

〔註111〕 （梁）劉勰撰：《滅惑論》，《弘明集》卷八。

> 能以禪律精修，於天地無愧，表率一切眾生，小則遷善遠罪，大則
> 悟心證聖，上助無爲之化，密資難報之恩，則不謬爲如來弟子矣。
> 〔註112〕

張商英的這個觀點，既是對宋以前護法者們將佛教孝之對象推廣至十方三世一切眾生，而非世俗血親之思想的繼承，又是對契嵩提出的孝存戒中，戒有孝蘊的思想的回應。不過對比契嵩而言，其對佛教孝道觀的論述並沒有太多的邏輯，也沒有提出明確的概念。

張商英第二條反駁的觀點則較爲新穎。一方面他指出世俗之人提出沙門不孝說的起因在於佛徒們的修行方式不合俗流，故不能爲他們所接受。世俗之人所喜愛的，是紛華適意之事，而沙門所追求的，是簡靜息心之法。或者是因爲曲高和寡之故，所以世人常常批評沙門，因此智者應該深辨這其中的奧妙，而不應隨眾斥責佛教：

> 眾人之情，莫不好同而惡異，是此而非彼。且世之所悅者，紛
> 華適意之事，釋之所習者，簡靜息心之法，此其所以相違於世也。
> 諸有智者，當察其理之所勝，道之所在，又安可不原彼此之是非乎？
> 林下之人，食息禪燕，所守規模，皆佛祖法式，古今依而行之，舉
> 皆證聖成道，每見譏於世者，不合俗流故也。〔註113〕

另一方面，張商英又引孟子之言，指出在家娶妻者，未必是孝子賢人。出家修行者，未必是不孝之徒。當今之世，社會上不孝父母者比比皆是，我們對這樣的現實往往忽略之，反而對沙門表面的不孝斤斤計較，這不是很奇怪嗎？之所以出現這種「奇怪」的現象，是因爲世人「相形而不論心」：

> 子豈不聞孟子言，人少則慕父母，知好色則慕少艾。孰謂巾髮
> 而娶者，必爲孝子賢人？今世俗之間，博弈飲酒，好勇鬥狠，以危
> 父母者，比比皆是也，又安相形而不論心哉？〔註114〕

其實，所謂的「相形而不論心」，也沒有超出歷史上護法者的護法思維，即護法者在宣傳佛教的孝親觀時，往往稱僧人修行同樣是恪守孝道，只是此孝道並不拘泥於世俗方式，不是在家奉親。俗人的孝道是重形不重質，僧人的孝道是重質不重形。只是，張商英在這裡沒有採用直接論證的方式，而是巧妙

〔註112〕 （宋）張商英撰：《護法論》，《大正藏》第 52 冊，No.2114。
〔註113〕 （宋）張商英撰：《護法論》，《大正藏》第 52 冊，No.2114。
〔註114〕 （宋）張商英撰：《護法論》，《大正藏》第 52 冊，No.2114。

地採取了「迂迴包抄」的手法，指出當下世人表面上在家奉親，娶妻生子，但實質上並沒有恩養父母，是典型的重形不重質。通過論證世俗之孝的虛僞，張商英或成功地說服世人相信沙門之孝的眞誠與可貴。

通過對比張商英與宋以前護法者及宋僧契嵩的護法思想，我們大體可以判斷出張商英在駁斥沙門不孝說方面的思想是否站在歷史的前沿。或許是在他之前已有了契嵩這樣一座後人難以超越的豐碑的緣故，張商英在佛教孝親觀的思想發展史中，並不處在當時的最前沿。但是客觀地講，張商英的論證方法是較爲獨特新穎的，既繼承了前人的思想，又有所創新，尤其是能有意識地借鑒稍早的名禪契嵩的孝道觀，足見其在駁斥沙門不孝說方面是下了一番苦功的。不過對比契嵩的援佛入儒的孝道思想，我們還是能明顯發現張商英的佛教孝道思想的不足之處，那就是沒有順應歷史的大潮流積極地援佛入儒的意識。考之張商英的各種護法思想，他好像並沒有宋禪主動迎合儒家思想、將佛教儒家化的意識，在稍後我們要考證的張商英的三教調和論中，他的這種思想缺陷將表現地更爲明顯。

二、張商英對儒、釋、道三教的調和

張商英的三教調和論，包括他對佛、道二教和佛、儒二教的比較，也包括他對三教的調和。張商英並不如前人智圓、契嵩那樣，以儒爲本，融匯三教，他的三教調和論是建立在其佛、道二教與佛、儒二教優劣比較的基礎上，因而在那個時代並不能算作成功的三教調和。但是，他對三教社會功能的認識還是較爲深刻的。他分析了佛道二教的優勢，也指出了當時儒家存在的種種問題，其三教調和之論，在當時或可成爲一說。

1、張商英對佛、道二教的調和

在中國古代，佛、道二教分合的歷史可謂源遠流長。早在佛教初傳入中國之時，它便曾一度依附於黃老之學及道教，並借後者的影響來促其傳播。佛教爲何要依附於道家和道教，因爲「人們是否接受一種外來宗教，要看它能否爲他們理解並符合他們需要」〔註115〕。佛教若要爲中國人理解和接受，最簡潔的手段是依附於一種很爲中國人接受和需要的宗教。兩漢時期，道家思想、神仙方術盛行，至東漢後期，道教興起，由於它紮根於中國傳統文化，

〔註115〕任繼愈主編：《中國佛教史》（第一卷），中國社會科學出版社，1981 年，第127 頁。

是中國土生土長的宗教，因此從它一登上歷史舞臺起，就立刻風靡中國。而作爲外來宗教的佛教，其譯經工程還未開始，其教義本土化程度不高，還不能爲中原民眾廣泛接受。由於它尚不能獨立成教，於是也選擇依附於道教，甘爲道教的一支，甚至對道教徒拋出的老子化胡說也以緘默的方式表示了認可〔註116〕。

　　佛教在東漢時期傳入中國時，常被人認作道家黃老之學、神仙方術的一種。根據《後漢書》的記載，楚王「英少時好游俠，交通賓客，晚節更喜黃老，學爲浮屠齋戒祭祀」〔註117〕。漢明帝對此的反應是「楚王誦黃老之微言，尚浮屠之仁祠，潔齋三月，與神爲誓，何嫌何疑，當有悔吝？其還贖，以助伊蒲塞桑門之盛饌」〔註118〕。又襄楷聽說桓帝宮中並立黃老、浮屠之祠，評價到「此道清虛，貴尚無爲，好生惡殺，省欲去奢」〔註119〕。則可知其時統治者往往將浮屠（佛）與黃老混爲一談，也說明佛教真正教義還遠不能爲世人所理解，人們僅能就佛教的仁慈思想與道家的黃老之學相混一。除此之外，佛教也是當時盛行的神仙方術的一類，這在當時流傳的佛學著作中都可以看到痕跡。如《四十二章經序》描繪佛「身體有金色，項有日光，飛在殿前」。《四十二章經》描繪阿羅漢「能飛行變化，曠劫壽命，住動天地」，阿那含「壽終，靈神上十九天，證阿羅漢」〔註120〕。這些分明是對先秦以來漢地神通廣大的仙人、真人的描繪，與佛教的神明相差甚遠。楚王劉英，漢桓帝等人立浮屠祠的主要目的，也是認爲佛能保祐他們得長生不老。

　　東漢後期順帝以後，依據黃老之學、讖緯方術等諸多成分形成的原始道教在民間勃興，原本爲黃老方術一種的佛教也自然而然的被併入了當時的道教。在道教重要元典《太平經》中，我們可以看到其中引入的大量佛教詞彙，如「本起」，「轉輪」，「九龍吐神水」，「精進」，「三界」，「降服」，「煩惱」，「眾生」，「妄語」，「善哉善哉」，「開示」，「四十八部戒」，「法界」，

〔註116〕任繼愈認爲，老子化胡係道教採用農村鄉里間爭輩分的辦法，捏造事實，抬高自身。佛教爲了便於立足，也希望與道教名人拉上關係，利用道教爲自己開路，因此佛教徒任憑《化胡經》廣爲流佈，並不進行反駁，可以認爲雙方互相利用。參見任繼愈主編《中國道教史》（上卷），中國社會科學出版社，2001年，《序》。

〔註117〕（劉宋）范曄撰，（唐）李賢等注：《後漢書》卷三〇，《襄楷傳》。

〔註118〕（劉宋）范曄撰，（唐）李賢等注：《後漢書》卷四二，《光武十王列傳》。

〔註119〕（劉宋）范曄撰，（唐）李賢等注：《後漢書》卷三〇，《襄楷傳》。

〔註120〕（漢）迦葉摩騰、法蘭譯：《四十二章經》，《大正藏》第17冊，No.784。

「因緣」，「究竟」，「度世」……〔註121〕這些詞彙的引入，一方面說明佛教至少至順帝時期已在民間產生一些影響，另一方面也說明道教創立之初即把佛教視爲自己的一個分支而對其內容有所吸收。另外《太平經》卷一一七《天咎四人辱道誡第二百八》提到了所謂「四毀之行」，指出一些學道之人脫離父母、妻子，以乞討度日〔註122〕。湯用彤先生認爲，「夫出家棄父母，不娶妻，無後嗣，自指浮屠之教也」〔註123〕。《太平經》問世之時，道教初立，而佛教傳入內地已多年，形成自身的一些教規，但是道教徒們並未把佛教看成是一門獨立的宗教，而是將其納入己教，並申斥佛教徒的部分教義不合道教之規。「故此四人者，皆共侮辱天正道，甚非所以興化而終古爲天上天下師法者也。」〔註124〕

佛教與道教的初次融合的時間並不長久。道教初創之時，由於其紮根於中國傳統文化，具有深厚的民間基礎，因而盛極一時，佛教也甘心爲其附庸，借其勢力而發展；東漢末年張角以太平道爲起義的組織工具，發動黃巾大起義。起義被鎮壓之後，由於受到黃巾起義的牽連，道教也遭遇政治打壓，其發展勢頭受到嚴重影響。道教的衰落使一直依附於之的佛教產生了離心的傾向，加之當時的中國宗教界出現了眞空，爲佛教的空間拓展提供了空前有利的條件，於是佛教開始獨立於道教而自立。值得注意的是，東漢王朝雖下令禁止道教的一些宗教活動，但對佛教卻相當寬容，「其有奉佛五戒勿坐」〔註125〕。東漢政府的政策，無疑爲當時佛教的發展提供了較爲寬鬆的條件。「宗教的存在和發展要靠民眾，爲了更大的發展則須依靠政權上層的支持。」〔註126〕如果說道教是從反面證明了這一點的話，那麼佛教則是從正面印證了這句話的正確性。於此同時，佛教逐漸深入民間，教義日趨完善，尤其是從桓帝時開始的佛經翻譯此後持續千餘年之久，掀開了漢地佛經翻譯的輝煌篇章。在這種背景下，佛教必然地走向獨立，尋求更大地發展。歷史證明，佛教不負眾望地抓住了這千載難逢的好時機，「乘虛而入」，發展自己。之後的佛教不僅脫離了道教，而且將道教遠遠甩在了身後。

〔註121〕郭朋著：《漢魏兩晉南北朝佛教》，齊魯書社，1986 年，第 32～33 頁。
〔註122〕王明編：《太平經合校》，中華書局，1960 年，第 654～656 頁。
〔註123〕湯用彤著：《漢魏兩晉南北朝佛教史》，北京大學出版社，1997 年，第 72 頁。
〔註124〕王明編：《太平經合校》，中華書局，1960 年，第 655～656 頁。
〔註125〕（隋）費長房撰：《歷代三寶紀》卷四，《大正藏》第 49 冊，No.2034。
〔註126〕任繼愈主編：《中國道教史》（上卷），中國社會科學出版社，2001 年，《序》。

　　如果說佛教第一次與道教的融合尚帶有攀附色彩而顯得不牢固的話，那麼之後的千餘年間，佛教與道教逐漸地融合便是立足在哲學的層面上。宋人葉夢得言：「老子、莊、列之言，皆與釋氏暗合。」〔註127〕比如，佛教的般若中觀思想與道家的本無思想就有許多相似性。我們通常認為，魏晉時般若思想假借玄學風行之便利，廣泛深入士人心中。其實彼時之玄學思想與道家思想有著緊密的聯繫，它以《周易》、《老子》、《莊子》之說為主，立足於老莊思想，討論有無、言意、明教與自然之辯，而且玄學的許多思想就是通過注解《老子》、《莊子》而闡釋出來。道家之本無思想，以無為本，認為世間萬物歸於一個共同體，這個共同體便是「無」。「天地萬物生於有，有生於無。」〔註128〕這個「無」是世界的本體，世間萬物皆是這個本體的表現。玄學中何晏、王弼為代表的貴無派便是繼承了道家的本無思想：

　　　　魏正始中，何晏、王弼等祖述《老》《莊》，立論以為：「天地萬物皆以無為本。無也者，開物成務，無往不存者也。陰陽恃以化生，萬物恃以成形，賢者恃以成德，不肖恃以免身。故無之為用，無爵而貴矣。」〔註129〕

我們再看佛教的般若思想。般若，即般若波羅蜜多（prajnapirnmita），般若即智慧，而又非世俗之智慧。般若與世俗智慧究竟有何區別？一般世俗智慧，是偏於事相，有所得的。佛教的般若，主張除卻一切相和所得，從這個角度來看，它和我們常說的智慧是有顯著區別的。佛教般若思想，散見於《大般若波羅蜜經》〔註130〕，其核心思想是「緣起性空」。六百卷的《般若經》之思想一經以概之，便是唐玄奘所譯之《心經》：

　　　　觀自在菩薩，行深般若波羅蜜多時，照見五蘊皆空，度一切苦厄。舍利子，色不異空，空不異色；色即是空，空即是色。受想行識，亦復如是。舍利子，是諸法空相，不生不滅，不垢不淨，不增不減。是故空中無色，無受想行識，無眼耳鼻舌身意，無色聲香味觸法，無眼界，乃至無意識界。無無明，亦無無明盡，乃至無老死，

〔註127〕　（宋）葉夢得撰：《避暑錄話》卷一，《宋元筆記小說大觀》，第2593頁。
〔註128〕　（魏）王弼注，樓宇烈校釋：《老子道德經注校釋》，四十章。
〔註129〕　（唐）房玄齡、褚遂良等撰：《晉書》卷四三，《王衍傳》。
〔註130〕　《大般若波羅蜜經》，即《般若經》，該經長達六百卷，始譯於東漢安世高，完成於唐玄奘，因而此經非一人一時所譯成，是一部貫穿著般若思想的經書集成。參見（唐）玄奘譯《大般若波羅蜜經》，《大正藏》第5、6、7冊，No.220。

亦無老死盡。無苦集滅道，無智亦無得。以無所得故，菩提薩埵，
依般若波羅蜜多故，心無掛礙。無掛礙故，無有恐怖，遠離顛倒夢
想，究竟涅槃。三世諸佛，依般若波羅蜜多故，得阿耨多羅三藐三
菩提。故知般若波羅蜜多，是大神咒，是大明咒，是無上咒，是無
等等咒，能除一切苦，眞實不虛。故說般若波羅蜜多咒，即說咒曰：
揭帝揭帝，般羅揭帝，般羅僧揭帝，菩提僧莎訶。〔註131〕

經中「色不異空，空不異色；色即是空，空即是色」十六字中「色」、「空」
二字，即向我們闡釋了「緣起性空」之眞諦。「色」指世間萬物，般若思想認
爲，世間萬物皆是緣聚而生，緣盡而散；「空」指世界的終極實相，緣起緣滅，
自性本空，不惟物質如此，精神亦如此。既然世間萬物與精神皆無實體，那
麼世界的終極實相便是空，故六祖慧能云：「世人妙性本空，無有一法可得。
自性眞空，亦復如是。善知識！莫聞吾說空，便即著空。第一莫著空，若空
心靜坐，即著無記空。善知識！世界虛空，能含萬物色象，日月星宿，山河
大地，泉源溪澗，草木叢林，惡人善人，惡法善法，天堂地獄，一切大海，
須彌諸山，總在空中。世人性空，亦復如是。」〔註132〕從這個角度來看，道
家的「無」與佛教的「空」是很相似的，進而推知建立在道家思想上之玄學
與佛教之般若學也是有些許的相似的。魏晉以來般若學能成爲佛教之顯學，
般若思想能受到士大夫們的青睞，與當時玄學思潮的流行有著密不可分的聯
繫。我們很難想像，沒有受過玄學思想薰陶的中國人如何能接受外來的般若
思想〔註133〕。當然，我們不能因此認爲佛教之「空」即等同於道家之「無」。
道家的「無」絕非絕對的虛無，而是指一個本體，「天地萬物生於有，有生於
無」，「天地萬物皆以無爲本」，由此可知，道家的「無」乃是天地萬物存在的
依據。而佛教並不把「空」認作世界的本體，般若思想中，「空」乃空性，是

〔註131〕（唐）玄奘譯：《般若波羅蜜多心經》，《大正藏》第 8 冊，No.251。
〔註132〕（唐）法海集：《六祖大師法寶壇經》之「般若第二」，《大正藏》第 48 冊，
No.2008。
〔註133〕長期以來我們一直以爲般若學是在玄學的基礎上被中國人所接受的，但也有
人對此提出反對意見，如蔡宏認爲般若學是玄學成長發展起來的必要條件之
一：「玄學正是以郭象和般若思想爲基礎，借助於般若學的分析方法，而又未
曾否定道家的道本體論思想而發展起來的。」參見蔡宏著《般若與老莊》，第
200 頁。另外，華中師範大學專門史博士釋慧嚴也認爲，般若學傳入中國的
時間要遠遠早於玄學的誕生時間，因此不能認爲般若學是在玄學的基礎上被
中國人所接受的。參見（越）釋慧嚴「老莊『無』與般若『空』思想之探析」，
博士學位論文，華中師範大學歷史系，2010 年，第 38、39 頁。

事物不具主宰性的特質。在佛教看來，純粹的空是不存在的，它必須與「色」相依存。我們要想認識「空」，就必須認識「色」，通過認識「色」來認識空、體驗空、證明空。能否解空，能否體會到《心經》中「色不異空，空不異色；色即是空，空即是色」的含義，便成爲佛徒們能否從種種煩惱、束縛乃至生死中解脫的關鍵。雖然二者不能等同，但我們依然可以認爲佛、道二教是可以在哲學的層面上相互融合的。釋慧嚴認爲，道教與般若在本體論方面、思想精神方面和社會關懷方面都有很強的相似性。在本體論方面，二者都是從「空」、「無」入手進行探討；在思想精神、社會關懷兩方面，二者在追求生命境界的提升方面是有共通之處的。道家認爲應順應自然，隨遇而安，以平和的心態接受眼前的世界。佛教主張在紅塵中行菩薩道，發大悲心，積極融入到社會中去〔註134〕。正是有了這樣的哲學上的共通性，佛、道二教才可能在中國歷史的長河中不斷地碰撞與融合，才有可能到北宋時被以張商英爲代表的佛、道皆崇的人士進行調和。

　　張商英佛教護法者的身份我們已無需置疑，其實，除了佛教外，張商英對道教的態度也是相當親近的，甚至我們可以肯定地說，在張商英深信佛教之前，他是深信道教的：

　　　　張無盡丞相，十九歲應舉入京，經由向家。向家夜夢人報曰：「明日接相公。」凌晨淨室以待，至晚見一窮措大著黃道服，乃無盡也。〔註135〕

　　　　章惇經制蠻夷，狎侮郡縣吏，無敢與共語。部使者念獨商英足抗之，檄至蠻。惇詢人才，使者以商英告，即呼入同食。商英著道士服，長揖就坐。〔註136〕

以上兩則史料，基本上爲我們證明了張商英早年的崇道傾向。其實，張商英對道教的接觸遠不止於此，羅淩曾詳細考釋了張商英的道門交遊與道教實踐，道教著述及文獻整理，並進而評估了其道教修養及其對北宋時期道教所作出的貢獻〔註137〕。雖然說就張商英對佛、道二教的態度而言，他更傾向於

〔註134〕本文有關的佛、道二教本體論的論述主要來自越南留學生釋慧嚴的博士論文「老莊『無』與般若『空』思想之探析」，參見（越）釋慧嚴「老莊『無』與般若『空』思想之探析」，博士學位論文，華中師範大學歷史系，2010年。
〔註135〕（宋）道謙編：《大慧普覺禪師宗門武庫》。
〔註136〕（元）脫脫等撰：《宋史》卷三五一，《張商英傳》。
〔註137〕參見羅淩著《無盡居士張商英研究》，華中師範大學出版社，2007年，第32～54頁。

佛教，但終其一生，張商英也沒有拋棄對道教的好感，更未曾排斥道教，相反，他還熱衷於調和佛道，融匯佛道。早在元豐四年（1082），成都道士蹇拱辰聞聽張商英「究離微之旨，窮心跡之歸，奏無弦之曲，駕鐵牛之機」，便不辭辛勞拜訪他，求張商英能爲其言說一二。張商英首先充分贊許蹇拱辰的求道之心：「壯哉，子之志乎！難行能行，難棄能棄，吾弗及子矣。」隨後又告知蹇道士自己適有口疾，不便言說，並向蹇道士推薦了自己的方外之交東林常總代爲答疑：「吾有方外之侶曰常總，居於東林，必能決子之疑，請將吾之說而往問焉。」〔註138〕雖然我們不得而知蹇道士是否如其所願參訪成功，但至少張商英以序送蹇道士往廬山參東林常總之行爲，應是有意在融合佛、道二教。

至張商英晚年，他更嘗試著在哲學層面上調和佛、道二教，曾爲此專門致書精通佛、道二教的洪山報恩禪師（1058～1111），求其爲己解說二教與「四見」的關係：

> 無盡嘗以書問三教大要。曰：「《清涼疏》第三卷，西域邪見，不出四見，此方儒道，亦不出此四見。如莊老計自然爲因，能生萬物，即是邪因。易曰：『太極生兩儀。』太極爲因，亦是邪因。若謂『一陰一陽之謂道』，能生萬物，亦是邪因。若計一爲虛無，則是無因。今疑老子自然與西天外道自然不同。何以言之？老子曰：『常無欲以觀其妙，常有欲以觀其徼。』無欲則常，有徼則已，入其道矣。謂之邪因，豈有說乎？《易》曰：『一陰一陽之謂道，陰陽不測之謂神。』神也者，妙萬物而爲言。寂然不動，感而遂通天下之故。今乃破陰陽變易之道爲邪因，撥去不測之神，豈有說乎？望紙後批示，以斷疑網故也。

按張商英所言，澄觀國師在《華嚴經疏》中說西域外道多不出四見，即有見、無見、亦有亦無見、非有非無見，中原的儒道兩家思想也不出此四見，張商英對此疑惑不解，請求大洪報恩禪師能予以解惑。大洪報恩對此答覆道：

> 西域外道宗多途，要其會歸，不出有無四見而已。謂有見、無見、亦有亦無見、非有非無見也。蓋不即一心爲道，則道非我有，故名外道。不即諸法是心，則法隨見異，故名邪見。如謂之有，有則有無。如謂之無，無則無有。有無則有見競生，無有則無見斯起。

〔註138〕張商英撰：《送蹇道士遊廬山序》，《全宋文》卷二二二九。

若亦有亦無見，非有非無見，亦猶是也。夫不能離諸見，則無以明
自心。無以明自心，則不能知正道矣。……蓋虛無爲道，道則是無。
若自然，若太極，若一陰一陽爲道，道則是有。常無常有，則是亦
無亦有。陰陽不測，則是非有非無。先儒或謂妙萬物謂之神，則非
物。物物則亦是無。故西天諸大論師，皆以心外有法爲外道，萬法
唯心爲正宗。蓋以心爲宗，則諸見自亡。言雖或異，未足以爲異也。
心外有法，則諸見競生。言雖或同，未足以爲同也。……〔註139〕

按照大洪報恩禪師的解釋，心生法生，心滅法滅，這是禪宗的以心法起滅天
地的哲學。儒道兩家不管是以虛無爲道還是以自然、陰陽、太極爲道，其道
或有或無，都是包括在四見之中，故《華嚴經疏》中的說法並無錯誤。從以
上的二人書信往來中我們一是看到了張商英對佛、道二教教義的不懈鑽研的
精神，同時也大致可以管窺北宋禪僧與士大夫的佛、道二教修爲之高深，這
也充分說明宋代三教融合趨勢的強烈。或許正是因爲張商英對佛、道二教教
義的不斷鑽研，他在晚年的護法著作《護法論》中才可能從哲學的高度來比
較、調和二教，爲後人留下了佛、道調和論的寶貴財富。

表3.2　張商英在《護法論》中對佛道二教的比較〔註140〕

道　教	佛　教
常無欲，以觀其妙。	無心猶隔一重關，況著意以觀妙。
不見可欲，使心不亂。	雖見可欲，心亦不亂。
弱其志。	立大願力。
以玄牝爲天地之根。	若人欲識佛境界，當淨其意如虛空，外無一法而建立。
抱一專氣，知止不殆，不爲而成，絕聖棄智。	《圓覺經》認爲乃作、止、任、滅之四病。
去彼取此。	圓同太虛，無缺無餘。
吾有大患，爲吾有身。	以身爲如來種。
視之不見名曰夷，聽之不聞名曰希。	離色求觀非正見，離聲求聽是邪聞。
豫兮若冬涉川，猶兮若畏四鄰。	隨流認得性，無喜亦無憂。

〔註139〕　（宋）普濟著：《五燈會元》卷一四，《大洪報恩禪師》。
〔註140〕　參見張商英撰《護法論》。張商英在其著作中似不分道家與道教的區別，往往
　　　　　等同論之，筆者這裡將其對道家的認識也統歸於道教。

智慧出，有大僞。	以大智慧到彼岸。
我獨若昏，我獨悶悶。	以明極爲如來。
道之爲物也，唯恍唯惚，窈兮冥兮，其中有精。	見諦明瞭，自肯自重。
道法自然。	前聖所知，轉相傳授。
物壯則老，是謂非道。	道無古今，豈有壯老？
堅欲去兵。	一切法皆是佛法。
道之出言，淡乎其無味。	信吾言者，猶如食蜜，中邊皆甜。
上士聞道，勤而行之；中士聞道，若存若亡；下士聞道，大笑之。	勤而行之，正是下士，爲他以上士之士兩易其語。
塞其穴，閉其門。	屬造作以爲者敗，執者失，又成落空。
去智愚民，復結繩而用之。	以智波羅蜜，變眾生業識爲方便智。

張商英在文中指出，佛、道二教，本出同源，「換名不換體也」。雖然在比較之中，我們可以看出張商英重佛輕道的取向，但他畢竟也親近道教，故而在比較的最後他還一再強調，「不謂老子無道也，亦淺奧之不同耳」，由此可見，他只是認爲從哲學的層面上來說，道教略遜於佛教而已。

據史料記載，張商英不僅在理論上積極調和佛、道二教，而且還通過實踐活動促進僧人與道士間的瞭解，已達到互通有無，融匯佛道之目的：

> 張天覺晚年亦好佛重道，建華嚴閣，作醮錄會，黃冠釋子紛紛從之。〔註141〕

> 無盡居私第日，適年荒，有道士輩詣門教化食米。無盡遂勸各人誦《金剛經》，若誦得一分，施米一斗。如誦畢，施米三石二斗，化渠結般若緣。故云：財法二施。每遇僧，又勸念《老子》，使其互相知。〔註142〕

雖然在今天看來，張商英的這些行爲也許是可笑的，不會對北宋末年二教的融合產生實質性的影響，但至少這也顯示出張商英調和佛、道的良苦用心了。

2、張商英對儒、佛二者的調和

相對於佛、道二教在哲學上的某些共通性，儒、佛兩家在哲學層面上的互補性或許更強，歷史上，儒佛兩家最顯著的互補領域莫過於它們對後世問

〔註141〕（宋）朱熹集：《宋名臣言行錄後集》，文淵閣《四庫全書》本。
〔註142〕（宋）道謙編：《大慧普覺禪師宗門武庫》。

題或彼岸世界的描述。由於儒家是積極入世之學，講求修齊治平的人生追求，對彼岸世界的問題往往避而不談〔註143〕，缺乏對人生的終極關懷，因而就留下了一大片精神領域等待其他思想來填補。佛教雖身爲外來宗教，但於此道卻頗爲擅長，早在劉宋時期，僧人慧琳便敏銳覺察到這一點，於是在其著作《白黑論》（又名《均善論》）中指出周孔之教不照幽冥之途，弗及來生之化，是以不及佛教：

> 有白學先生，以爲中國聖人，經綸百世，其德弘矣，智周萬變，天人之理盡矣；道無隱旨，教周遺荃，聰睿迪哲，何負於殊論哉。
>
> 有黑學道士陋之，謂不照幽冥之途，弗及來生之化，雖尚虛心，未能虛事，不逮西域之深也。〔註144〕

後來的諸多護法者在論證佛教優於儒家時，往往述及儒家不言後世，僅爲在形之教這一點。客觀地講，護法者的這種辯駁並非虛誇，於是填補中國儒學之空白的歷史重任由佛教責無旁貸肩負起來。當然，儒、佛兩家調和的基礎並不止於此。儒教作爲在世之教，佛教作爲出世之教，二者的互補性極強。

至北宋，儒釋二教的調和又步入一個新的階段，「⋯⋯儒者自疑其學之粗淺而騖於精微，佛者自知其學之偏離禮樂而援儒。譬之西方之人向東行，東方之人向西行，勢必相遇於途而合一」〔註145〕。一方面，隨著儒學重建運動的開展，儒家援佛入儒的腳步大大加快；另一方面，由於宋明理學還未最終形成，北宋的儒學稍顯不足，尤其在心性方面較之佛教更顯孱弱，是以佛教對宋代士大夫吸引力極強（詳見本文第一章第三節）。北宋的儒者多有陽儒陰佛的特點，如蘇軾、王安石、秦觀、黃庭堅等，甚至一些反佛者，如李覯、歐陽修等人一生也不乏與禪僧的交往。不少僧侶公開主張會通儒釋，提出兩教均有益於封建王朝的專制統治及倫理教化，北宋初期天台宗山外派的智圓以及北宋中期禪宗雲門宗的契嵩都曾著力融合儒釋，並取得了不小的成就。宋代的儒釋會通從來就是一個雙向互動的過程，既有儒教的佛學化，也有佛教的儒學化。再加上宋朝的宗教政策從總體上看是鼓勵佛教發展的，因而儒

〔註143〕孔子對生死問題、彼岸問題常採取迴避的態度，《論語・先進篇》中有：「季路問事鬼神。子曰：『未能事人，焉能事鬼？』曰：『敢問死？』曰：『未知生，焉知死？』」參見《論語・先進第十一》，《十三經》。

〔註144〕（梁）沈約撰：《宋書》卷九七，《夷蠻傳》。

〔註145〕張立文、祁潤興著：《中國學術通史》（宋元明卷），人民出版社，2004年，第58頁。

釋融合的趨勢較之前代有了更大的發展。

在北宋，站在佛教的角度援儒入佛者，最具成就的代表人物首推智圓與契嵩。智圓（976～1022），俗姓徐，錢塘人，是宋初天台宗山外派的著名僧人。他堅持佛教必須迎合儒教的道德性命之說，以不違背儒家親血緣、重宗法的心態。「浮圖教曷乖背於儒耶？善惡報應者，福善禍淫之深者也；慈悲喜捨者，博施濟重之極者也。折攝與禮刑一貫，五戒與五常同歸。」〔註146〕智圓對當時的儒釋相攻表現出相當的反感，「嗚呼！好儒以惡釋，貴釋以賤儒，豈能庶中庸乎」，「嗚呼！世之大病者，豈越乎執儒釋以相誣，限有無以相非」。為了進一步說明儒釋二教是言異而理貫，他提出了儒釋共為表裏的合和論。「夫儒釋者，言異而理貫也，莫不化民，俾遷善遠惡也。儒者，飾身之教，故謂之外典也；釋者，修心之教，故謂之內典也。惟身與心，則內外別矣。蚩蚩生民，豈越於身心哉？非吾二教，何以化之乎？嘻！儒乎，釋乎，其共為表裏乎！」〔註147〕

契嵩（1007～1072），俗姓李，藤州鐔津人，禪宗雲門系人。北宋仁宗朝時，歐陽修、張載、二程等儒臣，一度掀起尊韓排佛之高潮，契嵩站在儒釋融合的立場，作《原教》、《孝論》、《廣原教》等論著，並北上京城，交遊韓琦、富弼、歐陽修等人，明儒釋一貫之道，大獲成功：

> 當是時，天下之士學為古文，慕韓退之排佛而尊孔子，東南有章表民、黃聱隅、李泰伯，尤為雄傑，學者宗之。仲靈獨居，作《原教》、《孝論》十餘篇，明儒釋之道一貫，以抗其說。諸君讀之，既愛其文，又畏其理之勝，而莫之能奪也，因與之遊。遇士大夫之惡佛者，仲靈無不懇懇為言之，由是排者浸止。而後有好之甚者，仲靈唱之也。〔註148〕

與智圓一樣，契嵩也力求在迎合儒家倫理綱常的血緣基礎上調和融匯儒釋二教。契嵩以為，儒佛二教各有教化之所長，儒者長治世，佛者長治心，既然二教同歸於治，均有益於君王治國化民，那麼宋廷就應該確立儒佛二教同步發展的文化政策：

〔註146〕（宋）釋智圓撰：《閒居編》卷二八，《駁嗣禹說》，《卍續藏經》第 56 冊，No.949。

〔註147〕（宋）釋智圓撰：《閒居編》卷一九，《中庸子傳》上。

〔註148〕（宋）陳舜俞撰：《鐔津明教大師行業記》，《鐔津文集》。

聖人之爲心者，欲人皆善，使其必去罪惡也。苟同有以其道致人爲善，豈曰彼雖善非由我教而所以爲善，吾不善之也？如此爲得謂聖人耶？故吾喜儒亦欲晞聖人之志而與人爲善也。又吾佛有以萬行而爲人也。今儒之仁、義、禮、智、信，豈非吾佛所施之萬行乎？⋯⋯儒佛者，聖人之教也。其所出雖不同，而同歸乎治。儒者，聖人之大有爲者也；佛者聖人之大無爲者也。有爲者以治世，無爲者以治心。治心者，不接於事；不接於事，則善善惡惡之志不可得而用也。治世者，宜接於事；宜接於事，則賞善罰惡之禮不可不舉也。⋯⋯故治世者非儒不可也；治出世非佛亦不可也。〔註149〕

當然，智圓和契嵩兩人的儒釋調和論遠不止此，在他們調和儒佛二者的著作中，既有各自的特點，也有不少相似相同之處，筆者以爲，兩人至少在以下三個方面有著相似或相同點：

第一，他們都對儒典有著深入的瞭解，熟讀五經，並能加以闡釋。智圓在《謝吳寺丞撰閒居編序書》中，曾對儒家五經逐一評述，發明義理〔註150〕；契嵩在《論原・問經》中也分別論述了五經的重要性，並與之將其與佛教之五戒相聯繫，指出修五經才能守五戒，「是故君子捨禮則偏。捨詩則淫。捨書則妄。捨易則惑。捨春秋則亂。五者之於君子之如此也」〔註151〕。兩人對儒教經典研習之深，幾使人忘卻他們的佛徒身份。

第二，兩人都極爲重視儒家之中庸思想，借中庸思想來融匯儒釋。如智圓號稱「中庸子」，對中庸有著極爲深刻的理解，並以佛教龍樹之中道觀比附儒家之中庸思想〔註152〕；契嵩也撰有《中庸解》五篇，認爲中庸思想是君子規範言行、實現修齊治平理想的重要依據〔註153〕。

第三，也是最重要的一點，兩人都把儒家倫理置於佛教戒律之上，承認儒家至高無上之地位，一反前代護法者以佛教爲融合主體的思想。智圓「以宗儒爲本，而申明釋氏加其數倍焉，往往旁涉老莊，以助其說」〔註154〕。他盛讚儒教，指出非儒教則國不治、家不寧，佛教亦無以行：「豈知夫非仲尼之

〔註149〕　（宋）契嵩撰《鐔津文集》卷八，《寂子解》。
〔註150〕　（宋）釋智圓撰：《閒居編》卷二二，《謝吳寺丞撰閒居編序書》。
〔註151〕　（宋）契嵩撰：《鐔津文集》卷七，《論原・問經》。
〔註152〕　（宋）釋智圓撰：《閒居編》卷一九，《中庸子傳》。
〔註153〕　（宋）契嵩撰：《鐔津文集》卷四，《中庸解》。
〔註154〕　（宋）釋智圓撰：《閒居編》卷二二，《謝吳寺丞撰閒居編序書》。

教，則國無以治，家無以寧，身無以安。國不治，家不寧，身不安，釋氏之道何由而行哉？」〔註155〕契嵩也努力將佛教之孝攀附與儒家之孝上，他仿儒家《孝經》作《孝論》，提出了孝爲戒先的概念，並以佛教之五戒比附儒家之五常（詳見本文第四章第一節之「駁斥沙門不孝說」）。無論智圓還是契嵩，其佛學著作中都有向儒家綱常倫理積極靠攏的傾向，其宗儒思想的顯現似乎更是在暗示著在宋代三教融合的過程中，儒教獨尊地位已逐漸確立，無論佛教還是道教只能屈居下風，故宋代護法之智者，已洞見此點，與其不自量力與儒教抗衡而受損，倒不如作識時務者，爲自己準確定位。智圓、契嵩二人調和儒釋之所以成功，與其順歷史潮流而進是有直接關係的。

那麼，身爲北宋儒臣兼佛教外護的張商英是否也如前彥一樣意識到這一點，很好地調和儒釋呢？就筆者所見，答案應該是否定的。首先我們來看一下張商英在《護法論》中是如何對儒佛二教進行對比的。

表3.3　張商英在《護法論》中對儒、佛二教的比較

儒　教	佛　教
言性	見性
勞心	安心
貪著	解脫
喧嘩	純靜
尚勢	忘懷
爭權	隨緣
有爲	無爲
分別	平等
好惡	圓融
望重	念輕
求名	求道
散亂	觀照
治外	治內
該博	簡易
進求	休歇

〔註155〕 （宋）釋智圓撰：《閒居編》卷一九，《中庸子傳》。

　　通過以上對比我們可以發現，與之前張商英對道、佛二教的相近對比而言，他在儒、佛二教的比較中幾乎都是用的性質相反的詞彙來描述二者的差異，諸如儒者貪著，而佛者解脫；儒者喧嘩，而佛者純靜；儒者尚勢，而佛者忘懷；儒者爭權，而佛者隨緣。這些詞彙，前者幾乎都是貶義詞，後者又幾乎都是褒義詞。雖然張商英最後說「不言儒者之無功也，亦靜躁之不同矣」，但我們還是可以肯定地說，他對佛、儒二者的態度是一褒一貶，涇渭分明的。張商英對儒家的批評和對佛教的褒揚，若以民眾的視角來看，倒也符合民間對二者的一些傳統觀念，如儒者學而優則仕，讀書求功名，求光耀門楣，是求名、求利、進求、有為的體現；而佛徒參禪打坐，清心寡欲，遠離是非，是安心、解脫、休歇、無為、念輕的體現。但問題是，張商英並不屬於讀書甚少的老百姓，他年少中進士，一度位列宰輔，於儒、佛、道三家皆有所鑽研，留下不少作品，其接觸的人士中不少為名禪、顯宦、高官。這樣一位於僧俗兩界皆有人望的傑出人士，不會僅以百姓的觀點來看待儒家。況且，張商英之前的宋儒，已經著手詮釋儒家心性問題，無論是周敦頤，還是張載、二程，他們都已開始突破儒學僅限於義理這一局限性（詳見本文第一章第三節），張商英不應對此視而不見，聽而不聞。對此，我們較合理的解釋是，張商英是抱著對儒家固有的成見來調和儒佛二教的。

　　張商英對儒家是抱有較深成見的，這從《護法論》中他對那些不知佛而排佛之儒者以及借排佛以沽名之儒者的批評和攻擊可以窺見一二。張商英在《護法論》開篇指出，孔子儒家之聖人，尚尊佛道，而那些未讀百卷之書而以排佛為急務之儒者，不知所急為何，是果學孔子哉？

　　　　孔子曰：「朝聞道，夕死可矣。」以仁義忠信為道耶，則孔子固
　　　　有仁義忠信矣；以長生久視為道耶，則曰「夕死可矣」，是果求聞何
　　　　道哉？豈非大覺慈尊識心見性無上菩提之道也？不然，則列子何以
　　　　謂「孔子曰：『丘聞西方有大聖人，不治而不亂，不言而自信，不化
　　　　而自行。蕩蕩乎，民無能名焉？』」列子學孔子者也，而遽述此說，
　　　　信不誣矣。孔子，聖人也，尚尊其道。而今之學孔子者，未讀百十
　　　　卷之書，先以排佛為急務者，何也？〔註156〕

當然，張商英於此的解釋也並不符合孔子的原意，只是牽強地將孔子與佛教聯繫在一起。但他開篇點題，指明了《護法論》所作主旨之一便是駁斥那些

〔註156〕　（宋）張商英撰：《護法論》，《大正藏》第 52 冊，No.2114。以下所引同。

「未讀百十卷之書，先以排佛爲急務」的儒者。這些儒者包括韓愈、歐陽修、二程以及王令。在《護法論》中，他對這些人不遺餘力地口誅筆伐，甚至不惜進行人身攻擊。首先我們來看韓愈（768～824），張商英先引韓愈與大顚和尚的事蹟來說明韓愈之陋：「韓愈與大顚論議往復數千言，卒爲大顚一問曰：『公自揣量學問知識，能如晉之佛圖澄乎？能如姚秦之羅什乎？能如蕭梁之寶誌乎？』愈曰：『吾於斯人，則不如矣。』大顚曰：『公不如彼明矣。而彼之所從事者，子以爲非，何也？』愈不能加答。其天下之公言乎！」繼而對韓愈的觀點進行了一些列的駁斥，並最終得出韓愈不知佛而排佛的結論：「夏蟲不可語冰霜，井蛙不可語東海。吾於韓愈見之矣。」

再看歐陽修（1007～1072），作爲宋代古文運動之領袖，歐陽修在世人心目中的地位非常高，所以，雖然歐陽修有排佛傾向，後人卻往往顧及其影響，不敢妄加評測。張商英一反前人之所慮，於文中對歐陽修之言行事蹟大加撻伐。在歐陽修的《跋萬回神跡記碑》中，歐陽修借道士之口說佛教以神怪禍福矇騙世人而享富貴。張商英批評歐陽修道：「永叔之是其說也，亦小有才，而未達通方之大道者歟，不揣其本之如此也。」而針對歐陽修在史書中貶斥唐太宗佞佛以及修《新唐書》時刪去唐之公卿交遊禪僧事蹟之事，張商英則嚴加斥責，指出歐陽修在明知有佛的情況下還排佛，是好名欺心之士，絕非端人正士：

> 歐陽修但一書生耳，其修《唐書》也，以私意臆說，妄行褒貶，比太宗爲中才庸主，而後世從而和之，無敢議其非者。嗚呼！學者隨世高下，而歐陽修獨得專美於前，誠可歎也。作史者，固當其文直，其事核，不虛美，不隱惡，故謂之實錄。而修之編史也，唐之公卿好道者甚多，其與禪衲遊有機緣事蹟者，舉皆削之。及其致仕也，以「六一居士」而自稱，何也？以居士自稱，則知有佛矣。知有而排之，則是好名而欺心耳，豈爲端人正士乎？

考之《護法論》中，張商英對歐陽修的批評最爲嚴厲，其中充斥著一些過激情緒，言語中不乏人身攻擊，如他罵歐陽修爲「囂訟匹夫」，「僻陋丈夫」，「岐人天之正路，瞎人天之正眼，昧因果之眞教，澆定慧之淳風」，「終身不過爲一聰明凡夫矣」。這樣的人，「使之侍君，則佞其君絕佛種性，斷佛慧命；與之爲友，則導其友戕賊眞性，奔競虛名」。張商英鄙其無知而恨其恣意排佛，指出這樣的人，若使其得志，必貽害無窮：「修乎修乎，將謂世間更不別有至

道妙理，止乎如此緣飾些小文章而已，豈非莊生所謂河伯自多於水，而不知復有海乎？若也使其得志，則使後世之人永不得聞曠劫難逢之教，超然出世之法，豈不哀哉！」

針對二程提出的「佛家所謂出世者，除是不在世界上行，為出世也」的概念解釋〔註157〕，張商英在糾正其錯誤的同時也不忘挖苦他們：「士大夫不知淵源而論佛者，類如此也。殊不知色、受、想、行、識，世間法也；戒、定、慧、解脫、解脫知見，出世間法也。學佛先覺之人，能成就通達出世間法者，謂之出世也。稍類吾儒之及第者，謂之登龍折桂也，豈其真乘龍而握桂哉？佛祖應世，本為群生，亦猶吾教聖人吉凶與民同患，五百年必有王者興其間，必有名世者，豈以不在世界上行為是乎？」

張商英還對王安石之連襟王令（1032～1059）代韓愈答柳宗元書事大加抨擊。考之王令本王安石妻妹之夫，而張商英與王安石關係又非常密切〔註158〕但張商英於此處還是不顧情面地辱罵王令為不自量力的「孤寒庸生」：

> 今之恣排佛以沽名者亦多矣，如唐柳子厚移書韓退之不須力排
> 二教，而退之集無答子厚書者，豈非韓公知其言之當而默從之，故
> 不復與之辯論也？近世王逢原作補書。鄙哉逢原，但一狐寒庸生耳，
> 何區區闡提之甚也？退之豈不能作一書，而待後人補也？其不知量
> 也如此。

總之，無論是韓愈、歐陽修、二程等大儒，還是王令等恩人舊故，只要是反佛人士，張商英於此都大加撻伐，極盡攻擊之能事而毫不留情。這一方面證明了張商英護法之認真、積極；另一方面，他對這些大儒們的不敬言辭或許也向我們傳達出了一個訊息，即其對儒門抱有一貫之成見。但這裡，我們也許還會進一步發問，張商英身為儒臣，為何會對儒家抱有如此不敬之態度，難道僅僅是因為恰好韓、歐諸大儒皆反佛所致嗎？筆者以為，這其中當還有更深一層原因。張商英厭儒之根源，應與其幾十年來親眼所見並親身參與的北宋後期激烈黨爭有著直接的聯繫。

張商英在《護法論》中指出儒者的種種缺陷，並認為若使世人皆為儒，

〔註157〕張商英與此提到言此句者乃「伊川程顥」，考之伊川乃程頤，不知是他同提程
　　　　頤、程顥，還是錯誤地將伊川當作程顥。本文於此以二程並提。

〔註158〕前文已述，王安石得以舉薦到宋神宗身邊，全賴張商英之兄張唐英之力。而
　　　　張商英在年輕時得以直入中央，也與王安石、章惇的不次提拔有著直接關係。
　　　　從中我們可以看出張商英與王安石關係之微妙。

則世人孰不期榮，孰不謀祿？若世人皆期榮謀祿，則爭競起，妒忌生，褒貶
勝，仇怨作，擠陷多，不肖之心無所不至。如此世風，則求天下之治也難矣：

> 殊不知天下之理，物希則貴。若使世人舉皆為儒，則孰不期榮？
> 孰不謀祿？期謀者眾，則爭競起；爭競起，則妒忌生；妒忌生，則
> 褒貶勝；褒貶勝，則仇怨作；仇怨作，則擠陷多；擠陷多，則不肖
> 之心無所不至矣。不肖之心無所不至，則為儒亦不足為貴矣。非特
> 儒者為不足貴也，士風如此，則求天下之治也亦難矣。〔註159〕

文中張商英列出的「期榮」、「謀祿」、「爭競」、「妒忌」、「褒貶」、「仇怨」、「擠
陷」所指為何？蔣義斌在《張商英〈護法論〉中的歷史思維》中指出，《護法
論》作於張商英晚年，其時他已經歷了神宗時的新舊黨爭，「這或許就是《護
法論》中所說的『擠陷』吧」〔註160〕。蔣氏此論可為不刊之論，筆者深以為
然，惜乎其不能深入論之。筆者以為，張商英於此處對儒者的刻薄評價其實
就是對神宗以來新舊黨人的形象描繪。前文已述，張商英作為新黨成員也經
歷並親身參與了那時的黨爭，他甚至一度深陷其中，不能自拔。幾十年的政
治生涯中，他先後示好於王安石、章惇、司馬光、蔡京等新舊黨人以期榮謀
祿，為了達到目的，他不惜黨同伐異，甚至一度投靠政敵。中年時，他就對
北宋文人之士風有著較清醒之認識，在紹聖元年（1094）上疏攻擊元祐黨人
的奏章中，他對當時以川、洛黨人為代表的朝中文人士風有著這樣的描繪：

> 而勢利之下，是非蜂起，阿諛附會，一旦烏合，上叛君親之恩，
> 下背師友之訓。或以小合傳繳，白晝告急；或以手扇障面，夜半造
> 門；或苞苴結子弟之歡，或伏地修門下之敬。於是浮言競作，鄙謗
> 交興。川、洛異黨，泰、汶分明。撥而後動，謂之天平子；大而無
> 見，謂之盲大蟲。交通相紐，謂之八關；陰私構架，謂之五鬼。誰
> 何門戶，謂之約闌；抱持其足，謂之小鬼。捨所親而去，謂之過房；
> 失所合而還，謂之歸宗。伺候報探，謂之滅門瞪、走馬瞪；勢盡相
> 圖，謂之徒中反告。嗚呼！學士大夫平日不素講聞，師儒先生之高
> 誼不自慎重，身被譏議，亦有足悲者。若滋長不已，則憎愛恩怨，
> 未易改也。〔註161〕

〔註159〕以上所引皆自（宋）張商英撰《護法論》。
〔註160〕蔣義斌：《張商英〈護法論〉中的歷史思維》，《佛學研究中心學報》1998 年
第 3 期。
〔註161〕（宋）陳均撰：《九朝編年備要》卷二四，文淵閣《四庫全書》本。

在激烈的黨爭中，他雖然一度位列宰輔，但到頭來還是難逃政敵的打擊排擠。或許經歷了太多這樣的爭競和擠陷，至晚年他仍對北宋文人這種士風心有餘悸，故而他對儒家抱有深深的成見。在晚年所作《護法論》中，張商英曾歎息儒者但知功名富貴，不知佛教之大道遠理，至老死之時，尚不窺其涯，不以為急。儒者既不聞道，則必流浪生死，散入諸趣，如此，是誰之過歟？一言以概之，還是儒者本身「固有的」缺陷所導致的：

> 惜乎愚者昧而不能學，慧者疑而不能至。間有世智辯聰者，必為功名所誘，思日競辰，焚膏繼晷，皇皇汲汲然，涉獵六經子史，急目前之應對尚且不給，何暇分陰及此哉？或有成名仕路者，功名汩其慮，富貴蕩其心，反以此道為不急，固然置而不問不覺。光陰有限，老死忽至。臨危湊亟，雖悔奚追。世有大道遠理之如此也而不窺其涯涘者，愧於古聖賢多矣。既不聞道，則必流浪生死，散入諸趣，而昧者甘心焉，是誰之過歟？〔註162〕

相對於儒教這些「先天」的缺陷，張商英認為佛教就要優越得多。相比於儒者的「期榮」、「謀祿」、「爭競」、「妒忌」，佛徒們則反其道而行之。「僧者，佛祖所自出也，有苦行者，有密行者，各人有三昧，隨分守常德，孜孜於戒律，念念在定慧。能舍人之所難捨，能行人之所不能行，外富貴若浮雲，視色聲如谷響，求道則期大悟而後已，惠物則念眾生而不忘。」僧人不僅能外視富貴若浮雲，而且於內能折服驕慢，下心於一切眾生。「佛以其法，付囑國王大臣，不敢自專也，欲使其後世之徒，無威勢以自尊，隆道德以為尊，無爵祿以自活，依教法以求活。乞食於眾者，使其折伏憍慢，下心於一切眾生。」張商英認為，能辭榮捨富，息心於深蘭幽谷之中的人，縱然尚未通悟大道遠理，也必是漸有所得者。「余嘗觀察其徒，中間有辭榮捨富者，俊爽聰明者，彼亦不知富貴可樂，春色可喜，肥鮮之甘，車服之美，而甘心於幽深閒寂之處，藜羹韋布，僅免飢寒，縱未能大達其道，是必漸有所自得者歟。」

　　張商英對比儒釋之徒之所為，因而自然得出儒劣佛高之結論：「余嘗喻之，讀儒書者，則若趨炎附窖而速富貴；讀佛書者，則若食苦咽澀而致神仙，其初如此，其效如彼。富貴者未死已前，溫飽而已，較之神仙孰為優劣哉？」他認為，儒者所追求的，只是虛名，所積累的，只是業習。不如修習佛教之定慧之法以治本。「文章蓋世，止是虛名；勢望驚天，但增業習。若比以定慧

〔註162〕　（宋）張商英撰：《護法論》，《大正藏》第 52 冊，No.2114。

之法，治本有之神明，爲過量人超出三界，則孰多於此哉！」當然需要指出的是，在這裡張商英對儒者的認識是源於其自身的經歷，其中不乏以偏概全之嫌，恰如其對佛徒的美好行爲也不乏誇大之辭一樣（在本章第三節中，我們還會看到他對當時佛徒敗壞不律行爲的描述，他在這裡顯然有美化佛徒行爲的成分）。不管怎樣，張商英對儒佛二教的調和遠不同於其護法前彥智圓、契嵩一樣有意援儒入佛，他名曰調和儒佛二教，實爲二教排座次，定優劣，這難免會引發其中一方甚至雙方的不滿。因而我們說，張商英對儒佛二教的調和未能順應歷史潮流，並不成功。

3、張商英的「三教」調和論

張踐認爲，中國歷史上三教融合經歷了一個從文字上互相詮釋、社會功能上互補，最後達到哲學層面上的融匯貫通的三步曲。如果說漢魏是第一步，兩晉南北朝是第二步，那麼唐宋便是第三步〔註163〕。尤其是宋代的學者們，於三教中汲取養分，進而融匯貫通。「自熙寧以來，學者爭言老莊，又參之釋氏之近似者，與吾儒更相附會……」〔註164〕隨著三教在哲學層面上的不斷融匯，新佛教、新道教、新儒教漸趨形成。由此可見，宋代三教之融合，較之前代，是有較大進步的。以智圓爲例，他以宗儒爲本，旁涉老莊，歸於釋氏。其三教調和論中以三教喻其藥、三教鼎足的形象比喻來說明三者分工合作，缺一不可：「嘗謂三教之大，其不可遺也。行五常、正三綱，得人倫之大體，儒有焉；絕聖棄智，守雌保弱，道有焉；自因克果，反妄歸真，俾千變萬態，復乎心性，釋有焉。吾心其病乎，三教其藥乎？矧病之有三，藥可廢邪？吾道其鼎乎，三教其足乎？欲鼎之不覆，足可折邪？」〔註165〕文中，智圓將其心中所謂「道」看成超出三教、涵蓋三教的至高精神，相比之下，儒釋道三教反而如鼎足一般在支撐著它。這種比喻又一次證明宋代護法者已不同於之前護法者那樣將三教的一致建立在佛教基礎之上。〔註166〕智圓一生所致力表

〔註163〕張踐著：《中國宋遼金夏宗教史》，人民出版社，1994年，第9頁。

〔註164〕（宋）葉夢得撰：《避暑錄話》卷一，《宋元筆記小說大觀》，第2594頁。

〔註165〕（宋）釋智圓撰：《閒居編》卷三四，《病夫傳》。

〔註166〕宋代之前，至少至唐、五代時，佛教護法者也無法突破以佛教爲三教融合基礎的窠臼。如唐代著名的三教調和論者僧人宗密從哲學高度論述三教一致，並最終統一於佛教基礎之上。又如五代吳越國君主錢俶也以儒爲吾之師，道爲儒之師，佛爲道之宗。將三教融合的統一於佛教基礎之上。參見杜繼文、魏道儒著《中國禪宗通史》，江蘇人民出版社，2007年，第317、318、390頁。

達的三教和合之旨趣在其《三笑圖贊》中也有突出的體現：

> 釋道儒宗，其旨本融，守株則塞，忘筌乃通。
>
> 莫逆之交，其惟三公，厥服雖異，厥心惟同。
>
> 見大忘小，過溪有蹤，相顧而笑，樂在其中。〔註167〕

按，昔東晉名僧慧遠隱於廬山，送客以虎溪爲界，雖晉安帝萬乘之尊、桓玄震主之威亦不能使之破戒。一日，他送道士陸修靜和儒者陶淵明時不覺過溪，及其覺之，三人不禁相顧而笑。智圓於此贊曰：「噫！得非道有所至而事有所忘乎！」在《三笑圖贊》中，他通過讚頌東晉陶淵明、僧慧遠、道士陸修靜的莫逆之交，向我們轉達了其一生所致力於表現的三教同趣、和合相融之旨，很值得後人回味。

比智圓稍晚的另一名禪契嵩也對三教關係有著類似的認識。契嵩在其《輔教編》中認爲，天下有儒，有佛，有百家，其跡雖異，其心則一。一者，皆欲使人絕惡爲善，其德同一；異者，其教有淺有深，有近有遠。正因爲儒、佛、百家在本質上是相同的，而其教法、所教對象是不同的，因而天下不可無儒、無佛、無百家。損一教，則天下損一善道：

> 古之有聖人焉，曰佛，曰儒，曰百家。心則一，其跡則異。夫一焉者，其皆欲人爲善者也。異焉者，分家而各爲其教者也。聖人各爲其教，故其教人爲善之方，有淺有奧、有近有遠，及乎絕惡而人不相擾，則其德同焉。……方天下不可無儒，無百家者，不可無佛。虧一教，則損天下之一善道；損一善道，則天下之惡加多矣。夫教也者，聖人之跡也。爲之者（本或無之），聖人之心也。見其心，則天下無有不是；循其跡，則天下無有不非。是故賢者貴知夫聖人之心。〔註168〕

契嵩顯然也認爲，當今之世，不能獨尊儒術，更不能獨尊佛老。無論是三教還是百家，都是聖人的爲善之方，方法可以各異，而大道只有一個。爲了不損大道，我們就不要虧任一教或獨尊任一教。這種融合三教的思想可以說與之前的智圓如出一轍。

我們再會過頭來看看張商英對三教的調和。宋僧釋曉瑩曾讚揚張商英精通三教道：「夫蔚爲儒宗而崇佛、道，未有如公者。然非敏手，安能激發？苟

〔註167〕　（宋）釋智圓撰：《閒居編》卷一六，《三笑圖贊》。

〔註168〕　（宋）契嵩撰：《鐔津文集》卷二，《輔教編・廣原教》。

非上根，未易承當。」〔註169〕張商英出入三教，釋曉瑩言其精通也並非誇示。
然而言其「蔚爲儒宗而崇佛、道」，顯然有失公允。前文已述，張商英於佛教
可謂深爲崇信，於道教也持以讚賞態度，惟獨於儒門深爲不滿，抱有成見。
在這樣的個人情緒感染下，張商英對三教的調和並不如前彥般在哲學層面上
融匯貫通，而是採取了排座次、定優劣的方式。當然，這種爲三教排座次、
定優劣的思想並非張商英獨創，歷史上三國時闞澤與北宋王曙都以佛爲優，
貶低儒、道二家：

> 《吳書》云：吳主孫權問尚書令闞澤曰：「孔丘、老子得與佛比
> 對否？」闞澤曰：「若將孔、老二家比校佛法，遠之遠矣。所以然者，
> 孔、老設教，法天制用，不敢違天。諸佛説教，諸天奉行，不敢違
> 佛。以此言之，實非比對明矣。」吳主大悦。

> 余嘗愛本朝王文康公著《大同論》，謂儒、道、釋之教，沿淺至
> 深，猶齊一變至於魯，魯一變至於道，誠確論也。〔註170〕

這樣的比較顯然爲張商英所認同，所以他在《護法論》中援引二人語句，大
加讚賞。隨後，張商英又拋出自己的三教其藥說及三教鼎足說：

> 余謂：群生失眞迷性，棄本逐末者，病也。三教之語以驅其惑
> 者，藥也。儒者使之求爲君子者，治皮膚之疾也；道書使之日損、
> 損之又損者，治血脈之疾也；釋氏直指本根、不存枝葉者，治骨髓
> 之疾也。其無信根者，膏盲之疾，不可救者也。……雖然三教之書
> 各以其道善世礪俗，猶鼎足之不可缺一也。若依孔子行事，爲名教
> 君子；依老子行事，爲清虛善人，不失人天可也。若曰盡滅諸累，
> 純其清淨本然之道，則吾不敢聞命矣。〔註171〕

張商英在這裡顯然對智圓的三教其藥、三教鼎足之說有所借鑒，但二人的三
教調和思想是完全不同的。智圓是將三教放在平等的地位，突出每一教都有
其不可替代的作用，都是爲大道遠理而服務的；張商英則將三教依次排列，
分爲三六九等，雖有三教其藥說，然三教藥力不等。雖有三教鼎足說，然鼎
足不均。這就是張商英與護法前彥的差距，雖然其有意識地調和三教，但卻

〔註169〕（宋）釋曉瑩撰：《羅湖野錄》卷二。
〔註170〕（宋）張商英撰：《護法論》，《大正藏》第52冊，No.2114。按，《廣弘明集》
卷一有《吳主孫權論敘佛道三宗》，言引《吳書》，其內容與張商英所引略同。
但此《吳書》被後人認爲僞書，不是信史。
〔註171〕（宋）張商英撰：《護法論》，《大正藏》第52冊，No.2114。

未能站在歷史的制高點，不能很好地吸收借鑒前人的成果。臺灣學者黃啓江先生認爲，張商英「與牟子、契嵩的合會儒釋，而進行對儒家思想的詮釋有所不同……他完全站在佛教的立場，引佛經辯解，而不援儒、道之語入佛」。「他雖主三教並尊，卻最重佛教，不能與北宋時主張三教一致論者同日而語」〔註172〕。這是張商英護法思想的不足之處。

三、反思與擔憂

以上我們大體上分析了張商英的護法思想，他駁斥了前朝與當代的各種排佛之說，對儒、釋、道三教進行了調和。在繼承前彥思想的同時，也有不少自己的發揮創新。除此之外，張商英護法思想中還有一個前代護法者少有的可貴之處，那就是針對佛教本身的不足做出的種種反思與擔憂。潘桂明指出，「《護法論》的思想，與以往各類護法之作相比較有一些值得關注的新的東西」，所謂的「新的東西」，便包括張商英對近世叢林凋敝的感歎以及對其中某些現象作出的辯解〔註173〕。黃啓江認爲，張商英「在『護法』的同時，還對佛教社會加以針砭，求全責備」〔註174〕。另一位臺灣學者蔣義斌教授則詳細點明了張商英護法思想中充分運用了歷史思維的反思功能：「然而，《護法論》除了有一般意義的『護法』外，因爲他充分地運用了歷史思維的反思功能，因此《護法論》中，也對佛教內部作了些反思。『護法』不但有爲佛法辯護的意義外，更重要的是透過歷史反思，對佛教提出建設性的意見，這也應是『護法』時必須重視的，由歷史反思所作的『護法』，其意義可能更爲深刻。」〔註175〕上述學者們的研究成果表明，張商英在護法中對佛教本身存在的不足而作出的反思與擔憂的思想已越來越受到學人的重視。

張商英對北宋後期佛教存在的問題而作出的反思與擔憂是多方面的。比如，他曾對當時禪宗教法的紛亂一再表示憂慮：「而自少室之後，曹溪以來，散之四方，分爲五派，師異訓，人殊習，祖師之道微矣。」〔註176〕「世尊舉花，迦葉微笑，正法眼藏，如斯而已。後世宗師之所指，何紛紛之多乎！吾

〔註172〕黃啓江：《張商英護法的歷史意義》，《中華佛學學報》1996年第9期。

〔註173〕潘桂明著：《中國居士佛教史》，中國社會科學出版社，2000年，第609頁。

〔註174〕黃啓江：《張商英護法的歷史意義》，《中華佛學學報》1996年第9期。

〔註175〕蔣義斌：《張商英〈護法論〉中的歷史思維》，《佛學研究中心學報》1998年第3期。

〔註176〕（宋）正受編：《嘉泰普燈錄》卷三〇，《東林善法堂記》。

恐釋氏之教衰於此矣。」〔註177〕又如，針對當時一些寺院的奢華，張商英告訴僧侶，古之沙門生活儉樸，沒有今日堂殿宮室之華、床榻臥具之安，但是條件的簡陋反而有助於其求道參禪。今之沙門居宮室，有利有害，若不知之，難免沉淪惡趣：「古之學道之士，灰心泯志於深山幽谷之間，穴土以為廬，紉草以為衣，掬溪而飲，煮藜而食，虎豹之與鄰，猿狙之與親。不得已而聲名腥羶，文采發露，則枯槁同志之士，不遠千里，裹糧躡屬，來從之遊。道人深拒而不受也，則為之樵蘇，為之舂炊，為之灑掃，為之刈植，為之給侍奔走，凡所以傚勞苦、致精一，積月累歲，不自疲厭，覬師見而憫之，賜以一言之益，而超越死生之岸。烏有今日所謂堂殿宮室之華，床榻臥具之安，氈幄之溫，簟席之涼，窗牖之明，巾單之潔，飲食之盛，金錢之饒，所須而具，所求而獲也哉。」〔註178〕言語之中我們可覺察出張商英對寺院奢華的不滿情緒。

　　較之佛教教法的紛亂及寺院的奢華，張商英對當世僧侶偽濫的問題更為關注。其實早在張商英之前，契嵩已指出當時「其道大衰，其徒污雜太甚」〔註179〕。至北宋末年，叢林風氣每況愈下，張商英說「今之浮圖，雖千百中無一能彷彿古人者」，恐怕就是對當時僧侶整體素質的客觀概括。張商英曾對比古今，讚揚古德的優秀品質，「古人三二十年，無頃刻間雜用身心，念念相應，如雞伏卵。尋師訪友，心心相契，印印相證。琢磨淘汰，淨盡無疑。晦跡韜光，陸沉於眾。道香果熟，諸聖推出，為人天師，一言半句，耀古騰今，萬里同風，千車合轍」。相比之下，他認為當世僧徒之行為不如古者多矣，於是又歎息今之沙門的泥沙俱下：「然雖如是，傷今不及見古也，可為太息。古之出世如青銅錢，萬選萬中，截瓊枝寸寸是玉，析栴檀片片皆香。今則魚目混珠，薰蕕共囿，羊質虎皮者多矣，遂致玉石俱焚。」〔註180〕據游彪的考釋，宋代僧侶破戒敗俗者大有人在，如相國寺僧惠明善炙豬肉，遠近聞名，京城人稱其所在院為「燒豬院」。士人楊大年喜與之往來，常帶同僚前往吃飯。一日，楊大年對惠明說：「爾為僧，遠近皆呼燒豬院，安乎？」惠明曰：「奈何？」楊大年建議道：「不若呼燒朱院也。」從此京城人改呼「燒豬院」為「燒朱院」〔註181〕。又如宋代廣南地區的僧人，多善於經商，其中不乏經商致富者，當

〔註177〕（宋）張商英撰：《洪州寶峰禪院選佛堂記》，《緇門警訊》卷三。
〔註178〕（宋）張商英撰：《撫州永安禪院僧堂記》，《緇門警訊》卷三。
〔註179〕（宋）契嵩撰：《鐔津文集》卷二，《輔教編・廣原教》。
〔註180〕（宋）張商英撰：《護法論》，《大正藏》第 52 冊，No.2114。
〔註181〕（宋）張舜民撰：《畫墁錄》，《宋元筆記小說大觀》，第 1536 頁。游彪《宋代寺院經濟史稿》（河北大學出版社，2003 年）第 196 頁已揭此條。

地人家也樂於將女兒嫁與富僧，故廣南之僧多有家室〔註182〕。如果說這還只是個例或「地方特色」的話，那麼宋代寺院僧人大放高利貸，殘酷榨取借貸人的事則比比皆是。在宋代，條件稍好的寺院幾乎都有長生庫來放高利貸，宋代寺院通常以錢、糧食、金帛等物品作爲高利貸資本，其利息並不低於世俗高利貸之利息，且因爲這是一種合法的行爲，故政府從未出面制止，因此宋僧熱衷於此道並因此致富者大有人在〔註183〕。以上僧人還只是破戒，尚未犯世俗之法，在宋代，還有一些僧人爲了牟利則不惜做出傷天害理之事。宋眞宗時，歐陽修仲父歐陽載就曾親斷這樣一例僧人謀財害命的案例：「先是，京師歲旱，有浮圖人斷臂禱雨，官爲起寺於龜山，自京師王公大臣皆禮下之，其勢傾動四方。又誘民男女投淮水死，曰：『佛之法，用此得大利。』而愚民歲死淮水者幾百人。至其臨溺時，用其徒唱呼前後，擁之以入，至有自悔欲走者，叫號不得免。府君（歐陽載）聞之，驚曰：『害有大於此邪！』盡捕其徒，詰其奸民，誅數人，遣還鄉里者數百人，遂毀其寺。」〔註184〕以邪說致人溺死淮水達數百，如此行爲實在是傷天害理，這樣的妖僧死有餘辜。我們用以上幾則事例來表示宋代僧人的素質，雖有以偏概全之嫌，但或多或少說明了在當時佛教義理衰落及世俗趨勢加強的背景下宋僧破戒壞俗、違法亂紀現象之普遍。尤其是在商品經濟得到進一步發展的宋代，僧人們爲了謀財得利，不惜以因果報應擾亂世人，甚至有如上述僧人那樣做出傷天害理之事。歐陽修的《跋萬回神跡記碑》中言：「世傳道士罵老子云：佛以神怪禍福恐動世人，俾皆信向，故僧尼得享豐饒。而吾老子高談清淨，遂使我曹寂寞。」雖然張商英於此評價此道士亦非棄俗之人，然道士若非有所指，何以罵老子？由此證明，宋僧之敗壞不群者必不在少數。

　　在宋僧的種種劣行中，張商英著重提到近世沙門公行賄賂，密用請託，交結權貴之現象，並認爲這是當今佛法凋敝的重要原因之一。「今則習口耳之學，禪販如來，披師子皮，作野幹行，說時似悟，對境還迷。所守如塵俗之匹夫，略無愧恥，公行賄賂，密用請託，劫掠常住，交結權勢。佛法凋喪，大率緣此，得不爲爾寒心乎？」〔註185〕本來，在宋僧陽佛陰儒，宋

〔註182〕（宋）莊綽撰：《雞肋編》卷中，文淵閣《四庫全書》本。游彪《宋代寺院經濟史稿》（河北大學出版社，2003年）第27頁已揭此條。
〔註183〕參見游彪著《宋代寺院經濟史稿》，河北大學出版社，2003年，第201～209頁。
〔註184〕（宋）歐陽修撰：《歐陽修全集·居士集》卷二九，《尚書工部郎中歐陽公墓誌銘》。
〔註185〕（宋）張商英撰：《護法論》，《大正藏》第52冊，No.2114。

儒陽儒陰佛的大背景下，禪僧與士大夫交往日漸密切是大勢所趨，如與蘇東坡昆仲往來密切的佛印了元禪師，就曾廣泛交遊士人官僚，「凡四十年間，德化緇素，縉紳之賢者多與之遊」〔註186〕。但是如佛印了元般的禪僧還是少之又少，更多的僧人結交縉紳是爲了一己之私。如宋初中央僧官的任命權在開封府管轄下的功德使，於是一旦僧官有缺，就會有僧人往來於開封權要府第，密用請託，公行賄賂，以求一官半職。而這些權要又前往開封府請謁，干預功德使對僧官的遴選。「先是，僧官有缺，多因權要請謁，內降補人。當時諫官御史累有論列，仁宗深悟其事，因著令僧官有缺，命兩街各選一人，較藝而補。」〔註187〕這種請託的風氣已引起朝廷諫官和御史的不滿，並繼而迫使皇帝不得不改變中央僧官的遴選方式，由此足見其影響之惡劣。又如哲宗時，岑象求上疏批評時下僧侶巴結士大夫之風道：「（僧人）見王侯、公卿、大夫居其上者皆敬畏承事之，無一人出片言以道其非是，安得不悅而從之？」〔註188〕不僅世人對佛教徒請謁權貴的風氣有所不滿，就連僧侶內部也有名禪對此風氣提出嚴厲批評。北宋歸雲本和尚在《辨佞篇》中慨歎當時僧伽恬不知恥，專事諛媚，拜走顯宦等等辱沒宗風之行爲：

> 後世不見先德楷模，專事諛媚曲求進顯。凡以住持薦名爲長老者，往往書剌以稱門僧，奉前人爲恩府，取招提之物苞苴獻佞。識者憫笑而恬不知恥。嗚呼！吾沙門釋子，一瓶一缽雲行鳥飛，非有凍餒之迫，子女玉帛之戀，而欲折腰擁彗酸寒局蹐，自取辱賤之如此邪？稱恩府者，出一己之私，無所依據。一妄庸唱之於其前，百妄庸和之於其後，擬爭奉之眞卑小之耳。削弱風教莫甚於佞人，實姦邪欺僞之漸。雖端人正士，巧爲其所入，則陷身於不義失德於無救，可不哀歟？破法比丘，魔氣所鍾，誑誕自若，詐現知識身相，指禪林大老爲之師承，媚當路貴人爲之宗屬，申不請之敬，啓壞法之端。白衣登床膜拜其下，曲違聖制大辱宗風，吾道之衰極至於此。嗚呼！天誅鬼錄，萬死奚贖，非佞者歟？〔註189〕

〔註186〕 （元）釋念常集：《佛祖歷代通載》卷一九。
〔註187〕 （宋）李燾撰：《續資治通鑑長編》卷二○六，英宗治平二年九月。
〔註188〕 （宋）趙汝愚編：《宋朝諸臣奏議》卷八四，《上哲宗論佛老》。
〔註189〕 （宋）淨善重集：《禪林寶訓》卷二，《大正藏》第48冊，No.2022。

又，北宋末年禪僧惠洪也嘲諷僧人奔走權門，逢迎官僚之嘴臉：「法道陵遲，沙門交士大夫，未嘗得預下士之禮，津津喜見眉目。」〔註190〕以上所舉，或可證明張商英憂慮「佛法凋喪，大率緣此」並非毫無所據，杞人憂天。

在如何對待僞濫僧尼的問題上，張商英態度似乎處於兩難之間。一方面他主張官僚士大夫遇到違法亂紀之僧尼時，應依法予以嚴懲。張商英在《護法論》中舉出蘇軾與曾逢原二人對待違法僧徒時不同的處置標準，明確表示自己贊成後者「閱實其罪，必罰無赦」的嚴格標準，因爲若不罰一戒百，則爲惡之僧愈多：

> 蘇子瞻嘗謂余曰：「釋氏之徒，諸佛教法所繫，不可以庶俗待之。或有事至庭下，則吾徒當以付囑流通爲念，與之闊略可也。」又曾逢原作郡時，釋氏有訟者，閱實其罪，必罰無赦。或有勉之者，則曰：「佛法委在國王大臣，若不罰一戒百，則惡者滋多。當今之世，欲整齊之，舍我輩其誰乎？」余考二公之言，則逢原所得多矣。〔註191〕

按，在中國古代，對僧尼犯法的處置在不同時期有不同的標準，北宋之前，大多數朝代還是以內律處置犯法僧徒，如北魏時，僧尼犯法多依內律處置。「僧尼之法，不得爲俗人所使。若有犯者，還配本屬」，「緇素既殊，法律亦異。故道教彰於互顯，禁勸各有所宜。自今已後，眾僧犯殺人已上罪者，仍依俗斷，余悉付昭玄，以內律僧制之」〔註192〕。唐時，僧尼犯罪，有時依佛教教規來處理，有時又依世法來處理，但總體來說，僧眾所享有的司法權明顯減少。到北宋時，僧官的司法自治權進一步縮小，僧尼處處受到國法的制約〔註193〕。是以契嵩曾對北宋政府「以世法籍僧」表示不滿：「以世法籍僧，何謂也？籍僧者非古也，其暴周之意耳。僧也者，遠塵離俗，其本處乎四民之外，籍僧乃民畜僧也。吾聖人之世，國有僧以僧法治國，有俗以俗法治，各以其法而治之也。未始聞以世法而檢僧也。」〔註194〕相比蘇軾與契嵩不應以世法治僧的主張，張商英以嚴厲標準治僧的主張似乎更符合歷史上中

〔註190〕　（宋）釋覺範撰：《禪林僧寶傳》卷二六。
〔註191〕　（宋）張商英撰：《護法論》，《大正藏》第52冊，No.2114。
〔註192〕　（北齊）魏收撰：《魏書》卷一一四，《釋老志》。
〔註193〕劉長東、王永會曾考釋唐、宋時期僧官的司法權，參見劉長東著《宋代佛教政策論稿》，巴蜀書社，2005年，第125～127頁；王永會著《中國佛教僧團發展及其管理研究》，巴蜀書社，2003年，第88～90頁。
〔註194〕　（宋）契嵩撰：《鐔津文集》卷二，《輔教編‧廣原教》。

國政府對佛徒管理逐漸加強的趨勢。張商英對因當世僧侶之品行低劣而敗壞
佛法的現象痛惜不已，對那些敗壞不群的僧人他在文中一再反問道：「其有不
善者，誠可惡也。豈不念皇恩度牒，不與征役者，人主之惠哉？豈不念古語
有云『一子出家，九族生天』哉？豈不念辭親棄俗，當爲何事哉？豈不念光
陰易往，而道業難成哉？豈不念道眼未明，而四恩難報哉？豈不念行業不修，
而濫膺恭敬哉？豈不念道非我修，而誰修哉？豈不念正法將墜，而魔法增熾
哉？」張商英在反問的同時，也警告這些「濫其形服者」，「誅之自有鬼神矣，
警之自有果報矣，威之自有刑憲矣，律之自有規矩矣」。其對不法僧群的憤慨
之情，溢於言表。

　　另一方面，張商英對當時壞法之僧日益增多的現象又給與一定寬容。他
認爲，古聖在世時，已有龍蛇混雜之說。今去聖愈遠，欲求僧伽精純是不現
實的。正如孔子之時儒家已有君子儒、小人儒之分，今世儒門「期榮」、「謀
祿」、「爭競」、「妒忌」、「褒貶」、「仇怨」、「擠陷」者多如牛毛也是勢在必然。
儒家尚且如此，那麼末法時代佛門出現敗群不律者也就勢所難免了：

> 蓋昔無著遇文殊時，已有凡聖同居、龍蛇混雜之說，況今去聖
> 逾遠，求其純一也不亦難乎？然念大法所寄，譬猶披沙揀金，衷石
> 攻玉，縱於十斛之沙得粒金，一山之石得寸玉，尚可以爲世珍寶也。
> 非特學佛之徒爲然，孔子之時，已分君子儒、小人儒矣，況茲後世
> 服儒服者，豈皆孔、孟、顏、閔者哉？雖曰學者求爲君子，安能保
> 其皆爲君子耶？歷觀自古巨盜姦臣，強叛猾逆，率多高才博學之士，
> 豈先王聖教之罪歟？豈經史之不善歟？由此喻之，末法像教之僧，
> 敗群不律者，勢所未免也。〔註195〕

我總以爲，在張商英的行爲或著作中，我們常可以發現他有太多的矛盾。比
如，我們可以說他是一名忠臣或能臣，因爲他忠於皇帝，勤於政務，頗有政
績名聲。但另一方面，他熱衷於權位，積極投身於黨爭，甚至一度成爲北宋
黨爭的急先鋒，令後人對其爲人頗爲不齒；我們也可以說他是北宋甚至兩宋
最積極護法之居士，他幾乎以一己之力令五臺山重振聲威。在他提攜護持下，
眾多名禪在中國禪宗史上釋放出耀眼的光芒。但是，當我們細究其護法的原
因時，又可以發現其中透著他並不光彩的私心；同樣，在他的護法著作裏，
我們既能看到他出色、新穎的論點和有力的論據，也可以找到大量乏力、陳

────────────

〔註195〕（宋）張商英撰：《護法論》，《大正藏》第 52 冊，No.2114。

舊甚至自相矛盾的觀點。然而瑕不掩瑜，帶有個人缺陷的張商英依然是兩宋最著名的護法，帶有理論缺陷的《續清涼傳》、《護法論》等著作依然是中國古代護法史上優秀的護法作品。

參考文獻

一、古籍

1. （漢）司馬遷撰：《史記》，中華書局，1959 年。
2. （晉）陳壽撰：《三國志》，中華書局，1959 年。
3. （劉宋）范曄撰：《後漢書》，中華書局，1965 年。
4. （魏）王弼注，樓宇烈校釋：《老子道德經注校釋》，中華書局，2008 年。
5. （梁）沈約撰：《宋書》，中華書局，1974 年。
6. （梁）釋慧皎撰：《高僧傳》，中華書局，1991 年。
7. （梁）釋僧祐撰：《出三藏記集》，中華書局，1992 年。
8. （梁）釋僧祐撰：《弘明集》，《大正藏》第 52 冊。
9. （北齊）魏收撰：《魏書》，中華書局，1974 年。
10. （隋）費長房撰：《歷代三寶紀》，《大正藏》第 49 冊。
11. （唐）姚思廉撰：《梁書》，中華書局，1973 年。
12. （唐）房玄齡、褚遂良等撰：《晉書》，中華書局，1974 年。
13. （唐）李延壽撰：《南史》，中華書局，1975 年。
14. （唐）吳兢撰：《貞觀政要》，上海古籍出版社，1978 年。
15. （唐）杜佑撰：《通典》，北京圖書館出版社，2006 年。
16. （唐）蘇鄂撰：《杜陽雜編》，上海商務印書館，1939 年。
17. （唐）韓愈著：《韓愈集》，嶽麓書社，2000 年。
18. （唐）柳宗元著：《柳河東集》，中華書局，1979 年。
19. （唐）釋道宣編：《廣弘明集》，《大正藏》第 52 冊。
20. （唐）釋道宣撰：《法苑珠林》，上海商務印書館，1922 年。

21. （唐）道宣撰：《集古今佛道論衡》，《大正藏》第 52 冊。

22. （唐）慧然集：《鎮州臨濟慧照禪師語錄》，《大正藏》第 47 冊。

23. （後晉）劉昫等撰：《舊唐書》，中華書局，1975 年。

24. （南唐）靜、筠二禪師編撰：《祖堂集》，中華書局，2008 年。

25. （宋）張商英撰：《續清涼傳》，《大正藏》第 51 冊。

26. （宋）贊寧撰：《大宋僧史略》，《大正藏》第 54 冊。

27. （宋）淨善重集：《禪林寶訓》，《大正藏》第 48 冊。

28. （宋）志磐撰：《佛祖統紀》，《大正藏》第 49 冊。

29. （宋）契嵩撰：《鐔津文集》，《大正藏》第 52 冊。

30. （宋）道原撰：《景德傳燈錄》卷一，《大正藏》第 51 冊。

31. （宋）道謙編：《大慧普覺禪師宗門武庫》，《大正藏》第 47 冊。

32. （宋）佛果圓悟禪師撰：《佛果圓悟禪師碧巖錄》，《大正藏》第 48 冊。

33. （宋）張商英撰：《護法論》，《大正藏》第 52 冊。

34. （宋）釋曉瑩撰：《雲臥紀譚》，《卍續藏經》第 86 冊。

35. （宋）惠洪撰：《禪林僧寶傳》，《卍續藏經》第 79 冊。

36. （宋）正受編：《嘉泰普燈錄》，《卍續藏經》第 79 冊。

37. （宋）釋智圓撰：《閒居編》，《卍續藏經》第 56 冊。

38. （宋）祖琇撰：《僧寶正續傳》，《卍續藏經》第 79 冊。

39. （宋）道行編：《雪堂拾遺錄》，《卍續藏經》第 83 冊。

40. （宋）釋曇秀撰：《人天寶鑒》，《卍續藏經》第 87 冊。

41. （宋）宗杲撰：《大慧書》，中州古籍出版社，2008 年。

42. （宋）祖詠編：《大慧普覺禪師年譜》，北京圖書館出版社，2009 年。

43. （宋）普濟著：《五燈會元》，中華書局，1984 年。

44. （宋）贊寧撰：《宋高僧傳》，中華書局，1987 年。

45. （宋）楚圓集：《汾陽無德禪師語錄》，《大正藏》第 47 冊。

46. （宋）仁勇等編：《楊岐方會和尚語錄》，《大正藏》第 47 冊。

47. （宋）程顥、程頤著：《二程集》，中華書局，1981 年。

48. （宋）王禹偁撰：《小畜集》，影印文淵閣《四庫全書》本，臺灣商務印書館，1983 年。（下同）

49. （宋）石介撰：《徂徠集》，文淵閣《四庫全書》本。

50. （宋）孫復撰：《孫明復小集》，文淵閣《四庫全書》本。

51. （宋）杜大珪編：《名臣碑傳琬琰之集》，文淵閣《四庫全書》本。

52. （宋）王偁撰：《東都事略》，文淵閣《四庫全書》本。

53. （宋）余靖撰：《武溪集》，文淵閣《四庫全書》本。

54. （宋）陳均撰《九朝編年備要》，文淵閣《四庫全書》本。

55. （宋）張方平撰：《樂全集》，文淵閣《四庫全書》本。

56. （宋）朱熹集：《宋名臣言行錄後集》，文淵閣《四庫全書》本。

57. （宋）莊綽撰：《雞肋編》，文淵閣《四庫全書》本。

58. （宋）釋覺範撰：《石門文字禪》，文淵閣《四庫全書》本。

59. （宋）釋曉瑩撰：《羅湖野錄》，文淵閣《四庫全書》本。

60. （宋）莊綽撰：《雞肋編》，《宋元筆記小說大觀》，上海古籍出版社，2001年（下同）。

61. （宋）羅大經撰：《鶴林玉露》，《宋元筆記小說大觀》。

62. （宋）朱弁撰：《曲洧舊聞》，《宋元筆記小說大觀》。

63. （宋）何薳撰：《春渚紀聞》，《宋元筆記小說大觀》。

64. （宋）惠洪撰：《冷齋夜話》，《宋元筆記小說大觀》。

65. （宋）張舜民撰：《畫墁錄》，《宋元筆記小說大觀》。

66. （宋）歐陽修撰：《歐陽修全集》，世界書局，民國 25 年。

67. （宋）李燾撰：《續資治通鑒長編》，中華書局，1979～1986 年。

68. （宋）錢若水等撰：《太宗皇帝實錄》，上海古籍出版社，1996 年。

69. （宋）陸游撰：《避暑漫抄》，上海商務印書館，1939 年。

70. （宋）謝深甫撰：《慶元條法事類》，中國書店，民國 37 年。

71. （宋）歐陽修、宋祁撰：《新唐書》，中華書局，1975 年。

72. （宋）趙汝愚編：《宋朝諸臣奏議》，上海古籍出版社，1999 年。

73. （宋）王安石撰：《王臨川全集》，上海掃葉山房，民國 20 年。

74. （宋）張載撰：《張載集》，中華書局，1978 年。

75. （宋）張津等纂修：《乾道四明圖經》卷一〇，《宋元方志叢刊》，中華書局，1990 年（下同）。

76. （宋）蘇軾撰：《東坡志林》，中華書局，1981 年。

77. （宋）司馬光編著，（元）胡三省音注：《資治通鑒》，中華書局，1956年。

78. （宋）薛居正等撰：《舊五代史》，中華書局，1976 年。

79. （宋）洪邁撰：《容齋隨筆》，中華書局，2005 年。

80. （宋）徐自明撰，王瑞來校補：《宋宰輔編年錄校補》，中華書局，1986年。

81. （元）吳澄撰：《吳文正集》，文淵閣《四庫全書》本。

82. （元）單慶修，徐碩纂：《至元嘉禾志》，《宋元方志叢刊》。

83. （元）脫脫等撰：《宋史》，中華書局，1977 年。

84. （元）馬端臨撰：《文獻通考》，北京圖書館出版社，2005 年。

85. （元）熙仲集：《歷朝釋氏資鑒》，《卍續藏經》第 76 冊。

86. （元）念常集：《佛祖歷代通載》，《大正藏》第 49 冊。

87. （元）德輝重編：《敕修百丈清規》，《大正藏》第 48 冊。

88. （明）陳邦瞻撰：《宋史紀事本末》，中華書局，1977 年。

89. （明）曹學佺撰：《蜀中廣記》，文淵閣《四庫全書》本。

90. （明）如巹續集：《緇門警訊》，《大正藏》第 48 冊。

91. （明）釋鎮澄著：《清涼山志》，中國書店，1989 年。

92. （明）朱時恩撰：《居士分燈錄》，《卍續藏經》第 147 冊。

93. （清）趙翼撰：《廿二史札記》，商務印書館，1958 年。

94. （清）王夫之撰：《宋論》，中華書局，2008 年。

95. （清）畢沅編：《續資治通鑒》，上海中華書局，出版年不詳]。

96. （清）徐松輯：《宋會要輯稿》，中華書局，1957 年。

97. （清）儲大文等編：《山西通志》，文淵閣《四庫全書》本。

98. 《宋大詔令集》，中華書局，1962 年。

99. 吳樹平等點校：《十三經》，北京燕山出版社，1991 年。

100. 曾棗莊、劉琳主編：《全宋文》（第 50 冊），巴蜀書社，1994 年。

101. 江少虞編：《皇朝類苑》，文海出版社，民國 70 年。

二、藏經

1. （漢）迦葉摩騰、法蘭譯：《四十二章經》，《大正藏》第 17 冊。

2. （漢）康孟祥譯：《佛說興起行經》，《大正藏》第 4 冊。

3. （漢）曇果共康孟祥譯：《中本起經》，《大正藏》第 4 冊。

4. （西晉）竺法護譯：《佛說彌勒菩薩下生經》，《大正藏》第 14 冊。

5. （東晉）法顯譯：《大般涅槃經》，《大正藏》第 1 冊。

6. （後秦）鳩摩羅什譯：《大智度論》，《大正藏》第 29 冊。

7. （後秦）鳩摩羅什譯，（宋）淨源節要，（明）袾宏補注：《佛遺教經論疏節要》，《大正藏》第 40 冊。

8. （後秦）鳩摩羅什譯：《妙法蓮華經》，《大正藏》第 9 冊。

9. （劉宋）佛陀什共竺道生等譯：《彌沙塞部和醯五分律》，《大正藏》第 22 冊。

10. （梁）曼陀羅仙譯：《文殊師利所說摩訶般若波羅蜜經》，《大正藏》第 8 冊。

11. （唐）法海集：《六祖大師法寶壇經》，《大正藏》第 48 冊。

12. （唐）菩提流志譯：《大寶積經》，《大正藏》第 11 冊。

13. （唐）玄奘譯：《大般若波羅蜜經》，《大正藏》第 5、6、7 冊。

14. （唐）玄奘譯：《般若波羅蜜多心經》，《大正藏》第 8 冊。

15. （唐）不空譯：《金剛頂經瑜伽文殊師利菩薩法》，《大正藏》第 20 冊。

16. （唐）菩提流枝譯：《佛說文殊師利法寶藏陀羅尼經》，《大正藏》第 20 冊。

17. （唐）實叉難陀譯：《大方廣佛華嚴經》，《大正藏》第 10 冊。

18. 失譯：《佛說放缽經》，《大正藏》第 15 冊。

三、今人著作

1. 湯用彤著：《漢魏兩晉南北朝佛教史》，北京大學出版社，1997 年。

2. 任繼愈著：《中國佛教史》（第一卷），中國社會科學出版社，1981 年。

3. 郭鵬著：《中國佛教思想史》，福建人民出版社，1994 年。

4. 潘桂明著：《中國居士佛教史》，中國社會科學出版社，2000 年。

5. 羅凌著：《無盡居士張商英研究》，華中師範大學出版社，2007 年。

6. （日）忽滑谷快天著，朱謙之譯：《中國禪學思想史》，上海古籍出版社，2002 年。

7. 湯用彤著：《隋唐佛教史稿》，中華書局，1982 年。

8. 梁啟超著：《佛學研究十八篇》，上海古籍出版社，2001 年。

9. 劉長東著：《宋代佛教政策論稿》，巴蜀書社，2005 年。

10. 杜繼文、魏道儒著：《中國禪宗通史》，江蘇人民出版社，2007 年。

11. 張踐著：《中國宋遼金夏宗教史》，人民出版社，1994 年。

12. 李四龍著：《中國佛教與民間社會》，大象出版社，2009 年。

13. 陳垣撰：《中國佛教史籍概論》，上海書店出版社，2005 年。

14. 張立文、祁潤興著：《中國學術通史》（宋元明卷），人民出版社，2004 年。

15. 李小榮著：《〈弘明集〉〈廣弘明集〉述論稿》，巴蜀書社，2005 年。

16. 任繼愈主編：《中國哲學史》（第三冊），人民出版社，1964 年。

17. 朱維錚編：《周予同經學史論著選集》，上海人民出版社，1983 年。

18. 馮友蘭著：《中國哲學史》，中華書局，1961 年。

19. 馬西沙、韓秉方著：《中國民間宗教史》，上海人民出版社，1992 年。

20. 賈二強著：《唐宋民間信仰》，福建人民出版社，2002年。

21. 皮慶生著：《宋代民眾祠神信仰研究》，上海古籍出版社，2008年。

22. （荷）許理和著，李四龍、裴勇等譯：《佛教征服中國》，江蘇人民出版社，2003年。

23. 林悟殊著：《摩尼教及其東漸》，中華書局，1987年。

24. 游彪著：《宋代寺院經濟史稿》，河北大學出版社，2003年。

25. 王月清著：《中國佛教倫理研究》，南京大學出版社，1999年。

26. 周寶珠著：《宋代東京研究》，河南大學出版社，1992年。

27. 陳振著：《宋史》，上海人民出版社，2003年。

28. 王永會著：《中國佛教僧團發展及其管理研究》，巴蜀書社，2003年。

29. 陳雷著：《契嵩佛學思想研究》，宗教文化出版社，2008年。

30. 任繼愈主編：《中國道教史》，中國社會科學出版社，2001年。

31. 郭朋著：《漢魏兩晉南北朝佛教》，齊魯書社，1986年。

32. 王明編：《太平經合校》，中華書局，1960年。

33. 蔡宏著：《般若與老莊》，巴蜀書社，2001年。

34. 胡世慶編著：《中國文化通史》，浙江大學出版社，2005年。

四、論文

1. 普行：《佛教給予中國文化的影響》，《現代佛學》1950年第1期。

2. 言成：《五臺山的「神靈感應」——讀〈清涼山志·張商英傳〉》，《五臺山研究》1986年第4期。

3. 任樂：《張商英與五臺山》，《五臺山研究》1987年第6期。

4. 楊曾文：《唐宋文殊菩薩信仰和五臺山》，《五臺山研究》1990年第1期。

5. 蕭瑀：《護法丞相張商英》，《五臺山研究》1992年第1期。

6. 劉復生：《宋仁宗時期反佛老思潮及其特點》，《中州學刊》1993年第4期。

7. 黃啓江：《張商英護法的歷史意義》，《中華佛學學報》1996年第9期。

8. 李四龍：《民俗佛教的形成與特徵》，《北京大學學報》（哲學社會科學版）1996年第4期。

9. 蔣義斌：《張商英〈護法論〉中的歷史思維》，《佛學研究中心學報》1998年第3期。

10. 彭琦：《宋元時期的三教調和論》，《北京社會科學》1999年第2期。

11. 蔣義斌：《張商英〈續清涼傳〉與文殊法門》，《佛學研究中心學報》2000年第5期。

12. 李豫川：《北宋丞相張商英與九蓮山觀音寺》,《浙江佛教》2005 年第 1 期。

13. 楊軍：《宋元時期「三教合一」原因探析》,《江西社會科學》2006 年第 2 期。

14. 程佩：《試論東漢時期佛、道二教的融合與分離》,《徐州師範大學學報》2010 年第 3 期。

15. 楊海文：《「宋太祖誓碑」的文獻地圖》,《學術月刊》2010 年第 10 期。

五、碩博論文

1. 張煜：「王安石與佛教」,博士學位論文,復旦大學中文系,2004 年。

2. 梁銀林：「蘇軾與佛學」,博士學位論文,四川大學文學系,2005 年。

3. 奚劉琴：「儒士排佛思想探微──以著名排佛文獻為例」,碩士學位論文,南京大學哲學系,2005 年。

4. 張欣然：「蘇軾與秦觀交遊述略」,碩士學位論文,吉林大學文學系,2007 年。

5. 汪曉鵬：「《東京夢華錄》的歷史地理史料價值研究」,碩士學位論文,華中師範大學歷史系,2008 年。

6. 張軼楠：「歐陽修與佛教關係初探」,碩士學位論文,首都師範大學文學系,2009 年。

7. （越）釋慧嚴：「老莊『無』與般若『空』思想之探析」,博士學位論文,華中師範大學歷史系,2010 年。

附錄一　《續清涼傳》

《大正新修大藏經》第 51 冊，No.2100

重雕清涼傳序

　　白馬東來，象教流行於中土，玄風始暢。或示禪寂以探宗，或專神化而表〔註1〕法，亦猶水行地中，枝分別派雖異，至於濟世利物之功，其歸未始不同。故，唐劉夢得以〔註2〕爲，佛法在九州間，隨其方而化，因名山以爲莊嚴國界，凡言神道示現者，必宗清涼焉。按經言，文殊師利，宅東北清涼山，與其眷屬，住持古佛之法，降大慈悲以接引群生。或現眞容以來歸依，或發祥光以竦觀仰。千變萬化，隨感而應。有不可形容擬議者。何其異哉！

　　昔有沙門慧祥與延一者，皆緇林助化之人。泊丞相張公天覺、皇華朱公少章，皆大臣護法之士。異世相望，同心贊翼，慮聖跡在遠未彰，芳塵經久或熄，乃廣搜見聞與目所親睹，編次成帙。慧祥始爲《清涼傳》二卷。延一復爲《廣傳》三卷。張相國、朱奉使又爲《續傳》，記以附於後。其他超俗談玄之流，與夫高人達士，作爲詩頌贊偈，附名傳末。星聯珠貫，粲然貝錦之文，流行於世。凡九州四海之內，雖未躬詣靈巖，目瞻聖跡，但覽卷披文，自然回思易慮，益堅向善之心。其外護之益，未易可述。

　　偶回祿之搆災，致龍文之俱燼。不有興者，聖功神化，歲久弗傳。東安趙統，以酒官視局臺山，慨然有感於心，即白主僧，願捐橐金以助緣。僧正明淨語其屬曰：「茲事念之日久，屬化宮之災。用力有先後。今因其請，盡出粟帛，以成其事。」傲工鏤板，告成有日。趙因造門，屬餘爲序，以冠其首。

〔註 1〕原文爲「素」，今據文意而改。
〔註 2〕原文爲「已」，今據文意而改。

明淨與前提點僧善誼，相繼以書爲請。僕嘗謂，道不在衣，傳衣可以授道。法不在文，披文因以悟法。僕既嘉趙侯用意之善，而二高僧皆於清涼有大因緣者，知非販佛以眩眾，故爲之書。

大定四年九月十七日古豐姚孝錫序

《續清涼傳》卷上

朝奉郎權發遣河東路提點刑獄公事　張商英述

商英元祐丁卯二月，夢遊五臺山金剛窟。平生耳目所不接，想慮所不到，覺而異之。時爲開封府推官，告同舍林邵材中。材中戲曰：「天覺其帥並闍乎？」後五月，商英除河東提點刑獄公事。材中曰：「前夢已驗，勉矣行焉。人生事事預定，何可逃也？」

八月至部。十一月，即詣金剛窟，驗所見者，皆與夢合。會天寒，恐冰雪封途，一宿遂出山。明年戊辰夏，五臺縣有群盜未獲，以職事督捕。盡室齋戒來遊。六月二十七日壬寅，至清涼山。清涼主僧曰：「此去金閣寺三里，往歲崔提舉嘗於此見南臺金橋圓光。」商英默念：「崔何人哉，予何人哉？」既抵金閣，日將夕，山林漠然無寸靄。僧正省奇來謁，即三門見之。坐未定，南臺之側，有白雲綿密，如敷白氈。省奇曰：「此祥雲也，不易得。」集眾僧禮誦，願早見光相。商英易公裳，燃香再拜。一拜未起，已見金橋及金色相輪，輪內深紺青色。商英猶疑欲落日之射雲成色。既而暝黑。山前霞光，三道直起，則所疑茫然自失矣。

癸卯，至眞容院，止於清輝閣。北臺在左，東臺在前，直對龍山，下枕金界溪。北浴室之後，則文殊所化宅也。金界之上，則羅睺足跡堂也。知客瞢曰：「此處亦有聖燈。舊有浙僧請之，飛現欄杆之上。」商英遂稽首敬禱。酉後，龍山見黃金寶階。戌初，北山有大火炬。瞢言：「聖燈也。」瞻拜之次，又現一燈。良久，東臺、龍山、羅睺殿左右各現一燈。浴室之後，現大光二，如掣電。金界南溪上，現二燈。亥後，商英俯視溪上。持燈者，其形人也。因念曰：「豈寺僧遣人設一大炬，以見欺耶？」是時，瞢已寢，即遣使王班、借職秦願，排門詰問。瞢答曰：「山有蟲虎，彼處無人行，亦無人居。」商英疑不能決。又睹燈光，忽大忽小，忽赤忽白，忽黃忽碧，忽分忽合，照耀林木。即默省曰：「此三昧火也，俗謂之燈耳。」乃跪啓曰：「聖境殊勝，非我

見聞。凡夫識界，有所限隔。若非人間燈者，願至我前。」如是十請。溪上之燈，忽如紅日浴海，騰空而上，放大光明。漸至閣前，其光收斂，如大青喙銜圓火珠。商英遍體森颯，若沃冰雪。即啓曰：「疑心已斷。」言已，復歸本處，光滿溪上。秦願等自傍見之，如金色身曲屈而上。妻拏所見，又異於是，有白領而紫袍者，螺髻而結跏趺者，仗劍者，戴角者。老僧曰：「此金毛飛師子及天龍八部也。」良久，北山雲起，於白雲中，現大寶燈。雲收之後，復現大白圓相，如明月輪。

甲辰，至東臺，五色祥雲現，有白圓光從地踴起，如車輪百旋。商英以偈贊曰：

> 雲貼西山日出東，一輪明相現雲中。修行莫道無撈摸，只恐修
> 行落斷空。

相次大風雲霧奔蒸，如欲傾崖裂壑。主臺僧曰：「巡檢下兵，適持肉燒煮不可禁，願來日屏去。」

七月乙巳，謝巡檢兵甲，沈幣於北臺。晚，休於中臺。大風不止，四山昏晦。碧等失色。臺側有古佛殿，商英令掃灑，攜家屬祈禮。所與俱者，晉、臺主二人，指使蒼頭、虞候二人，茶酒二人。北陟數步，中臺之頂，已有祥雲，五色紛鬱。俄而西北隅開朗，布碧琉璃世界，現萬菩薩隊仗，寶樓寶殿，寶山寶林，寶幢寶蓋，寶臺寶座，天王羅漢，師子香象，森羅布護，不可名狀。又於眞容殿上，見紫芝寶蓋，曲柄悠揚，文殊師利菩薩騎師子，復有七八尊者，升降遊戲，左右俯仰。臺主戲曰：「本臺行者，十九年未嘗見一光一相，願假福力，呼而視之。」既呼行者，則從兵潛有隨至竊窺者矣。日漸暝，北臺山畔，有紅炬起。商英問秦願：「此處有何人燒火？」願以問晉，晉以問臺主。臺主曰：「彼頑崖巨石，且大風鼓山，何火可停？必聖燈也。」瞻禮之次，又現金燈二，隔谷現銀燈一，如爛銀色。適會沿邊安撫郭宗顏遣人馳束來。商英指燈示之曰：「汝見否？」曰：「見。」曰：「爲我謝安撫。方瞻禮聖燈，大風不可秉燭，未及答束。」於是，再拜敬請：「願現我前。」先西後東，一一如請。末後，西下一燈，於紺碧輪中放大光明而來。東西二燈，一時俱至。自北臺至中臺十里，指顧之間，在百步內。遠則光芒，近則收攝，猶如白玉琢大寶碗，內貯火珠，明潤一色。拜起之際，復歸本所。於時，臺上之人，生希有想，慇懃再請，連珠復至。夜漏將分，寒凍徹骨。拜辭下山，東燈即沒，二燈漸暗。商英曰：「業已奉辭，瞻仰之心，何時暫釋？」發是語已，

於一紺輪中，三燈齊現，如東方心宿。紺輪之外，紅焰滿山。是夕，大風達丙午，昏霾亦然。商英抗聲曰：「昨夜中臺所見，殊勝如此。今日當往西臺，菩薩豈違我哉？」行至香山，則慶雲已罩臺頂。沈幣已，所見如初，止無琉璃世界耳。遂游玉華寺與壽寧寺，還眞容院。郭宗顏及代州通判吳君俌、五臺知縣張之才、都巡檢使劉進、保甲司勾當公事陣聿，各以職事來集。商英以所見告之。雖人人稱歎不已，揆其聞而知之亦若。商英曰：「卿之傳聞也。」是夕，清輝閣前，再見金燈，如至之初。遣人白郭吳等五人同觀。浴室後之松上，忽現群燈如連珠。諸君各叩額再拜。頃之光隱，眾散。羅睺殿側，現大白光如流星。唯浴室後之松林，白氣朦朧，過夜分乃息。

丁未，郭、吳按東寨，張之才還。比天色亦大昏霾。商英與陣聿及興善監鎮曹諝，晚登梵仙山。曹諝曰：「昨夕聞金燈見，竊於公宇後見之。」聿問曰：「君所見處所安在？」諝曰：「在空中。」聿叩頭曰：「聖哉，聖哉！聿自高而視之，若在溪上。君自下而視，若在空中。」商英自以累日所求，無不向應，因大言曰：「爲二君請五色祥雲。」即起更衣，再拜默禱。俄而西南隅天色鮮廓，慶雲絪縕，紫氣盤繞。商英曰：「紫氣之下，必有聖賢。請二君虔肅，當見靈跡。」良久，宮殿樓閣，諸菩薩眾，化現出沒。商英又啓言：「願現隊仗，使二人者一見。」言訖，欻然布列。二君但嗟歎而已。既暮欲去，晌視之際，失其所在。二君曰：「聖哉，聖哉！若假雲氣而現者，當隱隱沈滅，豈遽然無蹤也哉？」

其夕，復止清輝閣，念言：「翌日且出山，寶燈其爲我復現。」抽扃啓扉，則金界南溪上，已見大炬，浴室後二燈，東西相貫，起於松梢，合爲一燈，光明照耀，苒苒由東麓而南行，泊於林盡溪磧之上，放大白光，非雲非霧。良久，光中見兩寶燈，一燈南飛，與金界溪上四燈會集。而羅睺足跡殿及龍山之側兩燈，一時同見。商英即發願言：「我若於過去世是文殊師利眷屬者，願益見希奇之相。」言訖，兩燈揮躍，交舞數四。商英睹是事已，發大誓願：「期盡此形，學無邊佛法。所有邪淫、殺生、妄語、倒見及諸惡念，永滅不生。一念若差，願在在處處，菩薩鑒護。」於是南北兩燈，黃光白焰，前昂後罩，騰空至前。爾時中夜，各複本處。是日也，商英先至羅睺足跡殿，見其屋宇摧弊，念欲他日完之。其夜足跡殿所現燈尤異，即以錢三萬，付僧正奇修建。

戊申，至佛光寺。主僧紹全曰：「此解脫禪師道場也，碑與龕存。」因閱

碑中所載「解脫自解脫，文殊自文殊」之語，喟然歎曰：「眞丈夫哉！」以偈
贊曰：

　　　　聖凡路上絕纖痕，解脫文殊各自論。東土西天無著處，佛光山
　　下一龕存。

日已夕，寺前慶雲見，紫潤成蕋。問全曰：「此寺頗有靈跡否？何因何緣現此
瑞氣？」全曰：「聞皇祐中嘗有聖燈。」商英曰：「審有之，必如我請。」問
其方，曰：「南嶺。」昏夜敬請，嶺中果見銀燈一，嶺崦見金燈二，但比之眞
容院所見，少差耳。

　　己酉，至秘麼巖。未至之十里，自臺有白氣一道，直貫巖頭，巖前見文
殊騎師子。既至巖，則天色晦昧，殊失所望。有代州圓果院僧繼哲，結廬於
山之陽，閱大藏經，不下山三年矣。即詣其廬，問以居山之久，頗有見否。
哲曰：「三年前，巖上門開，有褐衣、黃衣、紫衣僧三人，倚門而立，久之復
閉。又崖間有聖燈，哲聞而未之見也。」哲乃曰：「天色若此，豈貧道住庵無
狀，致公空來空去乎？雖然，願得一篇，以耀巖穴。」遂拂壁寫一偈云：

　　　　閱盡龍宮五百函，三年不下秘麼巖。須知別有安身處，脫卻如
　　來鶻臭衫。

寫偈已，出菴。望見巖口有金色祥雲，光彩奪目，菩薩乘青毛師子，入於雲
間。商英曰：「今夕大有勝事，必不空來也。」岩崖百仞，嵯峨壁立，率妻孥
東向，望崖再拜敬請。逡巡兩金燈現於赤崖間，呼主僧用而視之。夜漏初下，
從兵未寢，聞舉家歡呼，人人皆仰首見之，喧嘩盈庭。凡七現而隱。虔請累
刻，崖面如漆。用曰：「聖境獨爲公現，豈與吏卒共邪？幸少需之。」人定，
用來白曰：「左右睡矣，可再請也。」商英更衣俯伏，虔於初請。忽於崖左，
見等身白光菩薩，立於光中，如是三現。商英得未曾有，即發大誓願如前。
又唱言曰：「我若於往昔眞是菩薩中眷屬者，更乞現殊異之相。」言訖，兩大
金燈照耀崖石。商英又唱曰：「若菩薩以像季之法，付囑商英護持者，願愈更
示現。」言訖，放兩道光如閃電，一大金燈耀於崖前，流至松杪。

　　於是十等主僧及其徒眾確請曰：「謹按《華嚴經》云：『東北方有處，名
清涼山。從昔已來，諸菩薩眾於中止住。現有菩薩名文殊師利，與其眷屬諸
菩薩眾一萬人俱，常爲說法。』即我山中眾聖遊止，不知過去幾千劫矣。自
漢明帝、后魏、北齊、隋、唐，至於五代以〔註3〕前，歷朝興建，有侈無陋。

〔註3〕原文爲「已」，今據文意而改。

我太宗皇帝既平劉氏，即下有司，蠲放臺山寺院租稅。厥後四朝，亦罔不先志之承。比因邊倅議括曠土，故我聖境山林，爲土丘所有。開余斬伐，發露龍神之窟宅。我等寺宇，十殘八九。僧眾乞匄，散之四方。則我師文殊之教，不久磨滅。今公於我師有大因緣，見是希有之相。公當爲文若記，以傳信於天下。後世之人，以承菩薩所以付囑之意。」

　　商英曰：「謹謝大眾。艱哉言乎！人之所以爲人者，目之於色，耳之於聲，鼻之於香，舌之於味，體之於觸，意之於法，不出是六者而已。今乃師之書曰：『色而非色也，聲而非聲也，香而非香也，味而非味也，觸而非觸也，法而非法也。』離絕乎世間所謂見、聞、覺、知，則終身周旋，不出乎人間世者，不以爲妖，則怪矣。且吾止欲自信而已，安能信之天下及後世邪？」已而郭宗顏、吳君儔以書來言曰：「假公之力，獲覩盛事。自昔傳聞而未之見，今皆驗矣。宜有紀述，以信後人。」商英三思曰：「以聖語凡，以寂語喧，以妙語麤，以智語愚，以眞語妄，以通語塞，以明語暗，以洪語纖，以畛域不相知，分劑不相及，譬之阿修羅王手撼須彌山，而螻蟻不能舉一芥；迦樓羅王七日遍四天下，而蟭螟不能飛尋丈。商英非不願言，懼言之無益也。」或曰：「若嘗知唐之釋法照乎？大曆中入化竹林寺，慮生疑謗，不敢妄傳。忽見一神僧曰：『汝所見者，臺山境界，何不實記，普示眾生，作大利益？』今君欲避疑謗乎？行利益乎？傳百而信一，則傳千而信十，傳萬而信百矣。百人信之，一人行之，猶足以破邪宗、扶正法。況百人能行之乎？」商英曰：「善哉喻乎！吾一語涉妄，百千億劫淪於惡趣。」謹書之。以附《清涼傳》後。

　　又述《清涼山賦》並詩，附之卷末云：

　　　夫清涼山者，大唐東北，燕趙西南，山名紫府，地號清涼，乃菩薩修行之地，是龍神久住之鄉。冬觀五頂如銀，夏睹千峰似錦，寔文殊之窟宅，號眾聖之園林。鍾磬響碧嶂之間，樓臺鎖白雲之內。常人遊禮，解脫忘軀；禪客登臨，群魔頓息。此乃不離聖境，有十二區之大寺，乃號百處之名藍。時逢春夏，亂花攢就極樂天宮；每遇秋冬，松影排成兜率內院。八池霧罩，九洞雲遮，瑞草靈苗，惆悵吉祥，妙理難窮。文殊現老相之中，羅睺化嬰孩之內。閒[註4]僧貧道，多藏五百龍王；病患殘疾，每隱十千菩薩。歌樓茶店，恒轉四諦法輪；酒肆屠沽，普現色身三昧。飛蠅蠓蟻，皆談解脫之門；

〔註4〕原文爲「間」，今據文意而改。

走獸熊羆，盡演無生之法。今觀諸方遊禮，邂逅友朋，若到清涼境內，莫生容易之心。此乃識則不見，見則不識，龍蛇混雜，凡聖同居者矣。

東臺

迢迢雲水涉峰巒，漸覺天低宇宙寬。東北分明觀大海，西南咫尺望長安。圓光化現珠千顆，聳日初升火一團。風雨每從岩下起，那羅洞裏有龍蟠。

南臺

迢迢策杖上南臺，北望清涼眼豁開。一片煙霞籠紫府，萬年松徑鎖蒼苔。人遊靈境涉溪去，我訪真容踏頂來。前後三三知者少，衲僧到此甚徘徊。

西臺

寶臺高峻足穹蒼，師子遺蹤八水傍。五色雲中游上界，九重天外看西方。三時雨灑龍宮冷，一夜風飄月桂香。土石尚能消罪障，何勞菩薩放神光。

北臺

北臺高峻碧崔嵬，多少遊人到便回。怕見目前生地獄，愁聞耳畔發風雷。七星每夜沾峰頂，六出長年積澗隈。若遇黑龍靈懆者，人間心念自然灰。

中臺

中臺岌岌最堪觀，四面林峰擁翠巒。萬壑松聲心地響，數條山色骨毛寒。重重燕水東南闊，漠漠黃沙西北寬。總信文殊歸向者，大家高步白雲端。

總詩

五頂嵯峨接太虛，就中遍稱我師居。毒龍池畔雲生懆，猛虎岩前客路疏。冰雪滿山銀點綴，香花遍地錦鋪舒。展開座具長三尺，方占山河五百餘。

題古並淨明塔律詩一首

月滿汾川寶鐸寒，誰來此地葬金棺。育王得道行空際，尊者飛光出指端。天上凝雲常覆定，人間劫火漫燒殘。三千世界無留跡，聊向閻浮示涅槃。

《續清涼傳》卷下

《傳》既成，遣人以錦囊盛一本，齎疏一通，以八月二十八日至眞容院文殊前表明。疏文曰：

> 近者，親詣臺山，獲瞻聖像，慈悲赴感，殊勝現前。慶雲紛郁於虛空，寶焰熒煌於岩谷。同僧祇之隊仗，不可說之聖賢。大風昏霆，愈彰瑞相；赤壁峭絕，更示眞身。商英直以見聞，述成記傳，庶流通於沙界，或誘掖於信心。使知我清涼寶山，眷屬萬人之常在；金色世界，天龍八部之同居。叩梵宇以贊明，冀導師之證察。

> 僧正省奇，集僧眾八十餘人，讀疏訖，菩薩殿內，忽現金燈四十餘遍。商英思有以歸奉者，即自塑泥像。以十一月出按民兵，八日，齎像於菩薩前發願。其文曰：

> 一切處金色世界，眞智所以無方。東北方清涼寶山，幻緣所以有在。無方則一塵不立。有在則三界同瞻。我是以投體歸依，雨淚悲仰。伏念商英昔在普光殿內，或於大覺城東，一念差殊，四生流浪，出沒於三千剎土，纏綿於十二根塵。以往善因，值今勝事。荷剎那之方便，開無始之光明，揣俗垢之已深，恐慢幢之猶在。托之土偶，明此願輪。三界空而我性亦空，孰眞孰妄；十方幻而我形亦幻，何異何同。伏願菩薩，攝入悲宮，接歸智殿，起信足於妙峰山頂，資辯河於阿耨池中。誓終分段之身，更顯希奇之作。

讀文訖，殿內現金燈三。其日大雪，雪止之後，五色祥雲遍空。其夕，清輝閣前，羅睺殿左右，現銀燈十四。黃嵬嶺上，現大白光三。翌日，五色雲自辰及申，盤繞不散。至夜雪作。商英祝曰：「昨日銀燈，光焰微細，與六七月所見不侔，豈商英黑業所招？抑聖賢變化，亦有春夏秋冬之異？常聞諸佛、諸大菩薩身光蔽映魔宮，猶如聚墨。若隨時小大，則一大藏教，乃是虛言。」於是閣前雪中，現向所見大金光三。商英即踊躍拜辭曰：「大雪現燈，非所求也。」命開菩薩殿，取續書所見於後。既開殿，愛慕不能自己，又祝曰：「待罪本路，倘未罷去，明年五六月乃可再來。頗更一瞻光相，滿願而去。」良久，於閣前再見大金光四。

明年夏六月，以並亢旱，詣山祈求雨澤，因安奉羅睺菩薩聖像。乙巳平旦，至中天閣，東南林麓，忽變金色，有青赤光直起，鮮明奪目，移時乃隱。日昳，登清涼山，有五色異氣，爲菩薩騎師子之像。丙午，至眞容院，具威

儀迎所安羅睺像。比及寺門，而報者曰：「殿中燈且現矣。」既謁菩薩，瞻仰之次，頂上寶蓋忽爾明朗。主殿僧曰：「此殿幡蓋無數，掩蔽稠密，而頂蓋最高，隱莫能辨。今爛若此，未之有也。」是夕，東臺泊羅睺殿左右，現十餘大金燈，往來上下，或移時，或移刻，或良久。丁未，詣菩薩前白言：「《華嚴經》中，世尊八處放光表法。此光若是法性，本有無相之光，視之不見，則商英不疑。若是諸佛果德圓滿之光，使人可見，則願爲示現。」於是頂上寶蓋，忽然通明，孔隙流光，迸射四出。已而襟領間，如意間，各放寶光，燁燁閃動。又於殿前，金蓮花葉，燈焰交輝，開闔無數。是時，遠近僧俗，千數雲集，呼而視之，歡呼震動，繼以悲淚，各各歎言：「無始以來，罪戾深重，請從今日，改往修來。」

戊申，詣中臺。日將暝，四山青黯。忽有異氣橫跨北臺，山如爛銀，刻畫長十丈。眾呼曰：「銀橋現！」商英曰：「非也。此殆白銀階道，聖賢所游躡者也。」俄而現寶燈一，分而爲二。時有遊僧十數人，已歸臺屋止宿，呼而視之，眾僧叩頭念佛。商英曰：「此處當有三燈，各各諦觀。」良久，三燈齊現。商英取《續傳》示之曰：「吾去年所書，如東方心宿，豈妄語邪？」

己酉，太原僉判錢景山，及經略司管勾機宜文字邵塤，來會於東臺。而商英已還眞容院，即遣人招二君還。二君曰：「適已於東臺見圓光、攝身光矣，但未見聖燈也。」是夕，遂與二君祈燈而觀焉。庚戌，宿佛光寺。祥雲異氣，繽紛無數。辛亥，往秘魔岩。未至岩之三里，直光現。既至岩，而盧舍那佛，面門放光，照耀滿殿。初夜，於層崖間現大金燈五。壬子，出岩，於空中現金橋一。此橋不依山谷，不依雲氣，不假日光，亙空黃潤，如眞金色。嗚呼！當處出生，當處入滅。非大幻善巧方便，其孰能與於此哉！

是行也，既以旱祈雨。在山三禱三應。但須臾即霽。癸丑。還至代州。大雨彌日。將槁之苗。變爲豐歲。商英即以其事奏聞。其略曰：

> 臣近以本路亢旱，躬詣五臺山文殊像前及五龍池，祈求雨澤。畫夜所接靈光寶焰，殊形異相，赫奕顯耀，莫可名狀。是時，四方僧俗千餘人，同共瞻睹，歡呼之聲，震動山谷。已而，時雨大降，彌覆數州。臣之始往，草木萎悴，農夫愁歎。及其歸也，木麻蕎菽，青綠生動。村落謳歌，指俟大稔。此蓋朝廷有道，眾聖垂祐。有司推行詔條，布之於名山異境，其應如響。勘會五臺山十寺，舊管四十二莊，太宗皇帝平晉之後，悉蠲租賦，以示崇奉。比因邊臣謾昧

朝延「其地爲山荒」，遂摽奪其良田三百餘頃，招置弓箭手一百餘戶。
因此逐寺詞訟不息，僧徒分散，寺宇隳摧。臣累見狀，乞給還，終
未蒙省察。臣竊以六合之外，蓋有不可致詰之事。彼化人者，豈規
以土田得失爲成與虧？但昔人施之爲福田，後人取之養鄉兵，於理
疑若未安。欲乞下本路勘會，如臣所見所陳，別無不實，即乞檢會
累奏，早賜施行。

雖然如是，彼大士以十方三界爲一毗盧遮那座體。而商英區區以數百頃田浼
之，其志趣狹劣，不亦悲乎！

附傳

《續傳》既行，信而遊者，發於誠心，靡不感應。四年二月，本路都總
管司走馬承受公事劉友端，於羅睺殿前雪中，祈見金燈一，分而爲三，躍而
上者一。五月末，轉運司勾當公事傅君俞，於中臺祈見圓光五，攝身光一，
清輝閣前雨中飛金燈一。經略司準備差遣潘璟，於清輝閣前松林中，祈見白
光三道直起，萬菩薩隊仗羅列，金色師子遊戲奮迅，金殿一，圓光三，圓光
中現佛頭。如地蹋狀一，菩薩騎師子一，白衣觀音一，金橋三，銀燈一，而
往來者八。金燈三，而明滅者十五。璟自以三世奉羅漢，一生以醫術濟人，
而未睹羅漢、藥王相狀，默有所禱。行至金閣，空中現大金船一，上有羅漢
數百，行者，立者，禮拜者。又行至藏頭，見白雲西來，藥王菩薩立於雲端，
心冠大袖，皀絛皀屨。凡璟之所見，獨多且異，不可具紀。六月末，僧溫約
自京來，施金襴袈裟及齋內中香來。監鎭曹誩，晨至菩薩殿啓香之際，殿前
長明燈上忽吐大金光，如車輪飛照殿中。經略司勾當公事李毅，侍其母親及
陽曲縣尉江沄之母王氏遊，祈見圓光、攝身光、直光、金燈。毅以書來言曰：
「今日乃知《續傳》非虛也。」資政殿學士知河南府李清臣聞之曰：「文殊與
釋迦文，異名一體。雖已爲古佛，其實壽蔽天地，示跡垂化，尚爾老婆心。」
龍圖閣學士、本路經略安撫使曾布曰：「布昔移帥廣東，游廬山天池，登文殊
臺，大風振，林木昏靄，咫尺不辨道路，燈燭火炬俱滅。而下視莽蒼中，金
燈四出，或遠或近，或大或小，或隱或現。會夜分疲寢，所見蓋有未盡者。
然大風所不能摧，昏靄所不能掩，非大光明，有無量神力，不可思議，其孰
能若是乎？顧言之難信，不敢紀以示人。及觀天覺《續清涼》傳，則布之聞
見，未足怪也。」或謂商英曰：「外道波旬，大力鬼神，山精木魅，皆能爲光

為怪。子何信之篤邪？」答曰：「爾所謂光怪，或道果垂成，見而試之。或正法將勝，出而障之。今吾與諸人自視，決然未有以致光怪者。夫何疑哉？精進，精進，損之又損。運木杓於粥鍋，乃吾曹之常分。」

《續清涼傳》下（終）

又述二頌（有序）

商英及汾州西河宰李傑，同謁無業禪師塔。惜其摧腐，相與修完。既而塔放光，又夢無業從容接引。覺而閱其語，見無業問馬祖西來心印。祖云：「大德正鬧在，且去。」無業去，祖喚云：「大德。」無業回首。祖云：「是什麼？」商英因此豁然省悟臺山所見，及作二頌曰：

> 四入臺山禮吉祥，五雲深處看熒煌。而今不打這鼓笛，為報禪師莫放光。

> 是什麼？是什麼？羅睺殿前燈似火。不因馬祖喚回，洎被善財覷破。毗嵐風急九天高，白鷺眼盲魚走過。

附錄二　《護法論》

《大正新修大藏經》第 52 冊，No.2114

重刻《護法論》題辭

　　蘇州開元住持煥翁禪師端文，不遠千里而來請曰：「吾宗有《護法論》，凡一萬二千三百四十五言，宋觀文殿大學士丞相張商英所撰。其弘宗扶教之意，至矣盡矣。」昔者閩僧慧欽，嘗刻諸梓。翰林侍講學士虞集，實為之序。兵燹之餘，其版久不存。端文以此書不可不傳也，復令印生刻之。今功已告完。願為序其首。簡序曰：

　　妙明真性，有若太空，不拘方所，初無形段，沖澹而靜，寥漠而清。出焉而不知其所終，入焉而不知其所窮。與物無際，圓妙而通。當是時無生佛之名，無自他之相。種種含攝，種種無礙，尚何一法之可言哉。奈太樸既散，誕聖真漓，營營逐物，唯塵緣業識之趨。正如迷人身陷大澤，煙霧晦冥，蛇虎縱橫，競來迫人，欲加毒害。被髮狂奔，不辨四維。西方大聖人，以慈憫故，三乘十二分教，不得不說。此法之所由建立也。眾生聞此法者，遵而行之，又如得見日光，逢善勝友，為驅諸惡，引登康衢，即離怖畏，而就安隱。其願幸孰加焉。不深德之，反從而詆之斥之，是猶挾利劍以自傷，初何損於大法乎。人心顛隮莫此為甚。有識者憂之，復體如來慈憫之心。而《護法論》，亦不容弗作也。嗚呼！三皇治天下也，善用時。五帝則易以仁信。三王又更以智勇。蓋風氣隨世而遷故，為治者亦因時而馭變焉。成周以降，昏囂邪僻，翕然並作。縲紲不足以為因，斧鑕不足以為威。西方聖人歷陳因果輪迴之說，使暴強聞之，赤頸汗背，逡巡畏縮，雖螻蟻不敢踐履。豈不有補治化之不足？柳宗元所謂陰翊王度者是已。此猶言其粗也。其上焉者炯然內觀，匪即匪離，

可以脫卑濁而極高明，超三界而躋妙覺，誠不可誣也。奈何詆之？奈何斥之？世之人觀此論者，可以悚然而思，惕然而省矣。

雖然，予有一說並爲釋氏之徒告焉：棟宇堅者，風雨不能漂搖。榮衛充者，疾病不能侵淩。緇衣之士，盍亦自反其本乎？予竊怪夫誦佛陀言，行外道行者，是自壞法也；毗尼不守，馳騖外緣者，是自壞法也；增長無明，嗔恚不息者，是自壞法也。《傳》曰：家必自毀，而後人毀之。尚誰尤哉？今因禪師之請，乃懇切爲緇素通言之。知我罪我，予皆不能辭矣。禪師豫章人，知寶大法，如護眼目。然身服紙衣，躬行苦行，遇川病涉者梁之，途齟齬者甓之，枯骸暴露者掩之。由衢之天寧，遷住今刹。首新戒壇，授人以戒。俾母犯國憲。其應機設化，導民爲善，致力於佛法者，非言辭可盡也。今又刻此論以傳，誠無愧於有道沙門者矣。

洪武七年秋九月九日，翰林侍講學士、中順大夫知制誥、同修國史、兼太子贊善大夫金華宋濂撰

《護法論》元序

天下無二道，聖人無兩心。蓋道者先天地生，亙古今而常存。聖人得道之眞以治身，其緒餘土苴，以治天下國家，豈不大哉！故聖人或生於中國，或生於西方，或生於東夷、西夷。生雖殊方，其得道之眞，若合符契，未始殊也。佛者生於西方，得道之眞以治身，以寂滅爲樂者也。自得於妙有眞空，圓明廣大，不可思議。孔子以謂，佛爲西方聖人。孔子聖人也，爲萬世之師，豈虛語哉！其尊敬如此。學者學孔子者也，孔子之言不信，反生謗斥，與斥孔子何異？此皆非吾徒也。無盡居士，深造大道之淵源，洞鑒儒釋之不二，痛夫俗學之蔽蒙，下悟自己之眞性，在日用之間，顛倒妄想，不得其門而入，深懷憤嫉，搖脣鼓舌，專以斥佛爲能。自比孟子拒楊墨之功。俾後世稱之，以爲聖人之徒。聾瞽學者，豈不欺心乎？欺心乃欺天也。則護法之論豈得已哉。觀其議論勁正，取與嚴明，引證誠實，鋪陳詳備，明如皎日，信如四時。非胸中超脫該貫至道之要妙，何以臻此。故能釋天下之疑，息天下之謗，實後學之標準也。孟子曰：「盡其心者知其性。」知其性則知其天與佛。所謂直指人心，見性成佛，無以異矣。佛以戒定慧爲大道之大要。吾儒所謂懲忿窒欲，則戒也；寂然不動，則定也；感而遂通天下之故，則慧也。三者儒釋豈不相同？蓋方冊所載皆古人之糟粕，若誦糟粕，而不識聖人之旨要，與面牆

者何異哉！杏壇三千之眾，得夫子之道者，顏子一人而已，尚未達一間。靈山百萬徒眾，悟玄機者，迦葉一人而已。況望聖人數千載之間，聞其風讀其書，咸欲造聖人之域，不亦難乎！宜其邪說橫議興焉。則護法之論，確乎不可拔也。

乾道辛卯六月望日無礙居士南澗鄭興德與撰

《護法論》

宋丞相無盡居士張商英述

孔子曰：「朝聞道夕死可矣。」以仁義忠信為道耶，則孔子固有仁義忠信矣。以長生久視為道耶，則日夕死可矣。是果求聞何道哉？豈非大覺慈尊識心見性無上菩提之道也？不然則列子何以謂：「孔子曰：『丘聞西方有大聖人，不治而不亂，不言而自信，不化而自行。蕩蕩乎民無能名焉。』」列子學孔子者也，而遽述此說，信不誣矣。孔子聖人也，尚尊其道。而今之學孔子者，未讀百十卷之書，先以排佛為急務者何也？豈獨孔子尊其道哉，至於上下神祇，無不宗奉。矧茲凡夫，輒恣毀斥，自昧已靈，可不哀歟！

韓愈曰：「夫為史者，不有人禍，則有天刑。」豈可不畏懼而輕為之哉。蓋為史者，採摭人之實跡，尚有刑禍，況無故輕薄以毀大聖人哉？且茲人也，無量劫來，沉淪諸趣，乘少善力，而得此身，壽夭特未定也。縱及耳順從心之年，亦暫寄人間耳。以善根微劣，不能親炙究竟其道。須臾老之將至，為虛生浪死之人，自可悲痛。何暇更縱無明業識，造端倡始，誘引後世闡提之黨，背覺合塵，同入惡道，罪萃厥身，可不慎哉！且佛何求於世，但以慈悲廣大，願力深重，哀見一切眾生，往來六道，受種種苦，無有已時。故從兜率天宮，示現淨飯國王之家，為第一太子，道德文武，端嚴殊特，於聖人中，而所未有。於弱冠之年，棄金輪寶位，出家修道，成等正覺，為天人師，隨機演說三乘五教。末後以正法眼藏涅槃妙心，付囑摩訶迦葉，為教外別傳，更相傳授，接上根輩。故我本朝太宗皇帝之序《金剛般若》也，則曰歎不修之業溥，傷強執之愚迷，非下士之所知，豈淺識之能究。大哉聖人之言！深可信服。

一從佛法東播之後，大藏教乘，無處不有。故余嘗謂，欲排其教，則當盡讀其書，深求其理，摭其不合吾儒者與學佛之見，折疑辨惑，而後排之可

也。今不通其理而妄排之，則是斥鷃笑鶤鵬，朝菌輕鬆柏耳。歐陽修曰：「佛者善施無驗不實之事。」蓋亦未之思耳。嘗原人之造妄者，豈其心哉，誠以關急飢寒，苟免患難而已。佛者舍其至貴極富，爲道忘身，非飢寒之急，無患難可免，其施妄也，何所圖哉？若以造妄垂裕其徒，凡夫尚知我躬不閱，遑恤我後。而佛豈不知耶？古今世人，有稍挾欺紿者，必爲眾人所棄，況有識之賢者乎？若使佛有纖毫妄心，則安能俾其佛教，綿亙千古，周匝十方，天龍神鬼無不傾心，菩薩羅漢更相弘化？試此論之，有詐妄心者，求信於卑凡下愚，尚不可得，況能攝伏於具神通之聖人哉？經云：「如來是眞語者，實語者，如語者，不誑語者，不異語者。」又云：「諸佛如來無妄語者。」信哉斯言，明如皎日。孟子曰：「誦堯之言，行堯之行，是堯而已矣。」余則曰：「誦佛之言，行佛之行，是佛而已矣。」何慊乎哉！佛祖修行，入道蹊徑，其捷如此，而人反以爲難，深可閔悼。撮其樞要，戒定慧而已。若能持戒，決定不落三塗。若能定力，決定功超六欲。若能定慧圓明，則達佛知見，入大乘位矣，何難之有哉！詩云：「德輶如毛，民鮮克舉之。」其是之謂乎？韓愈與大顛論議往復數千言，卒爲大顛一問曰：「公自揣量學問知識，能如晉之佛圖澄乎？能如姚秦之羅什乎？能如蕭梁之寶誌乎？」愈曰：「吾於斯人，則不如矣。」大顛曰：「公不如彼明矣，而彼之所從事者，子以爲非，何也？」愈不能加答。其天下之公言乎！

佛豈妨人世務哉？《金剛般若》云：「是故如來說一切法皆是佛法。」《維摩經》偈云：「經書禁呪術，工巧諸伎藝，盡現行此事，饒益諸群生。」《法華經》云：「資生業等，皆順正法。」傅大士、龐道元豈無妻子哉？若也身處塵勞，心常清淨，則便能轉識爲智，猶如握土成金。一切煩惱，皆是菩提。一切世法，無非佛去。若能如是，則爲在家菩薩，了事凡夫矣，豈不偉哉！

歐陽修曰：「佛爲中國大患。」何言之甚歟！豈不爾思，凡有害於人者，奚不爲人所厭而天誅哉，安能深根固蒂於天下也？桀紂爲中國天子，害跡一彰，而天下後世共怨之。況佛遠方上古之人也，但載空言傳於此土，人天向化，若偃風之草。苟非大善，大慧，大利益，大因緣，以感格人天之心者，疇克爾耶？一切重罪，皆可懺悔。謗佛法罪，不可懺悔。誠哉是言也！謗佛法則是自昧其心耳。其心自昧，則猶破瓦不復完，灰不重木矣，可懺悔哉？

佛言，唯有流通佛法是報佛恩。今之浮圖，雖千百中無一能彷佛古人者，豈佛法之罪也？其人之罪。雖然如是，禮非玉帛而不表，樂非鐘鼓而不傳，

非藉其徒以守其法，則佛法殆將泯絕無聞矣，續佛壽命何賴焉？濫其形服者，誅之自有鬼神矣，警之自有果報矣，威之自有刑憲矣，律之自有規矩矣。吾輩何與焉？然則是言也，余至於此，卒存二說。蘇子瞻嘗謂余曰：「釋氏之徒，諸佛教法所繫，不可以庶俗待之。或有事至庭下，則吾徒當以付囑流通爲念，與之闊略可也。」又曾逢原作郡時，釋氏有訟者。閱實其罪，必罰無赦。或有勉之者，則曰：「佛法委在國王大臣，若不罰一戒百，則惡者滋多。當今之世，欲整齊之，舍我輩其誰乎？」余考二公之言，則逢原所得多矣。其有不善者，誠可惡也，豈不念皇恩度牒不與征役者，人主之惠哉？豈不念古語有云「一子出家，九族生天」哉？豈不念辭親棄俗，當爲何事哉？豈不念光陰易往，而道業難成哉？豈不念道眼未明，而四恩難報哉？豈不念行業不修，而濫膺恭敬哉？豈不念道非我修，而誰修哉？豈不念正法將墜，而魔法增熾哉？蓋昔無著遇文殊時，已有凡聖同居、龍蛇混雜之說。況今去聖逾遠，求其純一也，不亦難乎？然念大法所寄，譬猶披沙揀金，衷石攻玉。縱於十斛之沙得粒金，一山之石得寸玉，尚可以爲世珍寶也。非特學佛之徒爲然，孔子之時，已分君子儒、小人儒矣。況茲後世服儒服者，豈皆孔孟顏閔者哉？雖曰學者求爲君子，安能保其皆爲君子耶？歷觀自古巨盜姦臣、強叛猾逆，率多高才博學之士，豈先王聖教之罪歟？豈經史之不善歟？由此喻之，末法像教之僧，敗群不律者，勢所未免也。

韓愈曰：「佛者夷狄之一法耳，自後漢時，流入中國，上古未曾有也。自皇帝以〔註1〕下，文武以〔註2〕上，舉皆不下百歲。後世事佛漸謹，年代尤促。」陋哉愈之自欺也！愈豈不聞孟子曰：「舜生於諸馮，遷於負夏，卒於鳴條，東夷之人也。文王生於岐周，卒於畢郢，西夷之人也。」舜與文王皆聖人也，爲法於天下後世，安可夷其人廢其法乎？況佛以淨飯國王，爲南贍部洲之中，而非夷也。若以上古未嘗有而不可行，則蚩尤瞽瞍，生於上古。周公仲尼，生於後世。豈可舍衰周之聖賢，而取上古之凶頑哉？而又上古野處穴居，茹毛飲血。而上棟下宇，鑽燧改火之法，起於後世者，皆不足用也。若謂上古壽考，而後世事佛漸謹而年代尤促者，竊鈴掩耳之論也。愈豈不知外丙二年、仲壬四年之事乎？豈不知孔鯉、顏淵、冉伯牛之夭乎？又《書·無逸》曰：「自時厥後，亦罔或克壽，或十年，或七、八年，或五、六年，或三、四年。」

〔註1〕原文爲「已」，今據文意而改。
〔註2〕原文爲「已」，今據文意而改。

彼時此方未聞佛法之名。自漢明佛法至此之後，二祖大師百單七歲，安國師百二十八歲，趙州和尚七百二十甲子。豈佛法之咎也？又曰：「如彼言可憑，則臣家族合至灰滅？」此亦自蔽之甚也。佛者大慈大悲，大喜大舍，自他無間，冤親等觀。如提婆達多，種種侵害於佛，而終憐之，受記作佛。而後世若求喜怒禍福以爲靈，則是邀祭祀之小小鬼神矣，安得謂之大慈悲之父乎？世間度量之人，尚能遇物有容，犯而不校。況心包太虛，量廓沙界之聖人哉？信與不信，何加損焉？佛者如大醫王，善施法藥。有疾者信而服之，其疾必瘳。其不信者，蓋自棄耳，豈醫王之咎哉？夏蟲不可語冰霜，井蛙不可語東海，吾於韓愈見之矣。若謂事佛促壽，則毀佛者合當永壽。後世之人，排佛者故多矣，士庶不足道也，如唐武宗會昌五年八月下旬廢教，至六年三月初，才及半年而崩者，此又何也？

如唐李白、杜甫、盧同、李翱之輩，韓愈亦自知其不及矣，然諸子亦未嘗排佛，亦不失高名也。眾人之情，莫不好同而惡異，是此而非彼。且世之所悅者，紛華適意之事。釋之所習者，簡靜息心之法。此其所以相違於世也。諸有智者，當察其理之所勝，道之所在，又安可不原彼此之是非乎？林下之人，食息禪燕，所守規模，皆佛祖法式。古今依而行之，舉皆證聖成道。每見譏於世者，不合俗流故也。佛之爲法，甚公而至廣，又豈止緇衣祝髮者得私爲哉？故唐相裴公美序《華嚴法界觀》云：「世尊初成正覺，歎曰：『奇哉一切眾生，具有如來智慧德相，但以妄想執著，而不證得。』於是稱法界性，說《華嚴經》。佛之隨機接引，故多開遮權變，不可執一求也。」

歐陽永叔曰：「無佛之世，詩書雅頌之聲，其民蒙福如此。」永叔好同惡異之心，是則是矣，然不能通方遠慮，何其隘哉！若必以結繩之政，施之於今可乎？殊不知天下之理，物希則貴。若使世人舉皆爲儒，則孰不期榮，孰不謀祿？期謀者眾，則爭競起；爭競起，則妒忌生；妒忌生，則褒貶勝；褒貶勝，則仇怨作；仇怨作，則擠陷多；擠陷多，則不肖之心無所不至矣；不肖之心無所不至，則爲儒亦不足爲貴矣。非特儒者爲不足貴也，士風如此，則求天下之治也亦難矣。佛以其法，付囑國王大臣，不敢自專也。欲使其後世之徒，無威勢以自尊，隆道德以爲尊，無爵祿以自活，依教法以求活。乞食於眾者，使其折伏憍慢，下心於一切眾生。又《維摩經》佛令迦葉前往問疾。迦葉憶念，昔於貧裏而行乞食時，維摩詰來謂我言：「唯大迦葉，有慈悲心，而不能普，舍豪富從貧乞也。」肇法師注云：「迦葉以貧人昔不植福，故

生貧裏。若今不積善，後復彌甚。愍其長苦故，多就乞食。」又曰：「見來求者，為善師想。」什法師注云：「本無施意，因彼來求，發我施心，則為我師，故為善師想也。」不畜妻子者，使其事簡累輕，道業易成也。易其形服者，使其遠離塵垢，而時以自警也。惜乎竊食其門者，志願衰劣，不能企及古人，良可歎也。且導民善世莫盛乎教，窮理盡性莫極乎道。彼依教行道，求至乎涅槃者，以此報恩德，以此資君親，不亦至乎！故後世聖君，為之建寺宇置田園，不忘付囑使其安心行道，隨方設化。名出四民之外，身處六和之中。其戒淨，則福蔭人天；其心真，則道同佛祖。原其所自之恩，皆吾君之賜也。苟能以禪律精修，於天地無愧，表率一切眾生，小則遷善遠罪，大則悟心證聖，上助無為之化，密資難報之恩，則不謬為如來弟子矣。苟違佛祖之戒，濫膺素餐，罪豈無歸乎？

上世雖有三武之君，以徇邪惡下臣之請，銳意剪除。既廢之後，隨而愈興，猶霜風之肅物也，亦暫時矣。如冬後有春之譬，欲盡殲草木者，能使冬後無春則可矣，苟知冬後有春，則何苦自當其惡而彰彼為善也，於己何益哉？余嘗觀察其徒中間，有辭榮舍富者，俊爽聰明者，彼亦不知富貴可樂，春色可喜，肥鮮之甘，車服之美，而甘心於幽深閴寂之處，藜羹韋布，僅免飢寒？縱未能大達其道，是必漸有所自得者歟！

議者深嫉其徒不耕而食，亦人知其一，而莫知其他也。豈不詳觀通都大邑，不耕而食者，十居七八。以至山林江海之上，草竊奸宄；市廛邸店之下，娼優廝役；僻源邪徑之間，欺公負販；神祠廟宇之中，師童巫祝者，皆然也。何獨至於守護心城者而厭之哉？今戶籍之民，自犁鋤者，其亦幾何？釋氏有刀耕火種者，栽植林木者，灌漑蔬果者，服田力穡者矣。豈獨今也，如古之地藏禪師，每自耕田，嘗有語云：「諸方說禪浩浩地，爭如我這裡種田博飯吃。」百丈惟政禪師，命大眾開田，曰：「大眾為老僧開田，老僧為大眾說大法義。」大智禪師曰：「一日不作，一日不食。」溈山問仰山曰：「子今夏作得個什麼事？」仰山曰：「鋤得一片地，種得一畬粟。」溈山曰：「子可謂不虛過時光。」斷際禪師每集大眾栽松钁茶。洞山聰禪師常手植金剛嶺松。故今叢林普請之風尚存焉。釋氏雖眾，而各止一身一粥一飯。補破遮寒，而其所費亦寡矣。且其既受國恩，紹隆三寶，而欲復使之為農可乎？況其田園隨例常賦之外，復有院額科敷，官客往來。種種供給，歲之所出，猶愈於編民之多也。其於公私，何損之有？余嘗疾今官有勸農之虛名，而挾抑農之實患。且世之利用，

苟有益者，不勸而人自趨矣。今背公營私者，侵漁不已，或奪其時，作不急之務，是抑之也，何勸之有？今游惰者十常七八，耕者十止二三。耕者雖少，若使常稔，則菽粟亦如水火矣。近歲或旱或潦，無歲無之。四方之稼，秀而不實者，歲常二三，甚者過半，亦豈為耕者少而糧不足哉？老子曰：「我無為而民自富。」苟無以致和氣而召豐年，雖多耕而奚以為？歲之豐凶繫乎世數，意其天理亦自有準量歟。歲常豐，谷愈賤，耕者愈少。此灼然之理。

僧者，佛祖所自出也。有苦行者，有密行者，各人有三昧，隨分守常德，孜孜於戒律，念念在定慧，能捨人之所難捨，能行人之所不能行，外富貴若浮雲，視色聲如谷響，求道則期大悟而後已，惠物則念眾生而不忘。今厭僧者，其厭佛祖乎？佛以持戒當行孝。不殺，不盜，不淫，不妄，不茹葷酒，以此自利利他，則仁及含靈耳，又豈現世父母哉！蓋念一切眾生，無量劫來，皆曾為己父母宗親故，等之以慈，而舉期解脫，以此為孝，不亦優乎？且聰明不能敵業，富貴豈免輪迴。銅山奚補於餒亡，金穴靡聞於長守。余忝高甲之第，仕至聖朝宰相，其於世俗名利何慊乎哉？拳拳繫念於此者，為其有自得於無窮之樂也。重念人生幻化，不啻浮泡之起滅，於茲五蘊完全之時，而不聞道，可不惜哉！若世間更有妙道，可以印吾自肯之心，過真如涅槃者，吾豈不能捨此而趨彼耶？惡貧欲富，畏死欣生，飲食男女，田園貨殖之事，人皆知之，君子不貴也；所貴也者，無上妙道也。或謂余曰：「僧者毀形遁世之人，而子助之何多哉？」余曰：「余所存誠者，佛祖遺風矣，豈恤乎他哉？子豈不聞孟子言：『人少則慕父母，知好色則慕少艾。』孰謂巾發而娶者，必為孝子賢人？今世俗之間，博弈飲酒，好勇鬥狠，以危父母者，比比皆是也。又安相形而不論心哉？」

前輩有作無佛論者，何自蔽之甚也！今夫日月星辰，雷霆風雨，昭昭然在人耳目，豈無主張者乎？名山大川，神祇廟貌，可謂無乎？世間邪精魍魎，小小鬼神，猶尚恪然信其是有，何獨至於佛而疑之？曠大劫來，修難行苦行，成等正覺，為聖中至聖，人天法王，明極法身，充滿沙界，而謂之無可乎哉？《大集經》云：「商主天子問佛，在世之日，有所供養，世尊是受者，而施者獲福；世尊滅後，供養形象，誰為受者？」佛言：「諸佛如來法身也。若在世，若滅後，所有供養，其福無異。」《華嚴》亦云：「佛以法為身，清淨如虛空。」雖然諸佛而名其道，蓋善權方便接引之門耳。若必謂之無，則落空見外道，斷見外道，自昧自棄，可悲也矣。如雲門大師云：「我當時若見，一棒打殺，

與狗子吃者。」此大乘先覺之人，解黏去縛，遣疑破執而已，豈初學者可躐等哉？此可與智者道，不可與愚者語。其教之興也，恢弘之則有具神通之聖人，信嚮之則有大根器之賢哲。以至天地鬼神之靈，無不景慕，豈徒然哉？大抵所尚必從其類，擬之必從其倫。般若正知，菩提真見，豈凡庸之人所能睥睨哉？故同安察云：「三賢尚未明斯旨，十聖那能達此宗。」緣覺、辟支、四果、聲聞尚不與其列，況其下者乎？在聖則為大乘菩薩，在天則為帝釋梵王，在人則為帝王公侯。上根大器，功成名遂者，在僧俗中亦必宿有靈骨。負逸群超世之量者，方能透徹。故古德云：「聞而不信，尚結佛種之因。學而未成，猶益人天之福。」惜乎愚者昧而不能學，慧者疑而不能至，間有世智辯聰者，必為功名所誘，思日競辰，焚膏繼晷，皇皇汲汲然，涉獵六經子史，急目前之應對尚且不給，何暇分陰及此哉？或有成名仕路者，功名汨其慮，富貴蕩其心，反以此道為不急，罔然置而不問不覺。光陰有限，老死忽至，臨危湊亟，雖悔奚追。世有大道遠理之如此也，而不窺其涯涘者，愧於古聖賢多矣。既不聞道，則必流浪生死，散入諸趣，而昧者甘心焉，是誰之過歟？嵩岳圭禪師云：「佛有三能三不能。佛能空一切相，成萬法智，而不能即滅定業；佛能知群有性，窮億劫事，而不能化導無緣；佛能度一切有情，而不能盡眾生界。是謂三能三不能也。」今有心憒憒，口悱悱，聞佛似寇讎，見僧如蛇虺者，吾末如之何也已矣。且佛尚不能化導無緣，吾如彼何哉？

　　議者皆謂梁武奉佛而亡國。蓋不探佛理者，未足與議也。國祚之短長，世數之治亂，吾不知其然矣。堯舜大聖，而國止一身。其禪位者，以其子之不肖而後禪也。其子之不肖，豈天罪之歟？自開闢至漢明帝以前，佛法未至於此，而國有遇難者何也？唐張燕公所記梁朝四公者，能知天地鬼神變化之事，瞭如指掌。而昭明太子，亦聖人之徒也。且聖者以治國治天下為緒餘耳，豈無先覺之明而慎擇可行之事以告武帝哉？蓋定業不可逃矣。嗚呼！定業之不可作也，猶水火之不可入也。其報之來，若四時之無爽也。如西土師子尊者，此土二祖大師，皆不免也。又豈直師子、二祖哉？釋迦如來，尚且不免金鏘馬麥之報，況初學凡夫哉？蓋修也者，改往修來矣。且宿業既還已，則將來之善豈舍我哉？今夫為女形者，實劣於男矣，遽欲奉佛而可亟變為男子乎？必將盡此報身，而願力有待於來世乎。梁武壽高九十，不為不多，以疾而卒，不至大惡，但捨身之謬，以其先見禍兆：筮得乾卦上九之變，取其貴而無位，高而無民。以此自卑，欲圖弭災召福者。梁武自謬爾，於佛何有哉？

梁武小乘根器，專信有爲之果，茲其所以不遇達磨之大法也。過信泥跡，執中無權者，亦其定業使之然乎！但聖人創法，本爲天下後世，豈爲一人設也？孔子曰：「仁者壽。」而力稱回之爲仁，而回且夭矣。豈孔子之言無驗歟？蓋非爲一人而言也。梁武之奉佛，其類回之爲仁乎！侯景兵至，而集沙門念摩訶般若波羅蜜者，過信泥跡，而不能權宜適變也，亦猶後漢向詡。張角作亂，詡上便宜頗多譏刺左右，不欲國家興兵，但追將兵於河上，北向讀《孝經》，賊則當自消滅。又如後漢《蓋勳傳》，中平元年，北地羌胡與邊章等寇亂隴右扶風。宋梟爲守，患多寇叛，謂勳曰：「涼州寡於學術，故屢多反暴。今欲多寫《孝經》，令家家習之，庶或使人知義。」此亦用之者不善也，豈《孝經》之罪歟？抑又安知武帝前定之業，禍不止此？由作善以損之，故能使若是之壽也。帝嘗以社稷存亡久近問於志公，公自指其咽示之，蓋讖侯景也。公臨滅時，武帝又復詢詰前事。志公曰：「貧僧塔壞，陛下社稷隨壞。」公滅後，奉敕造塔已畢，武帝忽思曰：「木塔其能久乎？」遂命徹去，改創以石塔，貴圖不朽以應其記。拆塔才畢，侯景兵已入矣。至人豈不前知耶？如安世高、帛法祖之徒，故來畢前世之對，不遠千里，自投死地者，以其定業不可逃也。如晉郭璞，亦自知其不免，況識破虛幻視死如歸者乎？豈有明知宿有所負，而欲使之避拒苟免哉？

歐陽永叔《跋萬回神跡記碑》曰：「世傳道士罵老子雲，佛以神怪禍福恐動世人，俾皆信向，故僧尼得享豐饒，而吾老子高談清淨，遂使我曹寂寞。」此雖鄙語，有足採也。永叔之是其說也，亦小有才而未達通方之大道者歟，不揣其本之如此也。神怪禍福之事，何世無之？但儒者之言，文而略耳，又況眞學佛者，豈以溫飽爲志哉？本以求無上菩提，出世間之大法耳。且道士是亦棄俗人也，若以出家求道，則不以寂寞爲怨。若以圖哺啜爲心，則不求出離，不念因果，世間萬途，何所不可哉？或爲胥徒，或習醫卜，百工技藝，屠沽負販，皆可爲也。棄此取彼孰御焉？

唐太宗方四歲時，已有神人見之曰，龍鳳之姿，天日之表，必能濟世安民。及其未冠也，果然建大功業，亦可謂大有爲之君矣。歐陽修但一書生耳，其修唐書也，以私意臆說妄行褒貶，比太宗爲中才庸主。而後世從而和之，無敢議其非者。嗚呼！學者隨世高下，而歐陽修獨得專美於前，誠可歎也。作史者，固當其文直，其事核，不虛美，不隱惡，故謂之實錄。而修之編史也，唐之公卿好道者甚多，其與禪衲遊，有機緣事蹟者，舉皆削之。及其致

仕也，以六一居士而自稱，何也？以居士自稱，則知有佛矣。知有而排之，
則是好名而欺心耳，豈爲端人正士乎？今之恣排佛以沽名者亦多矣，如唐柳
子厚移書韓退之，不須力排二教。而退之集無答子厚書者，豈非韓公知其言
之當而默從之，故不復與之辯論也。近世王逢原作補書。鄙哉逢原！但一狐
寒庸生耳，何區區闡提之甚也。退之豈不能作一書而待後人補也？其不知量
也如此。蓋漢唐以來，帝王公侯奉佛者不可勝計也，豈害其爲賢聖哉？余嘗
謂歐陽修曰：「道先王之言，而作囂訟匹夫之見。今匿人之善，偏求其短，以
攻刺之者，囂訟匹夫也。公論天下後世之事者，可如是乎？甚哉！歐陽修之
自蔽也，而欲蔽於人，又欲蔽天下後世。幸其私臆之流言，終必止於智者。
雖見笑於通方博古之士，而未免誘惑於躁進狂生耳。如斯人也，使之侍君，
則佞其君絕佛種性，斷佛慧命；與之爲友，則導其友戕賊眞性，奔競虛名，
終身不過爲一聰明凡夫矣。其如後世惡道何？修乎，修乎，將謂世間更不別
有至道妙理，止乎如此緣飾些小文章而已。豈非莊生所謂，河伯自多於水，
而不知復有海乎？若也使其得志，則使後世之人，永不得聞曠劫難逢之教，
超然出世之法，豈不哀哉？岐人天之正路，瞎人天之正眼，昧因果之眞教，
澆定慧之淳風，無甚於修也。」余嘗觀歐陽修之書尺，諜諜以憂煎老病自悲，
雖居富貴之地，戚戚然若無容者。觀其所由，皆眞情也。其不通理性之明驗
歟。由是念之，大哉眞如圓頓之道，豈僻隘淺丈夫之境界哉！六道輪迴，三
途果報，由自心造，實無別緣。謂彼三途六道，自然而然者，何自棄之甚也。
一失人身，悔將何及。三界萬法，非有無因而妄招果。苟不顧因果，則是自
欺其心。自欺其心，則無所不至矣。

　　近世伊川程顥〔註3〕謂：「佛家所謂出世者，除是不在世界上行，爲出世
也。」士大夫不知淵源而論佛者，類如此也。殊不知色、受、想、行、識，
世間法也。戒、定、慧、解脫、解脫知見，出世間法也。學佛先覺之人，能
成就通達出世間法者，謂之出世也。稍類吾儒之及第者，謂之登龍折桂也。
豈其眞乘龍而握桂哉？佛祖應世本爲群生，亦猶吾教聖人吉凶與民同患，五
百年必有王者興其間，必有名世者。豈以不在世界上行爲是乎？超然自利而
忘世者，豈大乘聖人之意哉？然雖如是，傷今不及見古也，可爲太息。古之
出世如青銅錢，萬選萬中，截瓊枝寸寸是玉，析栴檀片片皆香。今則魚目混

〔註3〕按，伊川先生乃程頤，明道先生乃程顥。此處張商英所言「伊川程顥」不知
　　　所指爲誰。

珠，薰蕕共囿，羊質虎皮者多矣，遂致玉石俱焚。古人三二十年，無頃刻間雜用身心，念念相應，如雞伏卵，尋師訪友，心心相契，印印相證，琢磨淘汰，淨盡無疑，晦跡韜光，陸沉於眾，道香果熟，諸聖推出，為人天師，一言半句，耀古騰今，萬里同風，千車合轍。今則習口耳之學，裨販如來，披師子皮，作野幹行，說時似悟，對境還迷，所守如塵俗之匹夫，略無愧恥，公行賄賂，密用請託，劫掠常住，交結權勢。佛法凋喪，大率緣此，得不為爾寒心乎！

余嘗愛本朝王文康公著《大同論》，謂儒道釋之教，沿淺至深，猶齊一變至於魯，魯一變至於道。誠確論也。余輒是而詳之。余謂，群生失真迷性，棄本逐末者，病也。三教之語，以驅其惑者，藥也。儒者使之求為君子者，治皮膚之疾也；道書使之日損損之又損者，治血脈之疾也；釋氏直指本根，不存枝葉者，治骨髓之疾也。其無信根者，膏肓之疾，不可救者也。儒者言性，而佛見性；儒者勞心，而佛者安心；儒者貪著，而佛者解脫；儒者喧嘩，而佛者純靜；儒者尚勢，而佛者忘懷；儒者爭權，而佛者隨緣；儒者有為，而佛者無為；儒者分別，而佛者平等；儒者好惡，而佛者圓融；儒者望重，而佛者念輕；儒者求名，而佛者求道；儒者散亂，而佛者觀照；儒者治外，而佛者治內；儒者該博，而佛者簡易；儒者進求，而佛者休歇。不言儒者之無功也，亦靜躁之不同矣。老子曰：「常無欲以觀其妙。」猶是佛家金鎖之難也。同安察云：「無心猶隔一重關。」況著意以觀妙乎？老子曰：「不見可欲，使心不亂。」佛則雖見可欲，心亦不亂，故曰利衰毀譽稱譏苦樂八法之風，不動如來，猶四風之吹須彌也；老子曰：「弱其志。」佛則立大願力；老以玄牝為天地之根。佛則曰：「若人欲識佛境界，當淨其意如虛空，外無一法而建立。法尚應舍，何況非法。」老以抱一專氣，知止不殆不為而成絕聖棄智，此則正是圓覺作止任滅之四病也；老曰：「去彼取此。」釋則圓同太虛，無缺無餘，良由取捨所以不如；老曰：「吾有大患，為吾有身。」文殊師利則以身為如來種。肇法師解云：「凡夫沉淪諸趣，為煩惱所蔽，進無寂滅之歡，退有生死之畏，故能發跡塵勞標心無上，植根生死而敷正覺之華。蓋幸得此身而當勇猛精進以成辦道果，如高原陸地不生蓮華，卑濕淤泥乃生此花。是故煩惱泥中，乃有眾生起佛法耳。」老曰：「視之不見名曰夷，聽之不聞名曰希。」釋則曰：「離色求觀非正見，離聲求聽是邪聞。」老曰：「豫兮若多涉川，猶兮若畏四鄰。」釋則曰：「隨流認得性，無喜亦無憂。」老曰：「智慧出有大

僞。」佛則無礙清淨慧，皆從禪定生，以大智慧到彼岸；老曰：「我獨若昏，我獨悶悶。」楞嚴則以明極爲如來。三祖則曰：「洞然明白。」大智則曰：「靈光洞耀，迥脫根塵。」老曰：「道之爲物也，唯恍唯惚，窈兮冥兮，其中有精。」釋則務見諦明瞭，自肯自重；老曰：「道法自然。」《楞伽》則曰：「前聖所知，轉相傳授。」老曰：「物壯則老，是謂非道。」佛則一念普觀無量劫，無去無來亦無住。以謂道無古今，豈有壯老？人之幻身亦老也，豈謂少者是道老者非道乎？老則堅欲去兵。佛則以一切法皆是佛法；老曰：「道之出，言淡乎其無味。」佛則云：「信吾言者，猶如食蜜，中邊皆甜。」老曰：「上士聞道勤而行之，中士聞道若存若亡，下士聞道大笑之。」若據宗門中則勤而行之，正是下士。爲他以上士之士兩易其語；老曰：「塞其穴，閉其門。」釋則屬造作以爲者敗執者失又成落空；老欲去智，愚民，復結繩而用之。佛則以智波羅蜜變眾生業識爲方便智。換名不換體也，不謂老子無道也，亦淺奧之不同耳。雖然三教之書各以其道善世礪俗，猶鼎足之不可缺一也。若依孔子行事，爲名教君子；依老子行事，爲清虛善人，不失人天可也。若曰盡滅諸累，純其清淨本然之道，則吾不敢聞命矣。余嘗喻之，讀儒書者，則若趨炎附灶而速富貴；讀佛書者，則若食苦咽澀而致神仙。其初如此，其效如彼。富貴者未死已前溫飽而已，較之神仙孰爲優劣哉？儒者但知孔孟之道而排佛者，舜犬之謂也。舜家有犬，堯過其門而吠之，是犬也。非謂舜之善而堯之不善也，以其所常見者舜，而未常見者堯也。《吳書》云，吳主孫權問尚書令闞澤曰：「孔丘、老子得與佛比對否？」闞澤曰：「若將孔老二家比校佛法，遠之遠矣。所以然者，孔老設教，法天製用，不敢違天。諸佛說教，諸天奉行，不敢違佛。以此言之，實非比對明矣。」吳主大悅。

或曰：「佛經不當誇示誦習之人必獲功德。」蓋不知諸佛如來，以自得自證誠實之語，推己之驗以及人也，豈虛言哉？諸經皆云：「以無量珍寶布施，不及持經句偈之功者。」蓋以珍寶住相布施，止是生人天中福報而已。若能持念，如說修行，或於諸佛之道一言見諦，則心通神會，見謝疑亡，了物我於一如，徹古今於當念，則道成正道，覺齊佛覺矣。孰盛於此哉？儒豈不曰：「爲其事而無其功者，髡未嘗睹也。」或曰：「始乎爲士，終乎爲聖人。」《語》不云乎：「學也，祿在其中矣。」《易》曰：「積善之家，必有餘慶。」《書》曰：「作善降祥。」此亦必然之理也。豈吾聖人妄以祿與慶祥誇示於人乎？

或曰：「誦經以獻鬼神者，彼將安用？」余曰：「子固未聞，財施猶輕，

法施最重。」古人蓋有遠行，臨別不求珍寶而乞一言以爲惠者。如晏子一言之諷，而齊侯省刑；景公一言之善，而熒惑退舍。吾聖人之門弟子，或問孝，或問仁，或問政，或問友，或問事君，或問爲邦。有得一言，長善救失，而終身爲君子者矣。此止終身治世之語耳，比之如來大慈法施，誠諦之語，感通八部龍天，震動十方世界。或向一言之下，心地開明，一念之間，性天朗徹。高超三界，穎脫六塵。清涼身心，剪拂業累。契眞達本，入聖超凡。得意生身，自然無礙。隨緣作主，遇緣即宗。先得菩提，次行濟度。世間之法，復有過此者乎？一切鬼神，各欲解脫其趣，其於如來稱性實談，欣戴護持也，宜矣！又況佛爲無上法王，金口所說聖教靈文，一誦之則爲法輪轉地，夜叉唱空，報四天王。天王聞已，如是展轉，乃至梵天，通幽通明，龍神悅懌，猶若綸言誕布詔令橫流，寰宇之間孰不欽奉。又況佛爲四生慈父，如父命其子，奚忍不從？誦經之功，其旨如此。教中云：「若能七日七夜心不散亂者，隨其所作定有感應。」若形留神往，外寂中搖，則尋行數墨而已，何異春禽晝啼，秋蟲夜鳴，雖百萬遍，果何益哉？余謂耿恭拜井而出泉，魯陽揮戈而駐日，誠之所感，只在須臾，七日之期尚爲差遠。十千之魚得聞佛號，而爲十千天子。五百之蝠因樂法音，而爲五百聖賢。蟒因修懺而生天，龍聞說法而悟道。古人豈欺我哉？

　　三藏教乘者，權教也。實際理地者，唯此一事實也。唯佛世尊是究竟法，而一切法者，爲眾生設也。今不藉權教啓迪初機，而遽欲臻實際理地者，不亦見彈而思鴞炙乎？此善惠大士所謂渡河須用筏，到岸不須船也，其不然乎！佛法化度世間，皎如青天白日，而迷者不信，是猶盲人不見日月也，豈日月之咎哉？但隨機演說，方便多門，未易究耳。學者如人習射，久久方中。棗柏大士云：「存修卻敗，放逸全乖。」急亦不成，緩亦不得，但知不休必不虛棄。又白樂天問寬禪師：「無修無證，何異凡夫？」師曰：「凡夫無明，二乘執著。離此二病，是曰眞修。」眞修者不得勤，不得忘。勤則近執著，忘則落無明。此爲心要耳。此眞初學入道之法門也。

　　或謂：「佛教有施食眞言，能變少爲多。如七粒變十方之語，豈有是理？」余曰：「不然。子豈不聞句踐一器之醪，而眾軍皆醉。蠻巴一潠之酒，而蜀川爲雨。心靈所至而無感不通，況託諸佛廣大願力，廓其善心，變少爲多，何疑之有？」妙哉！佛之知見廣大深遠，具六神通。唯其具宿命通，則一念超入於多劫。唯其具天眼通，則一瞬遍周於沙界。且如阿那律小果聲聞爾，唯

具天眼一通，尚能觀大千世界如觀掌中，況佛具眞天眼乎？舍利弗亦小果聲
聞爾，於弟子中但稱智慧第一，尚能觀人根器，至八千大劫。況佛具正遍知
乎？唯其知見廣大深遠，則說法亦廣大深遠矣。又豈凡夫思慮之所能及哉！
試以小喻大，均是人也。有大聰明者，有極愚魯者。大聰明者，於上古興亡
治亂之跡，六經子史之論，事皆能知。至於海外之國，雖不及到，亦可觀書
以知之。極愚魯者，誠不知也，又安可以彼知者爲誕也？

　　一自佛法入此之後，間有聖人出現，流通輔翼，試摭眾人耳目之所聞見
者論之：如觀音菩薩示現於唐文宗朝。泗洲大聖出現於唐高宗朝。婺州義烏
縣傅大士，齊建武四年乙丑五月八日生時，有天竺僧嵩頭陀來謂曰：「我昔與
汝，毗婆屍佛所同發誓願。今兜率天宮衣鉢見在，何日當還？」命大士臨水
觀形，見有圓光寶蓋。大士曰：「度生爲急，何思彼樂乎？」行道之時，常見
釋迦金粟定光，三如來放光襲其體。虢州閿鄉張萬回法雲公者，生於唐貞觀
六年五月五日，有兄萬年，久征遼左，相去萬里。母程氏思其信音，公早晨
告母而往，至暮持書而還。豐幹禪師，居常騎虎出入，寒山、拾得爲之執侍。
明州奉化布袋和尚，坐亡於岳林寺，而復現於他州。宋泰始初，誌公禪師，
乃金城宋氏之子，數日不食無饑容，語多靈應。晉石勒時，佛圖澄掌中照映
千里。鎮州善化，臨終之時，搖鈴騰空而去。五臺鄧隱峰，遇官兵與吳元濟
交戰，飛錫乘空而過，兩軍遂解。嵩岳帝受戒法於元圭禪師。仰山小釋迦，
有羅漢來參，並受二王戒法。破灶墮之類，皆能證果鬼神。達磨大師，一百
五十餘歲滅於後魏孝明帝，太和十九年葬於熊耳山，後三歲，魏宋雲奉使西
域回，遇于蔥嶺，攜一革履，歸西而去。後孝莊聞奏啓墳觀之，果只一履存
焉。文殊師利，佛滅度後四百年猶在人間。天台南嶽羅漢所居，應供人天，
屢顯聖跡。汀州南安岩主靈異頗多。潭州華林善覺禪師，武寧新興嚴陽尊者，
俱以虎爲侍從。道宣律師，持律精嚴，感毗沙門天王之子爲護戒神，借得天
上佛牙，今在人間。徽宗皇帝，初登極時，因取觀之。舍利隔水晶匣，落如
雨點。故太平盛典有御製頌云：「大士釋迦文，虛空等一塵。有求皆感應，無
剎不分身。玉瑩千輪皎，金剛百鍊新。我今恭敬禮，普願濟群倫。」皇帝知
余好佛，而嘗爲余親言其事。如前所摭，諸菩薩聖人，皆學佛者也。余所謂
若使佛有纖毫妄心，則安能攝伏於具神通聖人也？釋有如彌天道安、東林慧
遠、生肇、融睿、陳慧榮、隋法顯、梁法雲、智文之徒，皆日記數萬言，講
則天華墜席，頑石點頭，亦豈常人哉？如李長者、龐居士，非聖人之徒歟？

孫思邈寫《華嚴經》，又請僧誦《法華經》。呂洞賓參禪設供。彼神仙也，豈
肯妄爲無益之事乎？況茲凡夫，敢恣毀斥。但佛之言，表事表理，有實有權，
或半或滿，設漸設頓，各有攸當。苟非具大信根，未能無惑，亦猶吾儒所謂
「子不語怪力亂神」。而《春秋》「石言於晉，神降於莘」。《易》曰：「見豕負
塗載鬼一車。」此非神怪而何？孟子不言利，而曰善教得民財，於宋受兼金。
此非利而何？蓋聖人之言，從權適變，有反常而合道者。又安可以前後異同
之言議聖人也？諸同志者幸於佛祖之言，詳披諦信，真積力久，自當證之，
方驗不誣。

天下人非之，而吾欲正之，正如孟子所謂：「一薛居州獨如宋王何？」余
豈有他哉，但欲以公滅私，使一切人，以難得之身，知有無上菩提，各識自
家寶藏，狂情自歇，而勝淨明心，不從人得也。吾何畏彼哉！晉惠帝時，王
浮僞作《化胡經》，蓋不知佛生於周昭王二十四年，滅於穆王五十二年，歷恭、
懿、孝、夷、厲、宣、幽、平、桓、莊、僖、惠、襄、頃、匡、定一十六王。
滅後二百四十二年，至定王三年方生老子。過流沙時，佛法遐被五天竺及諸
鄰國，著聞天下已三百餘年矣，何待老子化胡哉？

呂夏卿序《八師經》曰：「小人不知刑獄之畏，而畏地獄之磣，雖生得以
欺於世，死亦不免於地下矣。」今有人焉，奸雄氣焰足以塗炭於人，而反不
敢爲者，以有地獄報應，不可逃也。若使天下之人，事無大小，以有因果之
故，比不敢自欺其心，善護眾生之念，各無侵凌爭奪之風，則豈不刑措而爲
極治之世乎？謂佛無益於天下者，吾不信矣。諒哉！人天路上以福爲先，生
死海中修道是急。今有欲快樂人天而不植福，出離生死而不明道，是猶鳥無
翼而欲飛，木無根而欲茂，奚可得哉！古今受五福者，非善報而何？嬰六極
者，非惡報而何？此皆過去所修，而於今受報。寧不信哉？

或云：「天堂是妄造，地獄非眞說者。」何愚如此！佛言六道，而人天鬼
畜，灼然可知。四者既已明矣，唯修羅地獄二道，但非凡夫肉眼可見耳，豈
虛也哉！只如神怪之事，何世無之，亦涉史傳之載錄，豈無耳目之聞見？雖
愚者亦知其有矣。人多信於此而疑於彼者，是猶終日數十，而不知二五也，
可謂賢乎？

曾有同僚謂余曰：「佛之戒人不食肉味，不亦迂乎？試與公詳論之。雞之
司晨，狸之捕鼠，牛之力田，馬之代步，犬之司御，不殺可也。如豬、羊、
鵝、鴨、水族之類，本只供庖廚之物，苟爲不殺，則繁植爲害，將安用哉？」

余曰不然，子未知佛理者也，吾當爲子言其涯略：章明較著，善惡報應，唯佛以眞天眼宿命通，故能知之。今惡道不休，三塗長沸，良有以也。一切眾生，遞相吞啖，昔相負而冥相償，豈不然乎！且有大身眾生，如鯨、鼇、師、象、巴蛇、鯤鵬之類是也。細身眾生，如蚊、蚋、蟭、螟、螻蟻、蚤虱之類是也。品類鉅細雖殊，均具一性也。人雖最靈，亦只別爲一類耳。倘不能積善明德，識心見道，瞀瞀然以嗜欲爲務，成就種種惡業習氣，於倏爾三二十年之間，則與彼何異哉？且迦樓羅王，展翅闊三百三十六萬里。阿修羅王，身長八萬四千由旬。以彼觀之，則此又不直毫末耳。安可以謀畫之差，大心識之最靈，欺他類之眇小不靈，而恣行殺戮哉？只如世間牢獄，唯治有罪之人。其無事者，自不與焉。智者終不曰建立都縣，設官置局，不可閒冷。卻須作一兩段事，往彼相共鬧熱也。今雖眾生無盡，惡道茫茫，若無冤對，即自解脫，復何疑哉！若有專切修行，決欲疾得阿耨菩提者，更食眾生血肉，無有是處。唯富貴之人，宰制邦邑者，又須通一線道。昔陸互大夫問南泉云：「弟子食肉則是，不食則是？」南泉曰：「食是大夫祿，不食是大夫福。」又宋文帝謂求那跋摩曰：「孤愧身徇國事，雖欲齋戒不殺，安可得如法也？」跋摩曰：「帝王與匹夫所修當異。帝王者，但正其出言發令，使人神悅和。人神悅和，則風雨順時。風雨順時，則萬物遂其所生也。以此持齋，齋亦至矣。以此不殺，德亦大矣。何必輟半日之餐，全一禽之命乎？」帝撫機稱之曰：「俗迷遠理，僧滯近教。若公之言，眞所謂天下之達道，可以論天人之際矣。」由是論之，帝王公侯，有大恩德，陶鑄天下者，則可矣。士庶之家，春秋祭祀，用之以時者，尚可懺悔。圓顱方服者，承佛戒律，受人信施，而反例塵俗，飲酒食肉，非特取侮於人，而速戾於天，亦袈裟下失人身者，是爲最苦。忍不念哉？吾儒則不斷殺生，不戒酒肉，於盜則但言「慢藏誨盜」而已，於淫則但言「未見好德如好色而已」。安能使人不犯哉？佛爲之教，則彰善癉惡，深切著明，顯果報說地獄極峻至嚴。而險詖強暴者，尚不悛心，況無以警之乎？然五戒但律身之粗跡，修行之初步，若升高必自下，若陟遐必自邇。求道證聖之人，亦未始不由此而入也。至於亡思慮泯善惡，融眞妄一聖凡，單傳密印之道，又非可以紙墨形容而口舌辯也。

　　文章蓋世，止是虛名。勢望驚天，但增業習。若比以定慧之法，治本有之神明，爲過量人超出三界，則孰多於此哉！士農工商，各分其業。貧富壽夭，自出前定。佛法雖亡，於我何益？佛法雖存，於我何損？功名財祿，本

繫乎命，非由謗佛而得。榮貴則達，亦在乎時，非由斥佛而致。一時之間，操不善心，妄爲口禍，非唯無益，當如後患何？智者慎之，狂者縱之。六道報應勝劣，所以分也。余非佞也，願偕諸有志者，背塵合覺同底於道，不亦盡善盡美乎？或有闡提之性根於心者，必不取於是說。余無恤焉。

《護法論》（終）

《護法論》後序

　　樹教聖人，其設教雖殊，然於化人遷善去惡，則其一也。故曰爲教不同，同歸於善。若夫超出世間，明瞭生死，惟佛氏之學。無盡居士得兜率悅公不傳之旨，以大辯才，縱橫演說，猶慮去佛既遠，邪見者多，不知向上之宗，妄有謗訕之語。此護法之論，所由作也。閩建寧高仰山古梅禪師弟子慧欽，遊方時得此論，乃與住持智了及諸上士謀之，命工繡梓，以廣其傳，可謂善用其心矣。斯論一出，人得而覽之，殆若貧而得寶，暗而得燈，眞所謂護如來正法之金湯，斬邪見稠林之利劍也。後世之士，苟未達無盡之閫奧，臻無盡之造詣，妄以斥佛爲高，以要譽時流，聾瞽學者，寧不自愧於其心哉！然爲其徒者，不能致力於佛祖之道，亦獨無愧乎哉！吾嘗宴坐寂默，心境混融，紛然而作，不淪於有，泯然而消，不淪於無。語大則天下莫能載，語小則天下莫能破。雖有智者，其猶有所未盡也，然後乃知。凡可以言譽，可以言毀者，特其道之粗耳。至若實際理地，清淨妙明，凝然湛然，了無一法，則又果何所毀，果何所護哉？慧欽乃欣然請書以爲後序云：「了字徹堂，飽參來歸。據席說法，欽字肅庵。清心苦行，不私於己。皆足以恢弘古梅之道並識之。」

　　至正五年二月既望前奎章閣侍書學士、翰林侍講學士、通奉大夫、知制誥兼修國史虞集微笑亭書